JN430037

미드 센추리 모던 가구 만들기

MID-CENTURY MODERN FURNITURE

스물아홉 가지 도면과 제작기법

미드 센추리 모던 가구 만들기

MID-CENTURY
MODERN
FURNITURE

스물아홉 가지 도면과 제작기법

마이클 크로우 지음 • 강성우 옮김

모눈종이

MID-CENTURY MODERN FURNITURE by Michael Crow

Copyright © 2015 by Michael Crow
All rights reserved including the right of reproduction in whole or in part in any form.
Korean translation copyright © 2020 by MONOONJONGI
This edition published by arrangement with Popular Woodworking Books, an imprint of Penguin Publishing Group,
a division of Penguin Random House LLC. through Amo Agency, Korea.

미드 센추리 모던 가구 만들기

초판 1쇄 발행 2020년 9월 20일

지은이 마이클 크로우 | **옮긴이** 강성우
펴낸이 서진 | **기획·마케팅** 노수준 | **편집** 이부섭

펴낸곳 모눈종이 | **출판등록** 제2015-000280호
주소 (04007) 서울특별시 마포구 희우정로 20길 26(영진 201)
전화 070-7553-1868 | **팩스** 0505-041-2300 | **이메일** mo-noon@naver.com

ISBN 979-11-961341-4-3 (13630)
이 도서는 국립중앙도서관 출판시도서목록(CIP)은 e-CIP홈페이지(http://www.nl.go.kr/ecip)와
국가자료공동목록시스템(http://www.nl.go.kr/kolisnet)에서 이용할 수 있습니다.(CIP제어번호: CIP2020036911)

이 책의 한국어판 저작권은 AMO 에이전시를 통해 저작권자와 독점 계약한 모눈종이에 있습니다.
신 저작권법에 의해 한국 내에서 보호를 받는 저작물이므로 무단 전재와 무단 복제를 금합니다.
책 값은 뒤표지에 있습니다.

차례

1장_ 미드 센추리 모던 가구에 대하여

들어가기 _8

역사 _8

미드 센추리 모던 시기 연표 _9

미드 센추리 모던 스타일 _13

디자이너 & 제작사 _14

    허먼밀러사 _16

    핀 율 _16

    놀퍼니처 _17

    뵈르게 모겐센 _18

    조지 나카시마 _19

    조지 넬슨 _19

    이사무 노구치 _20

    옌스 크비스트가르 _20

    옌스 리솜 _21

    한스 베그너 _21

구조와 마감기법 _22

설계에 대해서 _23

2장_ 도구와 기술

도구 _25

목재·자재 _26

패턴 라우팅 _27

모양 만들기 _28

합판 작업 _29

장부 _29

조립 _37

서랍 _38

마감 _38

3장_ 실전 응용

핀 율 커피 테이블 만들기 _40

뵈르게 모겐센의 책장 응용 _45

4장_ 현관·복도

현관 코트걸이 • 작자미상 _54

콘솔 테이블 • 옌스 리솜 _57

플랫폼 벤치 • 조지 넬슨 _61

거울 • 악셀 키에르스가르트 _65

침대 의자 • 한스 베그너 _68

5장_ 거실

네스팅 테이블 • R. 베넷 _73

커피 테이블 • 핀 율 _77

보조 테이블 • 옌스 크비스트가르 _81

큐브 테이블 • 피터 흐비트, 오를라 묄가드 닐센 _85

암체어 • 호아킴 테레이로 _89

오토만 • 핀 율 _94

소파 • 한스 베그너 _99

칸막이 가구 • 작자 미상 _103

낮은 책장 • 조지 나카시마 _107

6장_ 주방

식탁 • 한스 베그너 _112

수납장 • 구니 오만 _117

식탁 의자 • 작자 미상 _121

거실장 • 빅터 윌킨스 _126

주류 수납장 • 토브, 에드바르트 킨트 라르센 _131

7장_ 서재

바느질 테이블 • 한스 베그너 _136

크레덴자 문갑 • 옌스 리솜 _140

서류 정리함 • 한스 베그너 _144

서재 보조 책상 • 옌스 크비스트가르 _148

책장 • 뵈르게 모겐센 _155

위시본 책상 • 한스 베그너 _159

8장_ 침실

서랍장 • 조지 나카시마 _164

침대 보조 협탁 • 옌스 리솜 _169

슬랫 벤치 • 한스 베그너 _173

침대 • 작자 미상 _177

참고 자료 _181

안전한 작업을 위해

사고 발생을 예방하기 위해서 작업할 때는 다음의 주의사항들을 꼭 지켜야 한다. 전동기계의 안전장치를 항상 사용한다. 전동기계 작업 시 톱날에서 손가락을 멀리한다. 안전 고글을 착용하여 나무 조각과 톱밥으로 인한 부상을 방지하고, 귀마개 등의 청력 보호 장치를 착용한다. 집진기를 설치하여 작업실 안에 떠다니는 먼지를 줄이도록 한다. 작업할 때 헐렁한 옷이나 액세서리를 착용하지 않는다. 전동기계에 머리카락이 걸리지 않도록 뒤로 묶는다. 특정 화학 물질에 민감한 사람은 사용하기 전에 모든 제품의 화학 물질 함량을 확인한다.

이 책의 저자와 편집자들은 설계, 일러스트레이션, 사진 및 텍스트를 신중히 검토하여 최대한 정확한 내용을 기술하고자 노력했다. 작업을 시작하기 전에 모든 설명과 계획, 프로젝트를 주의 깊게 읽고 검토하고 이해해야 안전한 작업을 진행할 수 있다.

일러두기

- 각종 공구, 장비 이름 그리고 용어는 가능한 한 우리말로 표기했으나, 적절한 우리말이 없는 경우는 영문 표기를 따랐다.

- 이 책에 실린 도면의 치수들은 카탈로그 및 경매 사진에 공개된 치수이다. 그럼에도 일부 작품들은 원작과 모양, 크기, 치수가 다를 수 있다.

- 가구 치수 표기는 가로 또는 넓이는 W(Width), 세로 또는 깊이는 D(Depth), 높이는 H(Height) 방식으로 했다.
  예) W1524(60") x D 445(17$^1/_2$") x H 660(26")

- 분해도, 입면도 및 부품수치표의 치수는 먼저 밀리미터(mm), 괄호 안은 인치(")로 표기했다.
  그리고 밀리미터의 소수점 이하는 반올림했다. 예) 25mm(1인치)는 25(1")

1장_미드 센추리 모던 가구에 대하여

들어가기

처음으로 미드 센추리 가구를 접했던 때는 1980년 초 도로변에 있는 허름한 모텔에서였다. 가족들과 남부 포틀랜드에서 샌디에이고로 자동차 여행을 하던 중 종일 운전에 지친 아버지를 위해 "빈방 있음"이란 문구를 보고 어머니가 차를 세우게 했다.

이 평범한 방은 단편적인 기억만이 남아있는데, 운이 좋았다면 전동 마사지기계가 달려있고, 헤드보드 양쪽에 사이드테이블이 부착된 더블 침대가 있었다.

이 사이드테이블 일체형 헤드보드가 내가 경험한 미드센추리 스타일이었다. 이 헤드보드는 초기엔 작은 유럽 침실을 위해 고안되고 디자인된 작품들이었으나 대량생산과 무분별한 디자인으로 최악의 결과물로 만들어진 것들이었다. TV 시트콤 <브래디 번치>에서 볼법한 가구나 숙박업소 스타일의 가구만 놓고 어떤 가구 스타일이라 판단하는 것은 불합리하긴 하다. 하지만 깨진 플라스틱 단판과 뭉개진 파티클보드가 그 첫인상이었다.

이것은 하나의 스타일의 말로를 보여주는 예로 들기에는 아주 적절한 광경이었다. 당연히 이사무 노구치 Isamu Nouguchi의 자유로운 조각형태나 쉐이커 디자인에서 영감을 얻은 한스 베그너 Hans Wegner의 우아한 곡선미 같은 다양함과 우아함을 무시했다.

역사

미드 센추리 모던 Mid-Century Modern(이하 MCM) 스타일의 가구 디자인 움직임은 20세기 초부터 시작되었다. 모더니즘은 그 다양한 표현 속에서(데 스틸, 기능주의, 바우하우스 등) 막연한 역사적 형식의 반복을 거부하고, 합리적인 분석을 토대로 새로운 것을 창조하는 것으로 정의할 수 있다.

1_　로스앤젤레스, 샌프란시스코 등 캘리포니아에서 활동한 모더니즘적이고 진보적인 부동산 개발업자인 조셉 아이클러 Joseph Eichler(1900~74)와 그의 회사가 지은 집들을 아이클러 주택 Eichler Homes이라고 불렀다. 건축 양식은 캘리포니아 모던 California Modern으로 알려졌다.

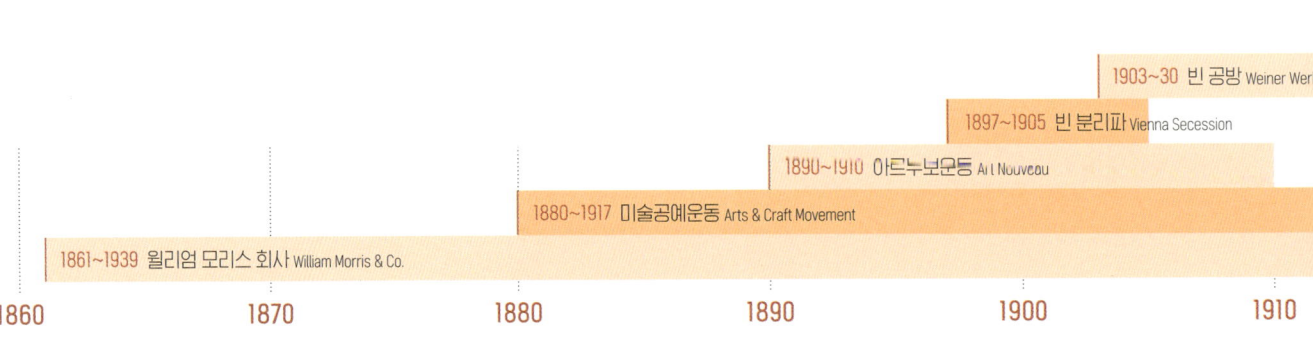

| 1903~30 빈 공방 Weiner Werks |
| 1897~1905 빈 분리파 Vienna Secession |
| 1890~1910 아르누보운동 Art Nouveau |
| 1880~1917 미술공예운동 Arts & Craft Movement |
| 1861~1939 윌리엄 모리스 회사 William Morris & Co. |

| 1860 | 1870 | 1880 | 1890 | 1900 | 1910 |

르코르뷔지에의 수수한 여름 별장에서 여유로운 디자인에 대한 디자이너의 관심을 엿볼 수 있다. 미니멀리즘은 모더니즘의 또다른 표현으로써 그 맥락을 함께 했다.

미드 센추리 모던 시기 연표

1947~1969년

1956 임스 라운지 체어와 오토만 Eames's Lounge Chair and Ottoman

1950 영국의 "지-플랜" 등장 G-plan Introduced

1949 최초 "아이클러 주택"[1]의 프로토타입 나옴 Prototypes for first Eichler Homes

1949 핀 율의 "치프테인 체어" Juhl's "Chieftains Chair"

1949 한스 베그너의 "더 체어" Wegner's "The Chair"

1947 "허먼밀러사"의 이사무 노구치 "커피 테이블" Noguchi's Coffee Table for Herman Miller

1946 "놀퍼니처"를 조합으로 변경 Knoll Furniture Becomes Knoll Associates

1946~72 조지 넬슨 "허먼밀러사"의 디자인 책임자 기간 George Nelson Director of Design for Herman Miller

1946 조지 넬슨의 "플랫폼 벤치" George Nelson "Platform Bench"

1943~71 놀플래닝유닛 Knoll Planning Unit

1941 "놀퍼니처"의 첫 현대식 의자(옌스 리솜 디자인) Risom Designs Knoll's first Modern Chair

1940 뉴욕 현대미술관(모마) "오가닉 디자인" 전시 MoMA "Organic Design" Exhibit

1939 "놀퍼니처" 설립 Knoll Furniture Founded

1930~70 덴마크 현대 가구 시대 Danish Modern

1929 미스 반 데어 로에의 "바르셀로나 체어" Mies van der Rohe's "Barcelona Chair"

1928 르코르뷔지에 "빌라 사보아" Le Corbusier's "Villa Savoye"

1927~67 덴마크 가구 제작자 전시연례회 Annual Danish Cabinetmaker's Exhibition

1924~54 카레 클린트 덴마크 왕립예술학교 재임기간 Kaare Klint's tenure at Royal Academy

1923 허먼 밀러와 D.J 드 프리가 "허먼밀러사"로 변경 Herman Miller & D.J. De Pree Rechristen Company "Herman Miller"

1919~33 바우하우스 Bauhaus

7~28 데 스틸 De Stijil

1920   1930   1940   1950   1960   1970

표현양식적 측면에서 모더니즘은 화려한 장식을 추구하기보다 확 트인 개방감과 새로운 소재 사용 등의 실험적인 특징이 있다. 이러한 미적 표현들은 전통공예와 대량생산 사이의 조화와 좋은 디자인으로 보다 나은 사회를 이루고자 하는 깊은 철학적 고민으로 부터 탄생했다.

모더니즘은 미술공예운동 Arts & Crafts Movement과 마찬가지로 수공예와 산업화 사이의 사회적 충격과 고민을 함께하고 있지만, 미술공예운동은 영감과 해답을 과거에서 찾았지만, 모더니즘은 진지한 태도로 미래에서 찾고자 했다. 실제로 미술공예운동은 빈 분리파 Vienna Secession[2], 빈 공방 Wiener Werkstätte[3] 그리고 독일공작연맹 Deutscher Werkbund[4] 거쳐 바우하우스까지 영향을 미치게 된다.

건축가 발터 그로피우스 Walter Gropius가 설립한 바우하우스(1919~33년)는 모더니즘에 지대한 영향을 끼쳤다. '건축과 조각 및 회화의 조화를 통해 위대한 예술 이론 창조'를 목표로한 회화예술 및 실용예술 학교였다. 바우하우스의 학생들은 예비 과정에서 디자인의 기본 사항과 원칙들을 대상에 적용하는 기회를 얻었으며 이론과 실무를 배웠다. 이러한 교육 스타일은 그로피우스로부터 시작되었고, 다음 교장인 하네스 마이어 Hannes Meyer와 미스 반 데어 로에 Ludwig Mies van der Rohe에 의해서 더욱 강조되었다. 그들은 화려하고 정교한 장식을 피하고 단순한 기하학적 모양과 기능을 중시하는 스타일을 선호했으며, 대칭보다는 비대칭과 규칙성을 받아들였다.

또한 바우하우스도 다른 모더니즘과 마찬가지로 좋은 디자인과 산업 생산을 결합하려했다. 하지만 그보다 더 나아가 적극적 기계 사용이야말로 더 넓은 미학적 디자인을 위한 은유라고 주장했다. 르코르뷔지에 Le Corbusier에의 유명한 말인 "집은 살기 위한 기계"는 이러한 경향을 잘 설명하고 있다.

바우하우스는 건축에서부터 산업디자인 그리고 심지어 타이포그래피까지 광범위한 분야에 깊은 영향을 미쳤다. 1933년도에 미스 반 데어 로에가 나치의 압박으로 인해 학교를 폐쇄했을 때는 학생들과 교수들이 디아스포라 운동을 일으켜 바우하우스의 교육 방식과 미학을 이스라엘, 영국, 미국 등 전세계로 퍼트렸다.

그리하여 미드 센추리 스타일은 바우하우스 이념의 확산으로 다시 부흥하게 되었다. 이후 헨리-러셀 히치콕 Henry-Russell Hitchcock과 필립 존슨 Philip Johnson이 1932년에 쓴 책의 제목을 빌려서 '국제 스타일 International style'이라고도 불렸다.

2_ 1897년 클림트를 중심으로 형성된 신휘직 성격의 예술 유파. 과거이 전통적이 아카데미 형식에서 벗어나 독립적이고 자유로운 예술 활동을 시도하고자 했다.

3_ 윌리엄 모리스의 영향을 받아 건축가 요제프 호프만과 디자이너 콜로만 모저가 1903년에 설립했다. 공예, 가구 제작은 물론 책 장정의 작업으로도 유명하다.

4_ 1907년 독일의 미술, 건축, 공업, 수공예 분야의 전문가들이 모여 공업 제품의 디자인 및 질적 향상을 목적으로 창설한 단체. 나치가 한때 폐쇄했으나 1950년에 재건했다.

바우하우스가 기계 사용을 적극 수용하며 전통에서 차차 멀어지고 있을 즈음 덴마크에서는 다른 모더니즘이 시작되고 있었다. 덴마크 모더니즘은 '국제 스타일'의 본질주의와 기능주의에 관한 관심을 공유하면서, 동시에 정통 공예 전통에 바탕을 두었다.

그러기에 덴마크의 모더니즘은 전통 재료(목재, 천 등)를 사용할 뿐만 아니라 전통적 형태들을 완전히 배제하지는 않았다. 오히려 덴마크 모더니즘의 지지자들은 과거로부터 영감을 받아 그 영감을 모던 스타일의 가장 필수적인 요소로 만들었다.

덴마크 모더니즘의 정신적인 아버지는 디자이너이자 교수인 카레 클린트 Kaare Klint였다. 클린트는 1924~54년까지 왕립가구학교Royal Academy's Furniture School의 학장으로서 전통 가구의 기능 분석 및 형태를 고려하며, 가구 설계에 대한 합리적인 근거를 연구하는 교과 과정으로 여러 세대의 디자이너를 교육했다.

그는 특히 18세기 영국식 가구에 많은 관심을 두고 작업했지만, 다른 디자이너들은 이집트, 중국, 셰이커, 그리스 및 스페인 가구에서도 영감을 얻었다. 히어르트Esbørn Hiort는 클린트 스쿨의 철학을 "모던 덴마크 가구Modern Danish Furniture"(1956년)라고 표현했다.

클린트 스쿨은 작업자의 도구가 그 목적을 충실히 수행해야 하는 것처럼 가구 역시 그 쓰임에 맞아야 한다고 인식했다. 즉, 가구는 단순해야 하며 너무 튀지 않는 형태로 제작해야 어떤 실내 공간에도 오래도록 함께 어울려 머무를 수 있다고 생각했다. 학교의 가장 큰 목표는 매일 사용할 수 있는 '영원한' 일용품을 만드는 것이었다.

카레 클린트

결국 모더니즘은 전통 공예와 미니멀한 디자인을 산업 생산에 결합한 모습이 되었다.

클린트가 왕립가구학교에 재직하던 시기에 덴마크에서는 급격한 인구 변화와 인구 이동이 있었다. 두 번의 세계대전이 벌어지는 동안 많은 인구가 도시로 이주했다. 그에 따라 주택 수요가 증가했으며, 그 크기는 전보다 더 작게 지어질 수밖에 없었다. 그리하여 작은 규모에 맞는 가구를 디자인하게 되었고, 다목적 제품을 개발하려고 노력했다. 이는 주거환경의 변화가 가구 디자인의 변화에 큰 영향을 끼친다는 것을 자연스럽게 입증하는 일이었다.

이 현상은 덴마크 시장뿐만 아니라, 세계 시장으로의 확대에도 영향을 끼쳤다. 1950년 덴마크의 가구 수출은 3백만 크로네[5]였으나, 1960년도에는 1억

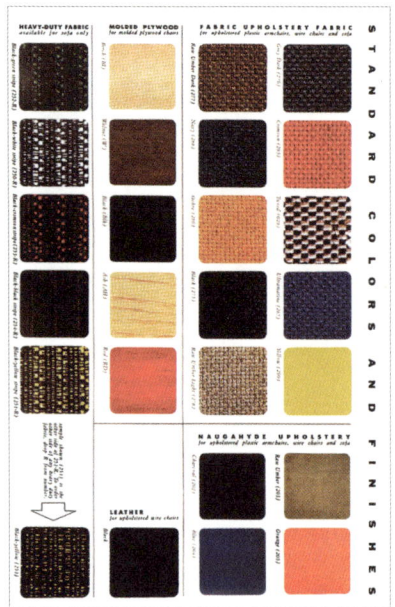

당시 인기 있었던 질감과 색상. 1948년 허먼밀러사 카탈로그.

6400만 크로네로 크게 증가했다. 덴마크 가구의 주요 수입국은 미국이었고, 이는 미드 센추리 모던의 중요한 출발이었다.

모더니즘은 1940년대 후반에 미국에 선보였지만, 당시 소비자들은 경제대공황과 제2차 세계대전이란 사회적 분위기 탓에 건축이나 공산품에 지갑을 열형편도 관심을 기울일 여력도 없었다. 그러나 전쟁이 끝날 무렵 소비자들의 형편이 나아지면서 모던 스타일의 가구에 대한 수요도 증가했다. 상황이 바뀌면서 멈춰 있던 산업 기지들은 자연스럽게 모더니즘을 위한 완벽한 환경이 되었다. 1929년 초 미시간에 본사를 둔 허먼밀러사는 기존의 가구를 재생산하는 환경에서 현대적인 개발 라인으로 환경을 전환하기 시작했다.

그러면서 진정한 성공을 이룬 것은 조지 넬슨George Nelson, 이사무 노구치, 폴 라슬로Paul Lászlo, 찰스 임스Charles Eames의 디자인이 포함된 1947 라인이 출시되고 나서였다. 다른 제작자들이 허먼 밀러의 성공을 눈치 채는 데 오래 걸리지 않았으며, 곧 "현대적Contemporary"이라고 불리는 스타일이 다양한 분야에서 부각되었다. 백화점 입점은 물론 인쇄물이나 영화에서도 흔히 볼 수 있게 되었다.

한편 영국에서는 MCM 스타일이 다른 곳에 비해 조금 뒤늦게 알려졌다. 영국은 1942년에 전쟁 중 자원 부족에 대응하기 위해 가구가 어떤 형태여야 하며, 누가 어떤 가구를 구매할 수 있는지를 정의한 '가구공익제도Furniture Utility Scheme'를 제정했다. 그 후 1951년 영국제Festival of Britain[6]에서 현대 디자인 전시회가 열렸고, 이로 인해 새로운 스타일에 대한 욕구가 일어났다. 1952년에 가구공익 제도가 종료되자, 제조업체들은 사람들이 구매할 수 있는 새로운 스타일의 제품을 생산할 수 있음에 흥분했다.

이곰사E Gomme LTD의 디자이너인 도널드Donald Gomme는 새로운 현대식 가구 라인과 새로운 판매 방식을 고안해냈다. 이곰사 이전에 영국 사람들은 일반적으로 가구를 집에 맞춰 제작된 대량 세트로 일괄 구입했다. 그로 인한 가구 구입 비용을 충당키 위해 심지어 대출을 받아야 하는 일까지 종종 발생했다. 그리고 소비자들이 필요한 가구만 낱개로 구매하는 것도 가능해졌다. G-Plan은 중산층이 현대식 가구를 합리적인 가격으로 구입할 수 있게 해주었으며, MCM 스타일을 영국 가구산업 주류에 편입시켰다. 또한 뛰어난 마케팅에 힘입어 이곰사의 수익은 1952~56년 사이에 600% 가량 성장했다.

5_ 덴마크 크로네는 약 188원(2020년 8월 현재)
6_ 1951~52년에 런던 템즈강 남쪽에서 개최된 대박람회 백주년 기념제

그럼에도 MCM 가구의 폭발적인 인기는 곧 하락하고 만다. 그 원인은 MCM 스타일의 공급 과잉과 한탕을 노린 기업들이 앞다투어 불완전한 디자인과 볼품없는 값싼 모조품을 대중들에게 퍼부었기 때문이다. MCM의 사회적·철학적 근간은 잊혔고, 그저 소비자의 변덕스러운 취향 중에 하나가 되었다. 자연스럽게 대중은 MCM 스타일에 싫증을 느끼기 시작했다.

미드 센추리 모던 스타일

대중은 다른 스타일에 눈을 돌렸을지 모르지만, 대부분의 MCM 제작자들은 생산을 중단하지 않았을 뿐만 아니라, 클린트 학교가 처음부터 추구한 시대를 초월한 디자인으로 꾸준히 대중에게 호소했다. 그렇다면 정확히 MCM 스타일은 무엇인가?

MCM의 가장 저명한 디자이너 중 한 명인 조지 넬슨은 MCM 스타일을 세 가지 카테고리 즉 생체 형태, 기계 그리고 수공예로 구분했다. 이 세 가지로 모든 가구 스타일을 설명할 수는 없겠지만 알아두면 유용한 구분 방법이다.

첫째, 생체 형태 디자인은 생명체의 이미지를 떠올리게 하는 가장 독특한 MCM 스타일이다. 비대칭성, 매끄럽고 곡선이 있는 표면, 특히 새로운 재료의 사용이 MCM 시대 특징 중 가장 눈에 띄는 점이다. 아메바, 인체의 신장 및 부메랑과 같은 생체 형태는 바우하우스가 지향한 기계미학과는 뚜렷하게 대조적이지만, 새로운 재료 사용에 있어서는 비슷한 관심을 공유했다. 유명한 사례로 허먼밀러사에서 만든 이사무 노구치의 커피 테이블(1948)과 임스 부부Charles Eames and Ray Eames의 긴 플라스틱 의자(1948)가 있다.

이어 기계적인 미학은 바우하우스와 유선형 모더니즘의 직접적인 선구자들과 그 작품들에서 찾아 볼 수 있다. 바로 하워드밀러사에서 출시한 조지넬슨 벽시계George Nelson Ball Clock와 피에르 폴랑Pierre Paulin의 의자 등 다양한 스타일의 탄생이다. 이것은 기능성을 강조하는 기하학적 형태(종종 금속으로 렌더링)의 특징을 지녔으며, 제트항공시대를 향한 낙관주의 경향도 보인다. 그리고 이 경향은 머신 모던Machine Modern의 두 번째 물결을 탄 흐름이었기 때문에 르코르뷔지에와 바우하우스의 작품을 반영해 약간의 복고풍 느낌마저 풍겼다.

기계와 생체 형태 미학은 둘 다 종종 새로운 방식으로 합성 재료도 사용했지만, 수공예 미학인 전통적인 재료, 특히 나무를 주재료로 사용했다. 형태적으로는 미니멀리즘과 기능주의를 담고 있으며, 이를 나무를 깎아서 아름다운 선으로 표현했다. 넬슨은 이를 '수공예'로 정의하며 산업 생산 설계에 적용하였다.

이사무 노구치의 커피 테이블은 유리와 목재의 대비에서 최소한의 재료로 드라마틱한 형태를 이룬다.

마르셀 브로이어Marcel Breuer의 튜브스틸 암체어는 바우하우스가 지향하는 미니멀한 기하학적 형태를 표현한다.

한스 베그너의 '더 체어'는 케네디와 닉슨의 TV 대선 토론에 등장하며 세상에 첫선을 보였다.

한스 베그너(21쪽), 핀 율(16쪽) 그리고 뵈르게 모겐센(18쪽)의 작품을 포함한 덴마크의 현대식 가구 대부분이 이러한 범주에 속한다.

이것들은 형태적으로는 확연히 구분되지만, 기능주의·본질주의·공리주의라는 공통된 특성을 추구했다. 가구는 아름다워야 함과 더불어 실용적이어야 하며 평균적인 수준의 범위 내에 있어야한다. 찰스 임스는 또 다른 말로 이렇게 정의했다. "… 최소한의 돈으로 최대한 많은 사람들에게 최고를 제공하는 것."

MCM 스타일은 현대 건축의 변화 양상에 발맞추어 진화를 거듭했다. 제2차 세계대전 후에는 대부분 소규모 주택이 지어졌으나, 가끔 이와는 달리 넓고 개방된 공간과 큰 창문이 달린 주택도 설계되었다. 더 작아진 공간의 주택은 빈틈없고 다목적인 디자인을 요구했으며, 큰 창의 주택은 임스 부부의 서핑보드 테이블이나 덴마크 사이드보드 같이 길고 낮은 형태의 가구를 사용하기에 좋은 구조였다.

매끈한 기계 미학, 비대칭적인 생체 형태 또는 수공예로서의 조각을 특징으로 하는 MCM 스타일에 대해 한스 베그너는 "…지겹고 끝이 없는 카피 가구의 시대"라고 했지만, 대중들로부터는 환영을 받았다.

디자이너 & 제작사

모더니즘의 발전과 함께 디자이너의 중요성도 함께 부각되었다. MCM 시대 이전에는 '가구'하면 디자이너 보다는 먼저 제작자를 떠올렸다. 하비 엘리스 Harvey Ellis[7] 보다 구스타프 스티클리 Gustav Stickley[8]를 강조하는 것을 봐도 알 수 있다.

하지만 MCM 시대는 제작자가 아닌 디자이너에 주목한다. 이러한 경향은 디자이너들이 스스로를 홍보한 결과이기도 하고, 산업화된 사회에서 디자이너의 역할이 점점 커졌음을 의미한다. 대량 산업 생산은 특정 디자이너의 잠재 고

MCM 인테리어는 기둥과 가로대 구조의 변형으로 넓은 공간을 만드는 방식의 새로운 길을 열었다. 그리고 외부와 내부의 경계를 무너뜨리기 위해 자연 소재를 사용하는 것도 자주 확인할 수 있다.

7_ 당대에 가장 뛰어난 건물 묘사 화가로도 꼽힌다. 비록 덜 알려지기는 했지만 H. H. 리처드슨이 시작한 로마네스크 복고양식의 거장이었으며, 또한 다른 건축가들이 설계한 것으로 알려진 마천루의 초기 설계안을 만든 사람이기도 하다.

8_ 건축가이자 실내장식가, 가구 제작자 등 미션 양식의 주된 창시자이다. 스티클리는 펜실베이니아에 있는 삼촌의 의자 공장에서 기본적인 가구 제작을 익히고, 그 공장을 인수한 후 1884년에 뉴욕으로 이전했다. 그는 당시 유행하던 아르누보 양식 디자인을 체험한 후 1900년경에 단단한 참나무로 만드는 새로운 가구를 도입했다. 그는 이 분야의 가구가 지닌 단순성, 기능성, 구조적 견고성 등의 장점이 평민적 가치의 구현이라고 믿었다.

에로 사리넨과 찰스 임스가 디자인한 이 인테리어처럼 현대적으로 디자인된 다목적, 개방적 공간이 대중에게 선보였다. 임스 서핑보드 테이블과 넬슨 플랫폼 벤치도 볼 수 있다.

객을 늘려나가는 동시에 숙련된 노동의 필요성을 줄여나갔다.

그러나 성공적인 디자인들은 공장에서의 대량 제작 과정을 이해하면서부터 태어났다. 임스 부부의 성형벤딩합판의자가 제2차 세계대전 중 미 해군의 의료용 부목을 합판으로 만들게 되며 탄생한 것을 그 적절한 예로 꼽는다.

또한 연례 전시 중에 하나인 '덴마크 케비닛 메이커 길드'(1927~67년)에서 맺어진 디자이너와 제작사의 신중한 협력으로부터 덴마크 모던 가구의 품질과 상품적 매력이 돋보이기 시작했다. 따라서 MCM 시대의 가구 구입을 고려 중이라면 당시 디자이너와 제작사의 역사를 이해하는 것이 도움이 될 것이다.

흥미로운 사실 하나를 더하자면, 이 시대에 가장 유명했던 디자이너들은 대부분 처음에는 건축학을 전공했다는 것이다. 조지 넬슨이 허먼밀러사의 카탈로그(1948년)에서도 언급했듯이 이것은 단순한 우연의 일치가 아니다.

"모든 설계 문제, 특히 가구의 구조적 접근 방식에 대해 반드시 짚어야 할 문제가 있다. 이는 독립된 개별 환경에서는 찾아내기 힘들다. 디자인 과정은 그 가구가 놓일 집, 여러 형태의 공간 그리고 사용할 사람이 함께 묶여 있다. 이런 방식을 잘 따르면, 산업 건축은 단순히 스타일링이라기보다 막연히 유행을 따르는 것을 넘어 혁신적인 것을 창조해낼 가능성이 높아진다."_조지 넬슨

MCM 가구 디자인은 당시 인기 있던 이탈리아 스타일 같은 형태를 재생산하는 것을 지향하지 않았다.

허먼밀러사 Herman Miller Furniture Company

미국 미시건주 질랜드에 위치한 허먼밀러사는 1905년에 미시건스타가구회사Michigan Star Furniture Company가 모태다.

사업 초기에는 당시 인기 있던 스타일의 가구들을 재생산했다. 미시건스타가구회사의 회장이었던 D. J. 드 프리De Pree와 드 프리의 장인이었던 허먼 밀러Herman Miller가 회사의 최대주주로 등극하며, 회사명을 허먼밀러사로 변경했다(19423년).

그 이후 1930년 후반까지 계속 예전과 같은 스타일의 가구를 생산했다. 그러나 시대는 새로운 방향을 요구했고, 모던 디자이너인 길버트 로데Gilbert Rohde는 새 시대의 흐름에 합류한다. 로데는 밀러와 드 프리에게 기존의 스타일을 버리고 완전히 현대적인 가구를 생산할 것을 적극적으로 요청했다. 불안하게 시작했지만 그들의 도전에는 그만한 성과가 뒤따랐으며, 결국 회사는 성장해 시카고와 뉴욕에 상점을 열고 모듈식 가구라인을 주력 상품으로 시장에 진출했다.

1944년에 로데가 세상을 떠나고, 새로운 디자인 디렉터가 필요했던 드 프리는 때마침 넬슨이 『라이프LIFE』에 기고한 벽선반 작업에 관한 글을 읽은 후 그의 작업에 매료되어 조지 넬슨을 스카우트했다.

드 프리와 넬슨은 뛰어난 파트너십으로 허먼밀러사를 현대 가구 디자인의 리더로 만들었다. 넬슨, 노구치, 임스 부부 그리고 폴 라슬로의 작품 등이 실려 있던 1940년대 후반부터 1950년대 후반까지의 허먼밀러사사 제품 카탈로그는 마치 MCM 시대의 디자인 인명록이라 칭할 만큼 그 내용이 풍성했다.

1960년대 허먼밀러사는 사무용 가구디자인의 성공으로 인해 가정용 가구 디자인 생산을 소홀히 하긴 했지만, 이후 수십 년 동안 가장 상징적인 디자인을 꾸준히 만들어냈다. 2014년 여름, 허먼 밀러는 소비자와 시장에 대한 새로운 약속과 함께 소매 시장인 디자인 위드인리치Design Within Reach 인수를 발표했다.

핀 율은 미국에서 인기를 얻은 최초의 덴마크 현대 가구디자이너 중 한 명이다.

 핀 율 Finn Juhl(1912~1989)

섬유 도매업자의 아들인 핀 율은 코펜하겐예술학교Copen-hagen Academy of Art에서 건축을 공부했다. 건축학을 전공했지만, 졸업 후 그는 가구 디자인뿐만 아니라 인테리어 디자인 및 대학 강의를 했다.

당시 덴마크 디자이너 대부분은 주변 환경과 조화를 이루는 가구 디자인을 중요시하는 카레 클린트 왕립가구학교의 방향을 추구했지만, 핀 율은 하나의 가구만으로도 오롯이 예술작품이 될 수 있다고 주장하며 그 전통을 깨뜨렸다. 그의 이러한 주장을 비방하는 이들도 있었지만 1954년과 1957년 밀라노 트리엔날레에서 금메달을 포함한 많은 상을 받았으며, 1937년부터 가구 제작사 닐스 보더Niels Vodder와 수십 년 동안 협업을 했다. 그는 덴마크에서 1949년부터 3년동안은 그랜드 래피즈 Grand Rapids의 제작사인 베이커사Baker를 위한 가구 라인을 디자인했고, 최초로 미국에서 인기를 얻은 덴마크 디자이너 중 한 명이었다. 이러한 그의 성공은 덴마크왕립미술아카데 미Danish Royal Academy가 1951년 핀 율을 UN빌딩 관리위원 회 회의소의 디자이너로 임명하는 데에 큰 영향을 끼쳤다.

현대 미술에서 영감을 얻은 그의 작품은 각진 모양과 조 각적인 선을 아우른다. 또한 그는 종종 선과 선 사이에 공간 을 두어 디자인했다. 특히 이런 점은 그가 디자인한 의자에 서 많이 볼 수 있다. 예를 들어, 의자의 좌판이 다리의 메인 프레임에서 떨어져 위로 올라오는 것이 특징이다. 이 책의 커피 테이블(77쪽)과 오토만(94쪽)에 그림으로 잘 설명되어 있다. 핀 율은 덴마크 가구에서 티크teak 목재의 사용을 대중 화시켰다.

"주택·건축 디자인 외에 다른 공부를 하지 않아서인지, 나는 가 구를 바라볼 때 목수들이 만들어낸 장부짜임과 같은 기술에 주 목하기보다 자연 소재로 된 하나의 구조물로 가구를 바라볼 수 있었다." _핀 율

핀 율은 베이커사의 디스플레이와 가구를 디자인했다. 현대 미술에서 영 감을 얻은 그의 작품은 각진 모양과 조각적인 선을 동시에 아우른다.

놀퍼니처 Knoll Furniture

한스 놀Hans Knoll은 자신 이름을 딴 놀퍼니처Hans G. Knoll Furniture Company를 뉴욕에 세웠다(1938년). 첫 모던 가구는 옌 스 리솜Jens Risom이 디자인했다(1941~42년).

또한 놀은 바우하우스 출신의 건축가 플로렌스 슈스트 Florence Schust와 결혼하면서(1946년), 함께 회사를 개편해 놀 어소시에이트Knoll Associates를 설립하고, 놀플래닝유닛Knoll Planning Unit이란 별도의 회사를 통해 인테리어 디자인 및 의 류 디자인 등으로 영역을 넓혔다.

놀퍼니처는 에로 사리넨Eero Saarinen, 이사무 노구치, 조 지 나카시마George Nakashima 그리고 미스 반 데 로에Mies van der Rohe 등 세계적으로 인정받는 디자이너를 고용하고, 그 들에게 디자인 로열티를 지급했다.

놀은 유망한 디자이너들을 찾아 고용하고, 그들에게 디자인 로열티를 주 는 방식으로 급여를 지불했다. 1949년 잡지에 실린 사진에는 옌스 리솜 의 의자, 조지 나카시마의 테이블 그리고 리처드 G.슈타인의 데이베드가 보인다.

한스가 1955년에 자동차 사고로 사망하자, 플로렌스는 자연스럽게 회사를 맡게 되었고, 1960년까지 회사를 경영했다. 개인적인 이유로 사임한 후에도 그녀는 1965년까지 디자인 감독으로 놀퍼니처에서 활동했다.

플로렌스의 영향 아래 놀플래닝유닛은 산업 인테리어 디자인 방식을 유지했지만, 1965년 이후 그녀의 손을 떠난 회사는 오래가지 못하고 결국 1971년 문을 닫았다. 그러나 놀퍼니처는 오늘날까지 기업 및 주거용 가구 생산을 계속하고 있다. 주목할 만한 디자인으로는 사리넨의 튤립 의자Tulip Chair와 자궁 의자Womb Chair, 해리 베르토이아Harry Bertoia의 다이아몬드 의자Diamond Chair와 미스 반 데 로에의 바르셀로나 의자Barcelona Chair가 있다.

뵈르게 모겐센 Børge Mogensen(1914~1972)

뵈르게 모겐센

모겐센은 코펜하겐예술공예학교Copenhagen's School of Arts and Crafts에서 가구 디자인을 공부한 후(1936~38년), 왕립예술학교Royal Academy of Fine Arts에서 건축을 공부했다(1938~94년). 이 기간 동안 그는 시리즈 첫 작품으로 한센의 다락방Hansen's Attic을, 그 후 피터의 침실Peter's Bedroom 시리즈와 같은 다양한 아동용 가구를 디자인했다.

그는 활동 기간 동안 사회에 기여할 수 있는 디자인에 꾸준한 관심을 보였다. 덴마크협동조합도매협회Association of Danish Cooperative Wholesale Societies의 가구 부서장으로서 재직(1942~50년) 할 동안 실용적이며, 합리적 가격의 가구 라인을 만들었다.

1950년에 모겐센은 자신의 디자인 회사를 설립했다. 클린트로부터 강한 영향(한동안 클린트의 조교로 활동)을 받은 관계로 종종 전통적 형식과 형태를 재조명했으며, 셰이커와 중국 스타일에 많은 관심을 두었다.

다작 디자이너인 모겐센은 쇠보르크 뫼벨파브리크Søborg Møbelfabrik, 프레데리시아 퍼니처Fredericia Furniture, 칼 안데르슨 앤 손즈Karl Andersson & Sons를 위한 작업도 했다. 또한 그의 친구인 한스 베그너와 협력해 요하네스 한센Johannes Hansen을 위해 디자인을 하기도 했다.

셰이커 스타일에 영향을 받은 모겐센의 가장 성공적인 의자 'J39'는 재고 때문에 실수로 만들어졌다. 수납장 제작자가 너무 많은 목봉을 주문하는 바람에 남는 재료를 소진하라는 요청에 따라, 모겐센은 목봉이 많이 필요한 의자를 디자인했다. 이 즐거운 실수로 인해 여러 다른 버전의 전통적인 셰이커 식탁의자가 많은 인기를 누렸다. J39는 1947년 이래로 계속 생산되었다.

조지 나카시마 George Nakashima (1905~1990)

오늘날 나카시마는 라이브-엣지, 특히 큰 슬랩테이블(통원목)로 주로 기억되지만, 오십여 년을 걸쳐 발전해온 그의 독특한 스타일 중에 MCM 시대가 함께 걸쳐 있을 뿐이다.

나카시마는 1929년 워싱턴대학에서 건축학 학사학위를, 1930년 MIT에서 건축학 석사학위를 취득했다. 1930년대에 일본과 인도에서 많은 시간을 보낸 그는 안토닌 레이몬드 Antonin Raymond 밑에서 일했다. 1940년 시애틀로 돌아와서 가구점을 열었지만, 전쟁이 일어나서 아이다호에 억류됐다. 레이몬드가 나카시마의 조기 석방을 추진하기 전까지 아이다호에서 전통적인 일본 목공 기술을 연구하고 공부했다. 그리고 아내 매리언 Marion과 함께 펜실베이니아주에 있는 뉴호프로 이주해 작업실을 꾸리고 프리랜서로서 활동을 하며, 동시에 다른 회사들이 작업도 의뢰를 받아 디자인했다.

1950년대와 1960년대 초에는 놀퍼니처와 위디컴밀러 Widdicomb-Mueller에서 디자인을 했다. 그리고 1973년에는 넬슨 록펠러 Nelson Rockefeller에게 200여 개의 작품을 의뢰받으면서 경제적으로 여유있게 작업을 할 수 있었으며, 그 덕분에 여러 곳에서 많은 찬사를 받았다.

그는 미국건축협회 금상 National Gold medal, Building Arts Exhibition(1962), 미국공예협회상 American Craft Council(1979), 헤이즐렛 공예상 Hazlett Award for Crafts(1981), 일본 성보메달 Sacred Treasure of Japan(1983) 등을 수상했다.

위드컴 뮐러, 놀퍼니처와의 계약 작업은 대규모 생산을 염두에 두었지만, 공예와 전통 재료에 대한 나카시마의 스타일은 꾸준히 반영되었다. 전통 미니멀리즘에 뿌리를 둔 모더니스트로서 나카시마 스타일의 진화를 암시한다. 특히 164쪽에 있는 서랍장의 하부 받침대는 대형 테이블을 지지하는 데에 사용했을 것과 같은 구조에서 착안했다고 볼 수 있다.

"더 가치 있고 아름다운 디자인을 만들어내려면 진중한 노력이 요구된다."_조지 나카시마

조지 넬슨 George Nelson (1908~1986)

넬슨은 미국 코네티컷주 하트포드에서 러시아 이민자인 아버지와 미국인 어머니 사이에서 태어났다. 그는 16세의 나이에 예일대에 입학해, 건축학 학위로 졸업했다(1924~28년). 1932년부터 2년간 미국아카데미 American Academy 장학금을 받아 로마 가톨릭대학교 대학원에서 공부했으며, 로마에서 건축 로마대상 Prix de Rome을 받았다.

그는 건축에 대해 글을 쓰는 것만큼 건축 일도 즐겼다. 1935~44년까지 『건축포럼 Architectural Forum』에서 편집부 차장 및 공동 편집자로 일했다. 또한 예일대에서 가르치며 산업 디자이너로서 경력을 쌓았다.

그와 헨리 라이트 Henry Wright와 함께 디자인한 '벽장 Storage Wall'에 관한 기사가 드 프리 회장 눈에 띄어 허먼밀러사의 가구 제작부 아트 디렉터로 1972년까지 일했다.

허먼밀러사에서 넬슨은 MCM 디자인 재능뿐만 아니라 임스 부부, 이사무 노구치, 로버트 프롭스트 Robert Propst, 알렉산더 지라드 Alexander Girard와 같은 인재들을 한곳에 끌어 모으는 능력까지 보여주었다. 그가 허먼밀러사에서 일하는 동안 임스 라운지 의자, 마시멜로 소파, 노구치 커피 테이블 등 수많은 상징적인 가구를 생산해냈다.

조지 넬슨은 허먼밀러사의 가구 제작부 아트 디렉터로서 회사에 재능있는 디자이너들을 고용해 MCM 디자인의 중심이 되었다.

조지 넬슨의 플랫폼 벤치는 허
먼밀러사의 성공에 많은 기여
를 했다.

그러나 넬슨이 다른 디자이너의 업적을 자신의 공으로 돌렸다는 주장이 일었다. 특히 놀라운 것은 유명한 마시멜로 소파 마저도 어빙 하퍼Irving Harper의 작품이라는 것이다. 이로 인해 그의 포트폴리오 일부가 의심을 받고 있다.

그럼에도 불구하고 그의 뛰어난 글쓰기와 유망한 인재를 찾아 키우는 능력, 디자인 작업에 이르기까지 MCM 스타일에 미친 영향은 무시할 수 없다. 그 중 넬슨의 플랫폼 벤치 (61쪽)는 모듈식 캐비닛 시스템의 기본 토대로서 한동안 허먼밀러사의 성공에 많은 기여를 했다.

이사무 노구치 Isamu Noguchi(1904~1988)

로스앤젤레스에서 태어난 노구치는 어린 시절 대부분을 일본에서 지낸 후, 1918년 미국으로 돌아와서 뉴욕 콜럼비아 의과대에서 의학을, 레오나르도 다빈치 아트 스쿨에서 조각을 공부하고, 1927년에 구겐하임 펠로우십을 받았다. 파리 콘스탄틴 브랑쿠시Constanti Brancusi에서 장학금으로 조각 공부를 했다. 1931년부터 미국에서 조각가로 일하기 시작했으며, 종종 건축 프로젝트와 관련 의뢰들을 맡았다.

그는 조각 작품 외에도 산업 디자인, 건축 및 연극 무대 디자인 등 다양한 경력이 있다. 작품들을 살펴보면 조각가로서의 그의 배경이 가구 디자인에 영향을 미쳤다는 것을 알 수 있다. 예를 들어 제니스Zenith의 '라디오 너스Radio Nurse'와 직물 커버링 작업, 그리고 그의 가장 유명한 작품 (허먼밀러사에서 디자인한) 유리와 목재로 만든 커피 테이블(13쪽 사진)에서 이러한 점을 볼 수 있다. 예를 든 이 테이블을 보면 다양한 소재 사용에 대한 그의 폭넓은 관심을 알 수 있다(그의 조각 작품에는 주로 강철, 주철, 대리석, 목재, 알루미늄, 석재 등의 다양한 소재가 사용된다).

허먼밀러사 카탈로그(1948년)에서 노구치의 재료 선택에 대한 이론적 근거를 이렇게 설명한다. "노구치는 작품 전체의 모습과 재료가 보이길 원했기에 테이블 상판에 유리를 사용했습니다. 불투명한 상판을 사용했더라면 테이블 하부의 미려한 조각 작업이 드러나지 않았을 테니까요."

"더 넓은 공간에서 작업할 기회가 있을 때, 나는 그 넓은 공간과 작품이 따로가 아닌 서로 조화로운 정원처럼 하나의 전체적인 작품으로 여기곤 했다."_이사무 노구치

옌스 크비스트가르 Jens Quistgaard(1919~2008)

다른 유명한 덴마크 디자이너들과 달리 옌스 크비스트가르는 실용적인 교육을 받았다. 어렸을 때부터 나무로 장난감을 직접 만들어 놀았고, 열네 번째 생일에는 선물로 쇠모루와 작업 공간을 원했을 정도였다. 그는 아버지 헤럴드 Herald 에게서 조각을 배웠고, 그 후 세공업자인 게오르그 옌

슨George Jensen의 수습생으로 들어갔다. 그러다가 제2차 세계대전 중에는 덴마크 언더그라운드에서 복무했다. 전쟁 후 그는 디자이너와 제작자로 일했다. 밀라노 트리엔날레 Milano Triennale 금메달과 런닝상Lunning Prize을 수상한 1954 년은 그에게 중요한 한 해였다.

같은 해에 기업가인 테드 니렌버그Ted Nierenberg가 덴마 크 예술디자인박물관에 전시하고 있던 크비스트가르의 '피오르드 칼Fjord cutlery set'을 보게 된다. 피오르드 칼은 강철 과 티크로 만들었는데 당시에는 흔하지 않은 조합이었다. 니렌버그는 크비스트가르를 찾아가 '피오르드'를 대량 생 산할 수 있다고 강조하며 설득했다. 이 사건이 바로 덴스크 디자인Dansk Designs의 시초가 되었다. 이후로 크비스트가 르는 30년 동안 덴스크에서 일하면서 수천 개의 디자인을 진행했다.

그의 접시들, 조리기구 그리고 액세서리는 미국 대중으 로부터 엄청난 인기를 얻었다. 크비스트가르는 가정용품으 로 가장 잘 알려져 있지만, 가끔 가구를 디자인하면서 종종 그의 식기류와 동일한 재료를 사용했다.

옌스 리솜 Jens Risom(1916~)

리솜은 건축가 스벤 리솜Sven Risom의 아들로 코펜하겐 에서 태어났다. 그는 미술&응용디자인학교Art and Applied Design에서 올레 벤셔Ole Wanscher와 카레 클린트 교수 밑에 서 디자인을 전공했다. 그의 동기들 중에서는 뵈르게 모겐 센과 한스 베그너가 있었다.

1939년 미국으로 이민 후 댄쿠퍼스튜디오Dan Cooper Studio에서 직물과 인테리어 디자인을 했다. 1942년에 놀퍼 니처 최초의 현대적 가구 라인의 대부분을 디자인했다. 또 한 목재 프레임과 군용 웨빙webbing 사용으로 유명했다.

리솜은 육군에 입대해 조지 패튼George S. Patton 장군 휘 하에서 복무했다. 전쟁 후 잠시 놀퍼니처에 돌아갔으나, 그 후 자신의 회사인 옌스 리솜디자인Jens Risom Design, Inc.을 25년 동안 운영을 했으며, 점차 주거용에서 상업용 디자인

1940년대 후반의 옌스 리솜 의자에서 디자이너의 조각 형식에 대한 관심 이 드러난다.

으로 바꾸어 나갔다. 그의 작품은 현대미술관, 브루클린박 물관, 쿠퍼 휴이트를 포함한 수많은 박물관 컬렉션으로 전 시되었다.

"좋은 디자인이란 동등한 품질의 다른 좋은 것들과 잘 어울리 는 것이다."_옌스 리솜

한스 베그너 Hans Wegner(1915~2007)

베그너는 덴마크의 퇸더Tønder에서 구두수선공의 아들로 태 어났다. 1927~31년까지 슈탈베르크H. F. Stahlberg에게서 캐비닛 제작자가 되기 위한 수련을 받았다. 덴마크공과대 학Danish Institute of Technology에서 공부한 후 코펜하겐예술공 예학교Copenhagen School of Arts and Crafts로 옮겨 디자인을 공 부했다. 1930년대 후반과 1940년대 초반 그는 건축 회사 아르네 야콥센 & 에릭 뮐러Arne Jacobsen and Erik Moeller를 위 한 가구를 디자인했고, 예술공예학교School of Arts and Crafts 에서는 학생들을 가르쳤다. 1946년 코펜하겐으로 이사하 기 전에 오르후스Århus에서 자신의 디자인 회사를 시작했 다. 1980년『파인우드워킹Fine Woodworking』과의 인터뷰에

서 베그너는 이 기간 동안의 자신의 삶을 가리켜 "아침은 수업으로 바빴고, 오후에는 팔레 수엔손Palle Suenson 디자인 스튜디오에서 일을 했고, 저녁에는 나 자신의 디자인 작업에 시간을 보냈다."고 설명했다.

이러한 그의 작품들은 런닝프라이즈 수상을 했고, 에케르스베르크Eckersberg 메달과 밀라노 트리엔날레에서 그랑프리 및 금메달을 받았다.

그의 작품들은 전통 공예 기술에 대한 깊은 이해를 바탕으로 인간을 디자인 중심에 두었다. 이러한 점들은 전통적이며 역사적인 형태들의 능숙한 재해석으로 표출된 그의 대표적인 조각 라인들에서 종종 발견할 수 있다

베그너는 의자 디자인에 특별한 관심을 가지고 500여개의 디자인을 했으며, 이는 마치 이상적으로 완벽한 의자를 찾아 헤매는 것 같았다. 그의 가장 유명한 의자 디자인 중에는 '피콕체어Peacock Chair'와 '위시본체어Wishbone Chair'가 있고, 특히 '더체어The Chair'는 케네디와 닉슨의 TV 토론에 등장한 의자로 유명해졌다.

한스 베그너의 바느질 테이블은 셰이커 스타일로부터 큰 영향을 받았다.

"오늘날 사회는 무엇이 현대적이고, 무엇이 기능적이냐에 대해 매우 혼란스러워한다. 내가 바라는 것은 사람들이 단지 새로운 것에만 끌리지 않고 좋은 디자인이 가지고 있는 단순하고 순수한 점을 소중히 여겨주는 것이다. 그리고 제품들은 애초에 디자인한 기능의 목적에 충실해야 한다. 무리한 요구라고 생각하진 않는다."_한스 베그너

구조와 마감기법

대부분의 MCM 가구는 대량 생산이 목적으로 디자인했다. 결론적으로 이러한 가구들에서 생산 속도를 높이기 위해 제작 과정을 단순화한 다양한 기술을 종종 엿볼 수 있다.

합판 상자는 목심이나 연귀짜임으로 조립하고, 턱짜임 장부 서랍은 철물 레일을 타고 움직이도록 한다. 복잡한 주먹장 장부보다 제작이 좀 더 빠른 사개짜임을 사용한다. 이러한 기술들은 구하기 쉬운 자작나무, 벚나무, 호두나무와 같은 목재에서부터 티크, 톨라, 자단과 같은 이국적인 목재까지 전부 적용했다. 최신 합성 스프레이 마감법부터 손으로 직접 펴 바르는 오일 마감법에 이르기까지 여러 종류의 목재 표면 마감 기술들이 선보이고 있다.

하드 우드를 선통석인 상무와 마감 기법으로 하는 것에 익숙한 사람늘에게는 MCM 스타일의 가구 세삭에 익숙해질 시간이 조금은 필요하겠지만, 오히려 전통 제작 및 마무리 기법들은 작업을 수월하게 도와준다.

현재 각자가 가지고 있는 기술, 도구 및 여러 가지 상황에 맞는 방법과 유용한 작업 스타일로 자유롭게 MCM 가구를 제작할 수 있다.

설계에 대해서

MCM 디자이너들은 그동안 질적·양적으로 다양한 가구를 생산해냈다.

이 책의 작품들은 전세계(브라질, 덴마크, 영국, 미국 등)의 주목할 만한 디자인 중 일반 가정에서 사용하기 적합한 가구를 선택했다. 또한 특별한 전문 공구가 없이도 집에서 제작할 수 있는 가구들을 선택하려 노력했다. 이로 인해 공장 생산품이나 금속 가공이 필요한 아름다운 가구들은 제외해야 했지만, 평범한 목공 기술을 가진 제작자가 충분히 만들 수 있는 가구들을 실었다.

책에 실린 도면의 치수들은 상품 카탈로그나 공개된 제품 사진의 치수를 사용했다. 그런 다음 그 치수로 3차원 설계를 거친 후 2D뷰 및 부품 리스트를 작성했다. 이러한 접근 방식은 치수 오차를 감안해야 하며, 가구 사진들의 내부 모양, 가령 장부의 모양 등이 구체적으로 표시 되지 않아 제작할 때 여러 가지 추측도 필요하다. 가구 내부의 세부적인 모습을 확인할 수 없는 경우에는 일반적인 가구 제작 기법으로 설계의 공백을 채웠다. 이러한 도면 및 부품 리스트로 제작된 가구가 원작을 충실히 재현하지 못했더라도 원작의 우수함과 정신을 존중해야 한다.

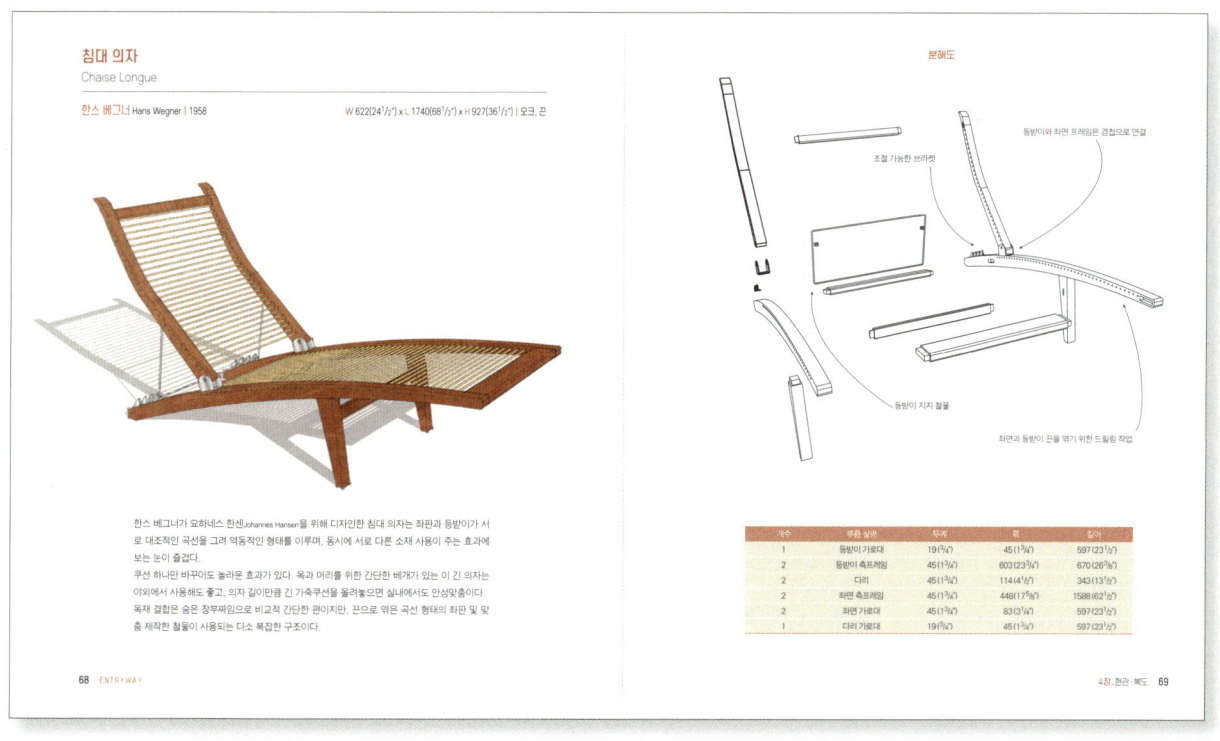

이 책의 렌더링 및 그림은 카탈로그 및 경매 사진에 실린 제품의 치수를 기반으로 했다.

2장_도구와 기술

단순히 짜맞춤 기법만 설명하는 책이 따로 있을 만큼 가구를 만들기 위한 각종 도구와 기술에 대한 많은 책들이 있다. 이번 장에서는 광범위하며 완성도 높은 목공 기술보다는 초보 목수로서 알아야 할 가구 제작에 필요한 최소한의 얘기를 다뤄볼까 한다.

개인에게 주어진 여건, 곧 제작 시간이나 가지고 있는 도구 또는 제작 방법의 선호도에 따라서 같은 결과물을 내더라도 그 과정과 방식은 제법 차이가 난다.

같은 장부구멍도 망치와 끌질로 파낼 수도 있고, 드릴과 루터작업으로 빠르게 해결할 수도 있다. 심지어 위에서 언급한 장부와 같은 '짜맞춤'으로 가구를 제작하지 않고, 목심 같은 것으로도 제작이 가능하다. 짜맞춤에 자신이 없다면 본 작업에 들어가기 전에 자투리 나무로 충분한 연습을 하는 것도 바람직하다.

또한 이번 장에서는, 실용적인 가구들을 만드는 데 적용할 수 있는 개괄적인 목공 기술을 설명하겠다.

목공 초심자에게는 도면을 정확히 이해하는 방법과 스스로 제작 과정과 순서를 결정하는 능력을 갖출 수 있는 디딤돌이 될 것이다. 이후에 설명할 프로젝트들은 과정과 설명을 읽어보는 것만으로 목공에 필요한 여러 가지 도구와 기술에 대한 개괄적인 이해가 가능하므로 미드 센추리 가구를 제작하는 데에 도움이 될 것이다.

도구

가구 제작자, 목공 교육자이며 관련 수상 경력으로 인정받은 게리 로고브스키 Gary Rogowski는 밴드쏘와 라우터와 끌만 있다면 무엇이든 만들 수 있다고 말한다.

약간 과장하면 가령 끌을 날카롭게 관리하기 위해서 별도의 장비가 필요하고 끌 연마기술에 익숙해야 한다고 말할 수도 있다. 그러나 그는 여기서 주목해야 할 점은 가구를 제작하기 위해서 반드시 세상의 모든 도구나 기계가 필요한 것은 아니라는 점이다.

이 책에서 다루는 대부분의 가구는 설비가 제대로 갖춰진 '공장'에서 제작되었지만, 제한적인 환경인 개인 작업실에서도 쉽게 제작이 가능하다.

자신에게 맞는 도구와 기법을 사용하고 또한 그에 맞는 도구들을 구입하기 전에 조사가 필요하다. 필요한 양의 목재를 계산할 줄 알아야 하고, 장부를 가공하고 부재들을 조

가구 제작자인 게리 로고브스키는 밴드쏘와 라우터, 끌만 있다면 무엇이든 만들 수 있다고 말한다.

립할 줄 알아야 하며, 목재 표면 또한 미려하게 마무리해야 한다. 무엇보다 안전에 소홀에서는 안 되며, 언제나 눈과 귀 그리고 호흡기의 안전에 신경 써야 한다.

이 책에서 소개하는 대부분의 제품은 미리 4면이 가공된 19mm(3/4인치) 목재로 제작할 수 있지만, 다른 두께의 목재가 필요한 경우도 있으니, 가공되지 않은 제재목으로 작업한다면 목재의 두께나 폭을 조절하는 데 용이하다.

잭플레인(초벌대패, 공격적인 일을 수행), 조인터 대패(장대패, 평을 잡는 데 용이), 스무딩플레인(마무리대패)과 같은 손 대패로 제재목의 평을 잡아나갈 수도 있지만, 대부분의 목수들은 시간을 아끼기 위해 수압 대패와 자동 대패 같은 전동 장비를 이용한다.

규모가 작은 작업실에서는 복합기(수압대패와 자동대패가 합쳐진 형태)로 공간을 확보할 수 있지만, 반면에 기능을 변환하는 데 시간을 빼앗기는 단점이 있다.

테이블쏘는 목재를 켜거나 자르기를 할 수 있으며, 홈을 파거나 장부 및 턱을 따내는 등 다양한 기능을 수행할 수 있으므로 많은 목공 작업의 핵심적인 도구다. 테이블쏘가 없어도 작업은 가능하나 테이블쏘가 있다면 많은 작업을 편하게 할 수 있다.

스카시톱, 밴드쏘, 직쏘를 이용해 곡선을 가공할 수 있다. 트랙쏘는 정확한 직선 가공을 위해 곧은 가이드레일 위를 트랙처럼 움직이는 둥근 모양의 톱이다. 이 트랙쏘로 손쉽게 크고 넓은 판재를 가공할 수 있다. 상황에 맞는 날물을 사용하면 루터로 장부를 따내고, 홈을 파고 장부턱을 만들 수 있고, 모서리와 마구리면을 원하는 모양으로 가공할 수 있다.

형틀(템플릿) 작업이나 베어링으로 반복 가공이 가능하며, 패턴을 이용한 카피 및 반복 작업이 가능하다. 앞으로 이어질 제작에 필요한 곡선 디자인을 반복하는 데에 매우 유용한 도구가 루터이다.

목재·자재

원작과 가깝게 제작하기 위해 이 책에 소개된 각 가구들의 개별 설명에는 당시 제작자들의 목재 선택 또한 그간 여러 곳에 알려진 바와 동일하게 기술되어 있다. 티크목이 차지하는 비중이 크기 하지만, 너도밤나무(비치목), 떡갈나무, 호두나무, 벚나무와 자단과 같은 다양한 목재들은 티크만큼이나 아름답기도 하며, 동시에 저렴해서 목재 선택에 있어 다양성과 경제성을 제공한다.

목재 선택에 따라 가구 제작의 결과가 성공적이거나 실패할 수도 있기 때문에 목재상에서 충분히 시간을 보내며 신중한 선택을 하는 것이 무엇보다 중요하다.

구부러지거나 뒤틀린 목재는 피하고, 나뭇결과 색이 잘 어울리는 선택을 해야 하며, 작업 중에 발생하는 실수에 대비할 여분의 나무도 필요하고, 또 특정 부분에 사용할 나무를 골라 사용해야 하는 경우도 자주 발생하므로 필요한 목재보다 조금 더 여유 있게 목재를 구입해야 한다. 목재는 습도와 온도의 변화에 따라 수축하고 팽창하기 때문에 사용하기 전에 일정 기간 동안 작업실 환경에 적당히 맞춰질 때까지 기다리는 것이 좋다.

MCM 가구 디자이너와 제조업체는 여러 가지 이유로 얇은 무늬목이 덧대어진 합판을 제품에 많이 사용했다. 작업 중 얇은 무늬목을 손상시키지 않기 위해, 켜고 자르거나 사포질할 때 더 조심스럽게 작업을 했다. 무늬목 판재 작업에 관해서는 뒤에 다시 이야기하겠다.

목재를 가공할 때는 여러 가지 가능성을 열어두고 작업에 임해야 한다. 조급히 서두르지 말고 필요한 상황에서 필요한 목재만 가공해야 한다. 일단 가구를 만들기 시작하면 가끔씩 필요한 목재를 모두 재단하고 싶은 충동이 생기지만, 치수표에 쓰여 있는 숫자들과 실재 가공한 목재들에도 종종 오차가 발생할 수 있으니 신중하고 차분하게 목재를 재단해야 한다.

작업 중간 중간에 부품들을 확인하고 맞춰보며 점검해야 실수를 줄여주고 작업을 단순화해 능률을 올려준다. 같은 치수의 부속들은 공구 세팅이 되었다면 되도록 한 번에 모두 같이 가공해야 한다. 잦은 공구 세팅에서 발생하는 오차가 결과물에 미치는 영향을 줄이기 위한 기본적인 팁이다.

가구의 부속들 간의 간격을 맞춰줘야 하는 경우가 발생할 때에는 –예를 들어 서랍 앞판을 상자에 맞추는 작업– 도면에 나온 치수에 의존하지 말고 반드시 제작 중인 가구를 실제로 측정해야 한다.

상판은 작품이 완성 되었을 때 가장 눈에 띄는 부분이기 때문에 보유하고 있는 재료 중 가장 최고 품질의 판재를 사용하길 권한다. 수작업으로 상판을 제작하는 경우에는 전체적으로 나뭇결 방향이나 색상에 신경을 써야 한다. 보통 판재를 집성할 경우에 가능한 한 표면이 하나의 목재 또는 무늬처럼 보이게 만드는 노력을 해야 한다.

나이테의 방향을 바꾸거나 넓은 판재를 켜거나 켠 목재를 다시 집성할 필요는 없다. 집성된 판재 수가 적으면 적을수록, 즉 넓은 판재를 집성할수록 더 매력적인 결과를 얻을 수 있으며, 비슷한 넓이의 판재들의 집성이 넓이가 다른 판재와의 집성보다 보기에 더 좋다.

기둥이나 가로대 또는 문틀 같은 직선 구조물들은 나뭇결이 같은 방향으로 이어질 때 보기에 좋다. 이런 곧은 결로 만든 구조들은 오랜 시간이 흘러도 비교적 무늬결보다 더 그 곧음을 유지한다. 이러한 직각 형태의 구조를 만들 때에는 곡선형 결이 있는 부재 사용을 피하는 게 좋다. 이처럼 곧은 나뭇결은 직선 조각의 형태를 강조하며, 곡선 나뭇결은 곡선 조각과 조화롭다.

그리고 전면에 배치되어 길게 나열된 서랍을 여러 개 만들 때에는 하나의 판재로 서랍 앞판을 제작하면 정돈된 모습을 연출할 수 있다.

패턴 라우팅

이 책에서 소개하는 많은 디자인 도면에는 동일한 부품이 여러 개 포함되어 있다. 이런 동일 부속들을 매번 각각 가공할 수 있지만, 부속이 여러 개인 경우에는 템플릿을 제작한 후 패턴 라우팅 비트로 템플릿을 따라 목재를 가공하는 것

패턴 라우팅 비트

패턴으로 표시한 후 밴드쏘 또는 직쏘로 선과 가깝게 선의 바깥쪽으로 자른다.

이 효율적이다. 목재, 합판, MDF 또는 적절한 크기의 판재로 템플릿을 만들 수 있다.

템플릿은 말 그대로 복사를 위해 만드는 패턴이므로 템플릿이 부정확하면 가공되는 목재도 부정확해지기 때문에, 애초에 만들 때 확실하고 정확하게 만드는 것이 중요하다. 조금 귀찮더라도 신중하게 준비해야 한다. 템플릿이 완성되어 본 작업을 하기 전에 가급적이면 자투리 목재로 테스트를 해보면 실수를 줄일 수 있다.

완성된 템플릿으로 목재에 연필로 표시를 한 후, 라인 바깥쪽으로 대략 3㎜ 가량의 여유를 두고 목재를 덜어낸다. 연필선을 넘어서 자르면 안되므로 주의해야 한다. 연필선 바깥쪽으로 3㎜ 정도 남긴 후 나머지 필요 없는 부분들을 잘라내었다면 다시 템플릿을 목재에 붙인다.

진행 중인 프로젝트의 크기가 토글 클램프Toggle Clamp 등으로 고정이 가능하면 적극 사용하고, 작은 부속이라면 양면테이프 등으로 템플릿을 목재에 고정할 수 있다.

비트에 달린 베어링이 템플릿을 타고 돌며 가공을 하면 앞서 3㎜ 가량의 여유를 두고 잘라낸 초기 러프컷 부분을 최종 모양과 크기로 만들어낼 수 있다.

모양 만들기

미려하고 매끄러운 모양의 MCM 가구의 선은 보는 눈이 즐겁고 만지는 촉감이 좋지만, 이러한 곡선과 모양을 만드는 데에는 약간의 수고가 필요하다. 비정형 부분을 절단하는 데에는 밴드쏘나 직쏘가 효과적이고, 곡선을 매끈하게 만드는 데에는 남경대패spokeshave 등이 편리하다.

곡률이 3R이나 6R 정도 되는 라운드 오버비트를 사용하면 매우 빠르게 모서리를 다듬어낼 수 있다. 작은 손 대패로 단면을 따라 각도를 바꿔가며 가공을 하면 라운드 오버비트를 사용하는 비슷한 효과를 낼 수도 있다.

그리고 마지막 단계에서는 사포질로 모서리와 단면의 최종 곡선모양을 다듬어낸다.

패턴 비트는 패턴의 윤곽을 따라 목재를 최종 패턴 크기로 만드는 작업을 한다.

합판 작업

MCM 가구 제작자들은 합판 사용을 선호했고, 이런 선택은 그들의 기계에 대한 관심과 동시에 가구 제작의 공장 생산이라는 방향을 엿볼 수 있다. 또한 합판은 실용적인 재료이기도 하다. 치수 정확성이 뛰어나고, 대형 판재 생산이 유리하며, 무늬목을 사용하면 아름답고도 다양한 목재를 가구에 최대한 사용할 수 있다.

많은 종류의 합판 제품(소프트우드 합판 및 하드우드 합판, MDF 및 파티클 보드)이 가구 제작으로 적합하지만, 하드우드 합판은 아름다운 결과 무늬를 가지고 있으며, 내구성이 강하다. 또한 나사 조립이나 기타 하드웨어 사용에 비교적 알맞으며, 그 외에 다양한 제작 방법을 적용할 수 있기 때문에 이 책에서 다루는 가구들을 제작할 때 가장 적합하다. 조립 및 마감 작업이 까다로운 면이 있긴 하다.

합판은 결을 가로 질러 재단할 때, 즉 자르기를 할 때 표면에 부착한 무늬목이 터져나가기 쉽다. 합판 절단용으로 제작된 특수 날물을 사용하는 것 외에도 결의 터짐을 최소화하기 위해 사용할 수 있는 기술이 몇 가지 있다.

일단 합판의 양면 중 상태가 더 좋아 사용할 면을 위로 향하게 배치한다. 테이블쏘에서는 좋은 면을 위로 향하게 하고, 마이터쏘/각도절단기나 회전/둥근톱을 사용할 때에는 좋은 면이 아래를 향해야 한다.

결의 터짐을 방지하기 위해서는 제로 클리어런스 인서트 Zero clearance insert가 도움이 되며, 절단될 선을 따라 시트 양면에 파란색 마스킹 테이프를 붙여도 효과가 있다. 여기서 더욱 효과를 보는 방법은 절단선 위로 미리 한 번 칼금을 그어 결을 깔끔히 끊어두는 방법도 있다.

겹겹이 붙어있는 형태로 인해 잘린 합판 단면은 최대 단점이다. 하지만 보기에 아름답지 못한 합판의 측면을 감출 수 있는 몇 가지 기법이 있다.

천연무늬목 엣지롤은 다양한 수종으로 생산되며 자체에 접착제 처리가 되어 있어서 다림질로 손쉽게 합판의 측면에 붙일 수 있다. 이 방법은 손쉽고 깔끔한 마감이 가능하지

만 상품으로 제작된 무늬목 엣지롤은 너무 얇아서 다루기 까다로우며 가벼운 사포질을 하기에도 조심스럽다.

이 책에 소개된 작품들에 사용된 합판의 측면은 같은 수종의 하드우드를 얇게 켜서 접착제로 붙여 모서리를 감춘 것들이다. 이 방법은 더 까다롭고 신경을 많이 써야 하지만, 모서리 두께를 더 확보할 수 있으므로 측면에 각을 쳐서 마감하거나 둥글게 마감하는 작업을 하기에 편해진다. 측면을 둥근 모양으로 마감하는 것이 하드우드와 합판을 결합하기에 조금 더 효과적이다.

장부

MCM 가구의 다양한 표현성은 동시에 넓은 영역의 장부 종류들과 함께 했다. 기초적인 목심에서부터 정교하게 가공된 주먹장 끼움촉처럼 다양하고 광범위한 장부들이 사용되었다. 이러한 다양성이 어쩌면 약간은 부담스러울 수도 있지만 책에 나와 있는 대부분의 가구들은 몇 가지 기초적인 장부짜임, 다도짜임, 턱짜임, 반턱짜임, 45도 연귀짜임 같은 짜임들만으로도 제작이 가능하다.

테이블과 의자의 다리들을 가로대나 버팀대 또는 기둥으로 연결하기 위한 숨은 장부 같은 경우는 이 책에서 여러 번 언급될 예정이다. 손으로 가공하거나 기계로 만들 수 있는 비교적 쉬운 장부의 형태다. 목재의 끝 부분을 알맞은 모양으로 잘라내어 짝이 맞는 구멍의 크기와 맞게 만드는 방식이다. 짝이 맞는 부재의 구멍과 단단하고 견고한 짜임으로 가공하기 위해 주의를 기울여야 한다.

먼저 장부구멍을 만들고 그 크기에 맞춰 장부를 만드는 것이 올바른 방법이며 작업도 더 수월하다. 장부구멍의 위치와 크기를 표시하는 것으로 작업을 시작한다. 손으로 장부구멍을 파내려면, 우선 마킹나이프나 마킹게이지로 장부구멍 위치를 표시하면 깔끔한 작업을 할 수 있다.

장부구멍의 깊이는 장부 길이에 아주 약간의 접착제가 들어갈 여유를 고려해 정한다. 장부구멍을 팔 때 미리 드릴

장부구멍이 표시되면 끌을 장부구멍의 중앙을 향해놓고 망치로 치며 작업한다.

톱밥을 털어내고 장부구멍 모양대로 그은 선을 주시하며 계속해서 끌질을 한다.

이렇게 완성된 장부구멍은 조립 준비가 끝났다.

로 크게 살을 덜어낸 후 가장자리를 끌로 정리하는 것도 좋지만, 장부구멍 전용 끌로 신속하게 작업을 할 수도 있다.

전동 공구로 장부구멍을 가공하는 방법도 여러 가지가 있다. 각끌날이라고도 부르는 안쪽이 비어있는 사각의 장부구멍 드릴날로 사각형 구멍을 뚫고 가로 축을 따라 목재를 움직이면 얼마든지 긴 장부구멍을 손쉽게 만들어낼 수 있다.

템플릿 또는 직선 가이드를 이용해 라우터로 내부 면이 매우 깨끗한 장부구멍을 만들 수도 있지만, 라우터 비트가 둥글기 때문에 끌로 장부구멍 모서리를 사각형으로 후처리를 해줘야 하거나, 장부의 모서리를 구멍과 같은 둥근 형태로 가공해야 한다.

수공구로 장부를 자르는 경우 위치를 표시한 후 장부턱을 먼저 자르고, 장부의 가장자리 4면을 잘라낸다. 전동 공구로도 비슷한 방식으로 작업을 할 수 있다. 테이블쏘나 슬라이딩 테이블쏘로 4면의 장부어깨를 자른 후 장부지그로 장부의 가장자리 4면을 자른다. 만약 부재가 너무 길어서 장부지그를 이용하기 어렵다면 밴드쏘로 긴 부재를 눕혀서 장부의 4면을 잘라내면 된다. 두툼한 다도날로도 가공할 수 있고, 라우터 테이블과 일자날물로도 제작할 수 있다.

어떤 방법으로 가공한 장부이든 간에 장부구멍에 적당한 압력으로 부드럽게 꽂혀야지 너무 딱 맞거나 강제로 끼워 넣는 느낌이 들면 안 된다.

장부가 너무 크거나 꼭 끼는 상황이라면 목공용 줄이나 작은 손 대패 또는 스크래퍼 등으로 조금씩 가공해나간다. 이때 주의해야 할 점은 장부를 양쪽에서 균일하게 가공해 부재의 가운데에 만들어야 하며, 동시에 직각을 유지하는 것에 집중해 비스듬해지지 않도록 해야 한다.

라벳Rabbet은 판재 가장자리에 홈을 내는 장부 방식이다. 수납장 제작 때 뒤판을 끼워 넣기 위해 피는 홈이 라벳이며, 문 프레임 안쪽에 유리를 끼우기 위해 파내는 홈 역시 라벳이다 (65쪽 악셀 키에르스가르트 거울에 사용한 장부). 이 역시 수공구나 전동공구로 가공할 수 있다.

수공구로는 턱대패나 홈대패를 사용할 수 있다. 테이블

라우터 장부지그

가이드 부싱과 폭을 일치시킨다.

라우터 밑판을 지지하는 합판베이스

장부구멍보다 살짝 큰 하드우드 조기대

이 지그는 가이드 부싱과 함께 사용되며, 라우터가 장부구멍을 파낼 수 있게 해준다.

장부를 수공구로 가공하기 전에 마킹나이프나 그무개로 칼금을 긋는 것으로 시작한다.

가이드 부싱과 가공 비트의 직경 차이로 인해 지그보다 조금 작은 장부구멍이 생긴다.

장부에 칼금을 모두 그은 후, 등대기 톱으로 장부어깨를 가공한다.

장부어깨를 모두 자른 후 4면을 드러내고, 목공용 줄이나 턱대패로 장부구멍과의 피팅을 조절한다.

조기대에서 톱날까지의 거리는 장부의 길이만큼 설정하고, 톱날의 톱니는 장부어깨의 깊이만큼
설정 후 가공한다.

테이블쏘에서 장부어깨를 가공한 후, 장부의 4면은 밴드쏘에서도 드러낼
수 있다.

테이블쏘 장부지그

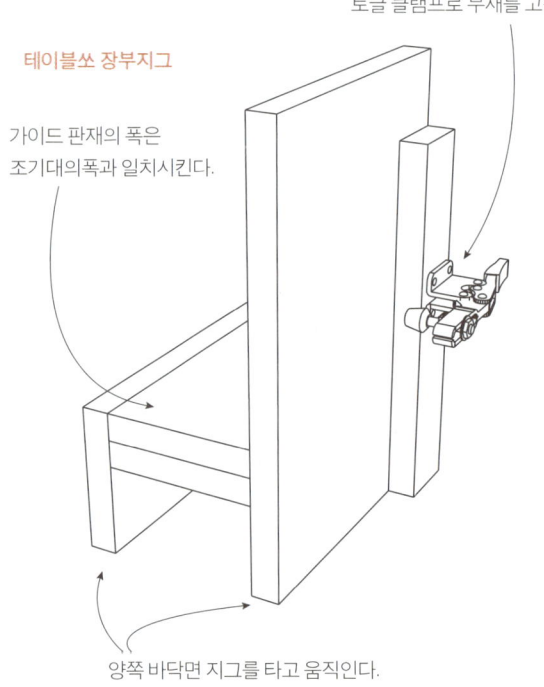

토글 클램프로 부재를 고정

가이드 판재의 폭은
조기대의폭과 일치시킨다.

양쪽 바닥면 지그를 타고 움직인다.

이 장부지그는 테이블쏘에서 장부의 넓은 면을 덜어낼 때
충분한 안정감을 제공한다.

쓰는 적층식 다도날로 한 번에 필요한 폭만큼 가공하거나 아니면 일반 얇은 톱날로 번갈아가며 판재를 세워 자른 후 다시 눕혀 자르면 라벳이 완성된다.

일자 비트 또는 라베팅 비트가 장착된 라우터로도 라벳 이음 장부를 만들 수도 있다. 일자 비트는 라우터 테이블에 가이드 또는 직선 클램프가 고정되어 있어야 한다.

가이드 베어링이 달려 있는 라베팅 전용 비트는 제혀 홈을 부재의 모양에 따라 자유로운 형태로 만들어낼 수 있다. 이때 부재 끝 부분의 나뭇결이 터지지 않게 주의해야 한다. 너무 많이 자르는 것보다는 조금 짧게 자르고 끝을 끌로 깔끔하게 마무리하는 것이 좋다.

다도짜임은 목재의 결 방향에 수직으로 홈을 파서 장부 구멍을 만들어내는 방식이다. 이 간단한 장부짜임은 주로 선반이 될 가로판재를 가구 양쪽 측판에 연결하거나 세로 판재를 가구 상부와 하부 판재들에 연결하는 데 사용된다. 원하는 크기의 날만 있으면 만들기 쉬운 장부이다.

부재에 표시를 하고 비트를 원하는 절단 깊이로 설정한 후 필요 없는 부분을 라우터로 파낸다. 직선 가이드를 원하는 위치에 견고하게 고정한 후 라우터로 가공할 수도 있다. 사진에서 소개하는 라우터 지그는 라우터 직경과 꼭 맞는 폭의 두 개의 직선 가이드가 라우터를 양쪽에서 잡아주므로 가공 도중에 라인을 이탈해 선이 비뚤어질 위험이 덜하다.

여기서 주의해야 할 점은 합판 제조상의 경미한 두께 오차 또는 인치와 미터법의 변환에서 오는 수치의 오차 때문에 19mm(¾인치) 합판이라 할지라도 자칫 조금 얇을 수 있다. 막연히 두께를 확인하지 않고 19mm 합판을 19mm 비트로 가공한 다도홈에 곧바로 끼워 넣으면 실망스러운 상황이 발생할 수도 있다. 대신에 라벳 장부짜임으로 끼워 넣을 합판의 판재 끝 두께를 13mm(½인치)로 가공한 후 13mm 다도비트로 홈을 가공하면 꼭 맞는 짜임이 가능하다.

연귀짜임은 앞으로 책에서 이어질 가구 제작에서 두 가지 다른 방법으로 적용할 계획이다. 첫째로 액자 제작에서 많이 볼 수 있는 방법으로 두 부재의 끝을 45도로 절단한 후 그 합을 90도로 만드는 결합방식이 있다. 테이블쏘에서

가이드 베어링이 달린 라벳 비트를 사용하면 부재의 직선을 따라 가공하기 쉽다.

표시된 다도장부의 위치에 맞춰 라우터 가이드 조기대를 클램프로 단단히 고정한다.

판재 끝을 다도홈에 맞출 때 보드의 전체 두께 대신 라벳 장부를 사용하면 합판의 두께 부정확함으로 인한 다도홈과 판재 사이에 틈이 생길 위험을 없앤다.

대형 각치기 라우터 비트(날 길이는 19㎜)는 판재 마구리면을 45도로 깔끔하게 처리할 수 있다.

연귀짜임으로 만드는 박스의 마구리면은 테이블쏘 그리고 큰 크기의 연귀 비트를 장착한 라우터 또는 라우터 테이블에서 가공이 가능하다.

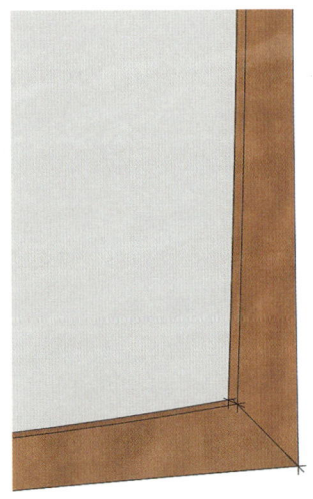

연귀짜임한 거울 프레임 (65쪽)

연귀지그나, 슬라이딩 테이블쏘에서 톱날을 45도로 눕혀서 가공할 수도 있다.

또한 수공구인 손 톱으로 자른 뒤 손 대패로 45도 슈팅보드로 만들어낼 수도 있다. 연귀짜임은 강력한 짜맞춤은 아니므로 비스킷이나 끼움쪽매Spline를 끼워 넣어 보강한다.

또한 판재의 마구리면을 45도로 절단한 두 판재를 90도로 연결해 상자를 제작하는 경우에 필요하다. 보통 무늬목 합판의 모서리를 자연스럽게 연결할 때 자주 사용하는 방법으로 자연스런 무늬와 결 그리고 색상의 흐름을 연출하기 쉽다. 연귀짜임은 45도 연귀 라우터 비트 또는 얽힘 연귀 라우터 비트로 핸드라우터나 라우터 테이블에서 작업이 가능하며, 역시 테이블쏘에서도 할 수 있다.

테이블쏘에서 부재의 마구리면을 45도로 절단하기 위해서는 우선 톱날을 45도로 세팅하고, 자르기 방향으로 부재를 밀어 넣으면 된다.

그 후 부재의 방향을 반대로 돌려서 같은 방법으로 반대방향의 마구리를 45도로 절단한다. 각자의 테이블쏘의 톱날은 기울어지는 방향이 왼쪽, 오른쪽이 서로 다르므로 확

인이 필요하며, 작품이 완성되었을 때 부재의 좋은 면을 노출시키려면 이 테이블쏘의 기우는 방향에 신경 써서 부재를 가공해야 한다.

45도 라우터 비트로 라우터 테이블에서 가공하면 매끈하고 깔끔하게 연귀를 만들 수 있다. 라우터 테이블 작업의 핵심 포인트는 부재가 작아지지 않도록 테이블의 조기대

얽힘 연귀 라우터 비트는 넓은 영역의 접촉 면적이 생성되며 연귀 내부에 보이지 않는 강한 기계적 결합구조를 파낼 수 있다.

얽힘 구조의 장부는 서로 맞물리기 때문에 판재 마구리면과 판재면 각각 가공한다.

나 라우터 비트의 높이에 신경 쓰는 것이다. 부재를 먼저 테이블쏘에서 최종 크기로 자르고 나서 라우터 테이블로 작업을 한다. 라이터 테이블 작업 중 부하가 덜 걸리려면 테이블쏘에서 목표에 근접하게 45도로 잘라낸 후 조금 남은 부분을 라우터 테이블에서 가공하면 깔끔하면서도 안전한 작업이 가능하다.

얽힘 연귀 비트는 45도 비트보다 세팅하기 조금 더 까다롭다. 한 부재는 수평 그리고 다른 부재를 수직으로 가공해야 서로 끼워질 수 있는 구조가 된다. 하지만 이 같은 까다로운 제작방법으로 인해 넓은 영역의 접촉 면적이 생성되며, 따라서 연귀 내부에 보이지 않는 강한 기계적 결합구조가 완성된다.

45도 비트로 최종 크기로 정확하게 가공한 후(테이블쏘는 부정확하므로 연귀 비트 이용) 마구리면을 얽힘 연귀 비트를 이용해 하나는 수직으로 세워 만들고 맞물리는 판재는 수평으로 눕혀서 가공한다.

작은 크기의 연귀짜임 상자의 경우에는 마구리 끝이 만나는 각 지점에 테이핑을 한 후 상자를 한 바퀴 돌리면 조립이 가능하다. 먼저 각 부재들의 바깥 면을 위로 향해 마구리 가장자리들이 서로 닿도록 배치한다. 상자 위쪽 라인의 정렬을 위해 클램프 등으로 고정하면 편하다. 부재들의 마구리 끝이 만나는 지점에 포장 테이프 또는 마스킹 테이프를 붙이고, 조립한 맨 끝의 노출된 가장자리에 몇 개의 짧은 테이프를 붙인다.

이음새를 따라 붙인 테이프는 부재를 돌리면 마치 경첩 역할을 하며, 4개의 부재가 하나의 상자로 조립이 되도록 도와준다. 마지막 부재에 붙인 짧은 테이프가 상자의 형태를 유지하도록 잡아주고, 테이프를 잘라 마지막 이음새를 마무리 지으면 된다.

이제 모든 부분을 테이핑한 후, 안쪽 면이 위를 향하도록 상자를 뒤집는다(끼워진 판재가 상자를 더 견고하게 잡아주게 된다). 접착제가 삐져나와 판재에 묻는 것을 방지하기 위해서 판재

연귀짜임은 비교적 약한 편이다. 가장자리를 단단하게 보강하려면 라벳 홈을 가공하고 얇은 쫄대를 만들어 채워 넣는다. 그러면 모서리를 부드럽게 처리하거나 모양을 내기에도 용이하다.

의 가장자리에 테이프를 붙이고 연귀짜임에 접착제를 칠한다. 합판 마구리면은 접착제를 잘 흡수하기 때문에 한 차례 발라주고, 잠시 후 얇게 한 번 더 바른다.

상자를 돌려가며 맨 가장자리에 테이프로 붙이고, 접착제가 마르기를 기다린다. 완전히 다 건조되면 무늬목 면이 같이 뜯어지지 않게 조심히 테이프를 제거한다.

크기가 더 큰 연귀짜임 상자는 코너 클램프, 바 클램프 또는 파이프 클램프 등 다른 방식이 필요할 수도 있다. 코너 클램프나 파이프 클램프는 각각의 연귀짜임 양 방향으로 클램프 압착력을 조정해서 직각이 잘 맞도록 조절한다. 연귀면을 맞출 때 클램프로 압착하다 보면 다른 압착력 때문에 이음새가 미끄러져 직각이 맞지 않는 경우가 발생하니 주의가 필요하다.

조립 후 연귀짜임 끝에 약간의 틈이 생겼다면 모서리를 비벼 눌러서 그 틈을 메울 수도 있다. 모서리를 따라 버니싱 공구 (또는 스크루 드라이버의 봉축을 사용)로 아주 작고 둥근 모서리를 비벼 만든다. 또 다른 방법은 모서리에 아주 작게 각도를 잘라낸 후 쫄대를 붙이는 방법도 있다. 그 후 무늬목 손상에 대한 걱정 없이 손 대패나 사포질로 둥글게 모서리를 굴리거나 각도를 처리할 수도 있다.

얽힘 연귀짜임은 평범한 연귀짜임보다 조립할 때 미끄러지지 않아 작업이 수월하다. 마스킹 테이프로 판재 양면 가장자리를 붙여주고, 마구리에 접착제를 얇게 입힌 후 스며들면 잠시 후에 다시 덧바르고 모든 부분을 조합한다.

그런 다음 클램프로 상자를 고정시킨다. 연귀짜임으로 작업할 때는 조립된 가장자리를 비벼 눌러서 붙여주는 처리를 하거나 작은 턱을 파내어 쫄대를 붙여서 작업할 수도 있다.

조립

가조립은 접착제 없이 클램프만으로 조립을 테스트해보는 방식이다. 본격적인 조립에 앞서 가조립을 먼저 해서 오류를 검증하면 보다 편한 마음으로 최종 조립을 할 수 있다. 모든 부재들을 체크하고 필요한 클램프들을 미리 (클램프가 꽉 조이면서 부재에 상처를 주지 않게 작은 자투리들도 마찬가지로) 준비한다. 조립 순서를 정하고 차분히 부재들을 조립하기 시작한다.

작은 가구는 한 번에 쉽게 조립할 수 있지만, 크기가 크면 부분적으로 조립하면 더 수월하다. 예를 들어서, 큰 테이블 같은 경우 좌우 양쪽을 먼저 조립한 후, 건조가 되면 좌우를 연결하는 앞쪽과 뒤쪽의 가로대를 조립한다. 만약 조립이 잘 안 되면 장부구멍을 다시 점검해 서로 잘 맞을 때까지 가공한다.

한 번 가조립을 해봤으니, 최종 조립은 더 수월할 것이다. 조립하는 데에는 고형 아교hot hide glue 또는 액상 아교Liquid hide glue가 적절하다.

아교의 장점은 열과 물만 있으면 작품을 조립 전으로 원상복귀시킬 수 있다는 점이다. 지금은 흰색의 PVA나 속건성의 노란색 PVA 같은 목공용 접착제가 더 많이 사용되고 있다. 장부의 양쪽 접촉면에 얇게 바르고 (이때 접착제 전용붓 사용 추천), 서로 끼워 맞춘 후 클램프로 단단히 고정시킨다.

접착제가 마르기 전에 두 곳의 대각선 길이를 측정해 상자(서랍)가 직사각형이 맞는지를 확인한다. 대각선 길이가 같다면 직각이라는 뜻이다. 만약 대각선의 길이가 일치하지 않으면 더 긴 대각선 방향에 클램프를 조여주거나 망치로 살짝 타격을 가해 직각이 되게 만든다.

젖은 물수건이나 물티슈로 마르지 않은 접착제를 닦아내고 싶겠지만, 꼼꼼히 닦아내지 않는다면 오히려 얇게 번질 수도 있다. 그러니 젤처럼 살짝 마를 때까지 기다렸다가 끌로 긁어내는 것이 더 효율적이다. 접착제가 굳을 때까지 충분한 시간 동안 조임 상태를 유지하도록 한다(접착제에 따라서 한 시간에서 하룻저녁 정도 놔둔다).

미리 마감 처리를 해놓았다면, 마스킹 테이프를 떼어내고 가구를 완성한다. 마감재를 칠하기 전에 조립하는 것이라면, 마감을 칠할 때 접착제가 보이지 않도록 마무리 과정에서 꼼꼼히 제거해야 한다. 미네랄 스피릿으로 목재 표면을 닦아보면 남아있는 접착제를 육안으로 확인할 수 있다.

서랍

서랍을 만들 때 흔히 사용되는 방법 중 하나로 전면부는 반포형 주먹장으로, 후면부는 관통형 주먹장으로 만든다. 서랍 밑판은 각각의 4개의 판재 하단에 홈을 파서 합판을 넣는 알판 구조로 구성이 된다. 서랍의 전후 왕복 움직임에 최적의 내구성을 갖고 있는 주먹장의 구조적 특성 때문에 서랍 제작에 많이 사용되는 기법이다. 이 외에도 서랍을 만드는 조립 방법은 여러 가지가 있으니, 주먹장 가공에 대한 부담은 가지지 않아도 된다.

바로 목심으로 보강한 반턱장부나 턱장부 짜임으로 주먹장을 대신할 수 있다. 박스 조인트로 조립하는 방법도 있다. 합판으로 만든 서랍 바닥판은 측판과 앞뒤판에 파여 있는 홈에 접착제로 부착할 수도 있다.

서랍 밑판이 원목이라면 앞판과 측판은 홈에 밑판을 접착제 등으로 고정해도 되나, 서랍 뒤쪽에서 수축팽창이 자연스럽게 가능하도록 뒤판의 하단을 켜서 밑판과 조립하도록 제작해야 한다.

일반적인 서랍 구조에는 뒤판과 측판은 관통주먹장으로 연결되어 있으며, 앞판은 반포형 주먹장으로 측판에 연결되어 있다. 하부 홈은 서랍 밑바닥 합판을 고정하는 역할을 한다.

마감

좋은 마감은 목재 표면을 매끄럽게 하는 과정에서부터 시작한다. 사포질은 자동대패 등 목공기계의 흔적을 쉽게 제거할 수 있을 만큼의 충분히 낮은 입도의 사포로 시작해서 단계적으로 입도를 올려 #180 또는 #220 정도에서 마무리 한다. 사포질 후 나온 찌꺼기들은 진공청소기나 에어컴프레서의 압축 공기로 모든 먼지를 날려 없앤다.

또한 마무리 대패나 스크레이퍼로 판재를 평평하게 다듬을 수도 있다. 매끈하게 작업된 부재들의 가장자리가 날카로울 수 있으니, #220 사포로 가장자리를 다듬거나 작은 손대패 등으로 가볍게 다듬는다.

그리고 상황이 허락하는 한 조립 전에 부재들을 미리 마감 처리하는 것을 추천한다. 액체가 흘러내리는 것을 최소화하고 더 나은 목재 표면을 얻는 것을 수월하게 해주기 때문이다.

파란색 마스킹 테이프로 장부들을 덮은 후 마감 칠을 해준다. 접착제가 조립 중에 마감 밑으로 묻는 것을 방지하기 위해 장부 주변 표면에 마스킨 테이프를 붙여준다. 만약 조립 후에 마감을 칠한다면 잔여 접착제가 마감 칠 밑으로 드러나 흉해지기 때문에 조립 중에 빠져나온 접착제에 특별히 주의해야 한다.

MCM 스타일 가구는 다른 시대 스타일들과는 달리(셰이커 가구용 오일, 왁스, 유성 페인트 그리고 전통공예에서 사용된 검게 훈증된 오크) 주로 사용되는 마감이 딱히 정해진 경우는 없었다. 친환경적인 재료나 합성재료 등 여러 마감재가 있으니, 여러분들도 기호에 맞는 마감재를 사용해보길 바란다. 작업하기 쉬운 오일로는 보일드 린시드 오일이나 텅오일 등이 있다.

마감재를 헝겊에 묻혀 목재 표면에 문지르듯 바르거나, 붓으로 바른 후 약 30분 정도 실온에 둔 후, 목재 표면에 남아있는 오일을 깨끗하고 광택이 날 때까지 닦아준다. 그 후 충분히 건조를 시킨 후 원하는 광택이 날 때까지 추가 마감을 한다.

3장_실전 응용

핀 율 커피 테이블 만들기

커피 테이블은 MCM을 대표하는 가구 형태 중 하나로써 당시 각 가정에 텔레비전이 보급되면서 함께 인기를 얻었다. 모서리를 사선 처리한 상판이 공중에 떠 있는 듯한 핀 율의 커피 테이블(77쪽)은 로켓시대Rocket Age의 우아함을 가미한 독창성으로 다른 디자인들과 확실히 구별된다.

여기에서는 장부짜임, 합판엣지벤딩 및 패턴 라우팅을 포함한 주요 기술에 대한 실질적인 소개를 하겠다. 단 9가지의 단계만으로 충분히 제작 가능한 가구이기도 하다. 원작 디자인은 티크로 만들었지만, 다른 하드우드로도 충분히 그 디자인을 표현할 수 있다. 여기서는 가지고 있던 벚나무와 벚나무합판을 사용했다. 목재 외에 한 가지 더 변경한 것이 있다. 목선반도 없고 사선의 둥근 다리를 손으로 만들어야 하는 수고도 원치 않아서 핀 율의 오토만(94쪽)에서 사용된 각진 다리를 차용했다.

상판으로 사용할 합판을 최종 크기보다 20~30㎜ 크게 가절단을 하는 것에서부터 작업을 시작한다. 테이블쏘 또는 트랙쏘를 18.5도로 세팅한 후 부재를 최종 크기로 재단한다. 엣지벤딩Edge banding을 할 예정이라면 각도 있는 고정을 위해 18.5도로 자른 자투리를 보관해둔다.

무늬목의 결이 터지는 것을 방지하기 위해서 먼저 판재의 길이를 절단하고 폭을 재단하는 하는 것이 낫다. 상판이 될 무늬목 합판 가장자리를 엣지밴딩할 예정이라면, 밴딩 재료의 두께 두 배만큼 합판의 폭과 길이를 작게 준비해야 목표로 한 크기로 만들 수 있다는 것을 명심해야 한다(3㎜ 밴딩이라면 각 폭과 길이를 6㎜씩 작게 준비). 상판을 최종 크기로 재단한 후 엣지밴딩에 사용할 쫄대를 테이블쏘에서 켠다.

각이 쳐진 면에 필요한 스트립 폭이 최소한 20㎜가 되어야 하기 때문에 적합한 두께를 가진 판재가 필요하다. 나는 두께 19㎜ 판재를 폭 20㎜로 켠 후 사용했다. 25㎜(1인치) 판재를 대패 가공해 20㎜ 두께로 만들어 쫄대를 켤 수도 있

가장자리에 마스킹 테이프를 붙이면 가로로 재단할 때 결이 터지는 것을 최소화시킬 수 있다.

접착제를 바르기 전에 가장자리에 테이프를 붙인 후 엣지밴딩을 정해진 자리에 테이프로 고정시킨다.

다. 3㎜ 쫄대를 켤 때 조기대를 3㎜ 세팅으로 맞추고 켜면 쫄대가 너무 얇아서 테이블쏘의 날입으로 들어가 버리는 경우가 생길 수도 있기 때문에 조기대 바깥으로 목재가 3㎜ 나오게 조절해서 켜는 것이 안전하다. 물론 매번 조기대를 재조정해야 하는 번거로움은 있다.

상판과 밴딩 재료가 준비 되었다면 이제 상판 엣지밴딩 작업을 시작하자. 밴딩 재료를 필요한 것보다 살짝 더 길게 (약 13㎜(1/2인치) 정도) 준비하고, 무늬목 합판 표면에 접착제가 묻는 것을 방지하기 위해 합판 모서리 양면 가장자리에 마스킹 테이프를 붙인다.

상판의 모서리 면에 접착제를 얇게 바르고 잠시 후 얇게 한 번 더 바른다. 이렇게 하면 합판의 절단면 접착력이 더 강

해진다. 절단면에 밴딩을 붙인 후 마스킹 테이프로 고정시킨다. 다른 쪽도 똑같이 작업한 후 접착제가 완전히 마를 때까지 밴딩의 남아있는 끝 부분을 자르지 않는다.

그 다음 측면 가장자리도 밴딩을 접착제로 부착한다. 접착제가 다 마르면 테이프를 제거하고, 튀어나온 밴드를 손대패나 일자 베어링 비트를 장착한 라우터로 제거한다. 그 다음 상판을 마무리 사포질을 하거나, 나중에 하부와 같이 사포질할 때까지 기다려도 된다.

각 다리는 폭이 넓은 앞 판재와 폭이 좁은 측면 판재를 붙여 제작한다. 다리 같은 경우는 일종의 반복 작업이므로 템플릿과 라우터를 준비해 패턴작업을 하는 게 바람직하다 (28쪽 참조). 도면을 이용해 자투리나무에 다리 형태를 그

개수	부품 설명	두께	폭	길이
1	상판	19 ($^3/_4$")	660 (26")	1270 (50")
4	바깥쪽 다리	19 ($^3/_4$")	32 (1$^1/_4$")	425 (16$^3/_4$")
4	측면 다리	19 ($^3/_4$")	54 (2$^1/_8$")	425 (16$^3/_4$")
2	긴쪽 가로대	19 ($^3/_4$")	38 (1$^1/_2$")	1194 (47")
6	금속봉	6 ($^1/_4$") 직경	–	3 (18")
2	짧은 가로대	19 ($^3/_4$")	38 (1$^1/_2$")	603 (23$^3/_4$")

베어링 비트로 가공하면 자동으로 그에 맞는 R값이 생겨서 다리와 장부 돌출 부위가 자연스럽게 연결된다.

다리를 최종 모양으로 작업하기 전에 장부 홈을 먼저 가공한다. 라우터 엣지 가이드를 장착해 직선 홈을 파내고 있다.

린 다음 직쏘나 밴드쏘에서 도면의 모양에 가깝게 재단 한 후 손 대패나 사포질을 해서 최종 모양을 완성시킨다. 베어링 비트가 목재 가공을 마치면 반경이 생기므로 가로대가 다리에 연결되는 부분의 둥근 형태를 굳이 따로 만들 필요는 없다. 다리를 최종 크기로 절단하고 만들어놓은 형판 Template을 사용해 패턴을 따라 그린다.

그 후에 모든 다리 부재에 장부구멍을 파고, 정면 다리에는 측면 다리를 연결할 홈을 판다. 다리를 연결하기 위한 결구작업이 끝나면 직쏘나 밴드쏘로 연필 선과 가깝게 부재를 자른다. 그리고서 형판을 다리에 양면테이프로 붙이고 일자 베어링 비트를 장착한 루터로 가공한다. 다리와 가로대가 곡선으로 만나는 내부를 가공할 때에는 특히 주의해야 한다. 급하게 한꺼번에 너무 많은 양을 깎아내려고 한다면 목재가 터질 수도 있다.

측면 다리 부재는 쉽게 생각하면 정면 다리 부재를 켜서 폭을 줄이고 정면 다리 부재의 홈에 끼워지도록 한쪽 모서리에 촉을 만들어준 형태에 불과하다.

측년 부새의 패딘을 민들기 위해서는 라우터로 다리 하나를 더 만들고 폭을 알맞게 켠다. 측면 다리가 될 목재를 준비하고 먼저 짧은 가로대가 연결될 장부구멍을 만든 후 루터로 최종 모양으로 가공한다.

라벳 비트를 사용하면 6×6mm의 장부를 측면 다리 부재

장부홈을 가공한 후, 정확한 패턴 라우팅을 위해 다리를 여유있게 자른다.

직쏘나 밴드쏘로 대충 자른 부재를 최종 모양으로 만들기 위한 라우터 작업을 위해 템플렛 위에 부착시킨다.

패턴 비트가 부재를 최종 모양으로 다듬어주고, 돌출 부위와 다리 사이의 연결을 둥근 모양으로 자연스럽게 만들어준다.

정면 다리 부재의 홈에 끼워질 측면 다리에 라벳(반턱이나 턱) 작업하는 동안 같은 두께의 자투리나무를 받쳐주면 작업이 더 안정적이다.

가로대와 상판에 금속봉을 꽂을 구멍을 뚫을 때 드릴 날에 사진과 같이 마스킹 테이프로 표시를 해두면 편리하다.

의 뒷면에 쉽게 만들 수 있다. 또 다른 방법으로 테이블쏘 날을 6㎜ 높이로 올리고 조기대를 6㎜만큼 세팅한 후, 날 위로 몇 번 지나가는 방법으로 장부를 완성시킬 수 있다.

장부부를 장부구멍에 적당한 힘으로 끼울 수 있어야 한다. 장부가 너무 빡빡하면 손 대패나 목공용 줄로 손질해 맞출 수 있다.

가로대를 만들기 위해서 도면 크기에 따라 재단한 뒤 양쪽 끝에 장부를 만든다. 각 장부와 대응 되는 장부구멍을 표시한 후 장부를 잘라내고, 맞춰질 때까지 잘 다듬는다. 정면 가로대에 금속봉이 들어갈 위치를 표시한 후, 직경 6㎜ 드

릴비트로 19㎜ 깊이만큼 뚫는다. 봉보다 살짝 작은 직경의 구멍을 뚫으면 다리틀과 상판을 연결할 때 적당한 견고함이 생긴다.

가로대가 다리와 매끄럽게 연결되어야 하기 때문에 부분별로 조립하는 것이 이상적이다. 측면 가로대와 다리, 그리고 정면 가로대와 다리를 따로 조립해서 연결 부위를 매끄럽게 다듬어준다. 각 부분 조립체들은 먼저 해보고 나서 문제가 없으면 장부에 접착제를 칠하고 클램프로 조인다. 접착제가 마르면, 프레임과 다리의 연결 부위를 다듬는다.

바깥 모서리들을 둥글게 다듬어주는데, 다른 부분의 조

금속봉을 꽂고 직각자로 프레임과 봉이 직각이 맞는지 확인한다.

금속봉으로 다리틀에서 상판을 띄웠다.

립체와 서로 만나는 부분은 둥글어지지 않도록 주의하면서 각 부분 조립체들을 사포질한다. 상판을 아직 사포질하지 않았다면 이때 하는 게 좋다. 무늬목이 얇으니 사포질을 과격하게 하지 않도록 조심한다.

측면 다리 구조체와 정면 구조체를 조립할 때 비집고 나오는 접착제를 제거하는 것은 불편하므로 최종 조립전에 각 구조체별로 미리 마감을 해두는 것이 좋은 방법이다. 먼지를 제거하고 다리의 장부들을 보호테이프로 가려준다. 테이프를 붙이면 마감 면에 접착제가 묻는 것을 방지해준다.

작업에 사용된 목재에 적용할 최적의 마감법 역시 각자의 선택에 따라 다양하다. 나는 보일드 린시드 오일을 바르고 오후 햇빛에 노출시켜 태닝 후, 쉘락Shellac을 두 번 더 바른다. 쉘락이 마른 후 미네랄 스피릿을 묻힌 #320사포로 물 샌딩을 했다. 상판의 경우에는 강한 내수성과 내구성을 위해 수성폴리우레탄 마감을 세 번 했다.

마감 작업을 하면서 동시에 금속봉 작업을 진행한다. 원작의 경우 6mm(1/4인치) 직경의 황동 봉으로 제작되었으나, 나는 황동 봉 대신 주변에서 쉽게 구할 수 있는 금속봉을 사용

했다. 79mm(3 1/8인치) 길이의 봉이 여섯 개가 필요하다. 쇠톱 또는 금속 절단 날을 장착한 직쏘로 자르면 된다. 줄로 양쪽 끝의 거친 부분을 매끈하게 다듬고 구멍에 잘 들어가도록 각을 살짝 접어준다. 직각자로 직각을 확인하고 봉을 가로대 구멍에 톡 톡 쳐서 집어넣는다. 위치가 잘 맞지 않는 봉을 너무 세게 쳐 넣으면 자칫 가로대가 쪼개질 수 있으니 주의해야 한다.

상판 윗부분을 바닥으로 향하게 작업대에 올려두고 다리 틀을 뒤집어 상판의 중앙에 오도록 위치를 잡는다. 그리고 금속봉의 위치를 표시한 후, 상판 밑 부분을 13mm(1/2인치) 깊이로 뚫는다.

동일한 높이로 다리틀에서 상판을 띄우기 위해 보조목을 몇 개 더 만든다. 다시 다리틀을 바르게 세운 후 상판을 봉에 맞춰 올려놓은 후 상판이 다치지 않게 클램프로 높이 보조목과 상판이 만날 때까지 조인다.

보조목을 치우고 나면 주류 수납장(131쪽)에 보관된 양주와 칵테일을 올려놓고 즐길 수 있는 테이블이 완성된다.

뵈르게 모겐센의 책장 응용

네 개의 다리 위에 올려진 이 책장은 디자인뿐만 아니라 다양한 깊이의 책장과 선반 아래의 그림자 라인까지 정교하고 차별화된 세부 표현들 때문에 모겐센의 작품에 감탄하지 않을 수 없었다.

안타깝지만 작업실 높이가 1.5층 정도에 불과했기에 높은 책장은 제작이 어려웠다. 대신에 모겐센 책장의 높이를 낮추고 낮아진 부분을 측면으로 위치시켰다. 최종 결과물은 원작과 제법 비슷하다. 원작과 내가 만든 책장 모두 연귀 짜임으로 만들었고, 선반은 상하 폭 조절이 가능하다. 나는 책장의 높이를 낮추고 좌우로 폭을 넓혔으며, 넓어진 만큼 선반과 다리의 갯수를 늘렸다. 같은 제작방법으로 모겐센의 디자인을 충실하게 따라 하거나 또는 내가 만든 버전으로 제작이 가능하다.

이러한 방식으로 기본 디자인을 바탕으로 여러 가지 변화를 준 응용이 가능하다. 가령, 선반을 한 칸 더 줄여 키를 낮추고 책장의 깊이를 조금 더 넓히면 TV장으로 사용해도 충분할 만큼 훌륭한 가구가 된다. 모겐센의 원래 높이를 유지하되 칸막이를 제거하고 폭을 줄여 필요한 공간에 알맞게 만들거나 쌍둥이로 짝을 지어 세워놓으면 아주 매력적인 책장이 된다.

이와 같이 이 책의 어떤 디자인이든 각자에게 필요한 맞춤 제작을 적용할 수 있다. 도면처럼 똑같이 만들 수도 있

접착제가 마르고 나면 마스킹 테이프를 제거하고 밴딩 부재를 대패로 깔끔히 제거한다. 플러시 트림 비트를 세팅한 라우터 작업도 추천한다.

책장이 될 판재의 마구리면에 45도 가공을 위해 고정된 곧은 조기대를 타고 챔퍼 비트의 베어링이 움직이게 되며 깔끔한 작업 결과에 도움이 된다.

고, 나만의 디자인으로 바꿔서 만들 수 있는 점이 바로 내가 이 책에 소개되는 도면들에 흥미를 갖는 이유이다.

　모겐센의 연귀짜임으로 제작한 합판 책장은 네 개의 다리와 각 가로대를 장부짜임으로 연결한 하부 프레임으로 구성되어 있다. 책장 상판과 밑판은 다도 가공으로 조립되어 있고, 수직 칸막이판 한 장이 다섯 쌍의 이동식 선반을 지지해 준다.

　책장 제작과정에서는 무늬목 합판의 연귀짜임(이 책에 나오는 작품은 제작할 때 주로 사용하는 방법)에 대해 주로 다룰 예정이며, 다도짜임의 가공방법뿐만 아니라 합판의 엣지밴딩 처리방법, 그리고 장부짜임의 가공방법 등을 충분히 연습할 수 있게 될 것이다. 일단 이 책장의 하부 스탠드를 제작해보면 이 책의 '침실'편에 나오는 침대 보조 협탁(169쪽)과 같은 가구들을 포함해 여러 가지 테이블을 만들 때 비슷한 방법이 사용된다는 것을 알게 될 것이다.

　책장의 상부부터 제작을 한다. 부재들을 정해진 길이와 폭으로 재단한다. 엣지밴딩을 하면 추가될 폭과 길이를 고려(두께 3mm의 밴딩을 붙이려면 판재의 폭과 길이를 각 6mm 좁고 짧게 하고, 중간 세로판들은 앞쪽에만 밴딩을 하기 때문에 폭을 3mm 좁게 재단)해야 한다. 밴딩 재료를 켜서 잘라 모서리에 붙인다. 엣지밴딩 작업을 마치고 돌출된 부분을 매끈하게 다듬고 나면 장부작업을 해도 된다. 마구리면을 45도로 자르기 위해 19mm 판재를 45도로 잘라낼 만큼의 대형 45도 모따기 비트를 라우터에 세팅하고 무늬목 합판을 작업대에 클램프로 고정한다(안쪽

한 번에 많은 양을 가공하면 위험하므로 여러 번에 걸쳐 가공해야 한다.

깔끔하게 조립 준비가 된 연귀.

표시 해놓은 다도 가공 위치에 지그를 놓고 고정시킨다.

라우터 베이스의 직경에 맞게 제작한 양면 지그가 직선 홈을 흔들림 없이 쉽게 가공하게 해준다. 다도 멈춤 지점에 유념하며 가공한다.

면이 위로 향하게 한다). 이때 합판 아래에 직선의 곧은 자투리 나무를 덧대서 사이드로 사용한다. 이 자투리 나무가 루터 비트의 베어링이 타고 갈 가이드 역할을 하여 날카롭고 깔끔한 연귀를 가공할 수 있다. 여러 번에 나누어 조금씩 천천히 가공하며, 최종 깊이로 가공할 때에는 모서리의 가장자리가 터져나가지 않도록 세심한 주의가 필요하다.

합판 8곳의 마구리를 45도로 가공했다면 라우터 비트를 13mm(1/2인치) 비트로 교체한다. 라우터의 직선 날 가공 깊이를 9.5mm(3/8인치)로 세팅하고, 세로 칸막이판을 꽂기 위한 다

도홈을 파낸다. 간단한 다도지그를 만들면 작업이 쉬워진다. 이때 상판과 밑판 앞 가장자리로부터 13mm 떨어진 위치에서 가공을 멈추도록 주의한다.

다도홈에 꽂을 세로 칸막이판의 장부는 9.5mm(3/8인치) 라벳 비트로 3mm(1/8인치) 깊이만큼 세팅 후 가공한다. 세로판 앞부분의 가장자리가 멈춤 다도홈의 위치와 맞게끔 잘라내는 것도 잊지 말라. 책장의 뒤판을 덧대기 위한 턱은 조립 후에 가공할 수도 있지만, 조립 전에 미리 가공해두는 것이 더 좋은 방법이다. 10mm(3/8인치) 폭과 6mm(1/4인치) 깊이로 설정된

라벳 비트로 세로 칸막이판의 장부를 빠르게 가공할 수 있다. 세로판에 장부를 가공하는 방식은 두께가 일정치 않은 합판들에서 오는 치수 오차에 시달리는 위험성이 사라진다.

다도홈에 세로 칸막이판이 고정된다. 다도홈과 세로판 장부짜임에 신경쓴다.

세로 칸막이판을 먼저 조립한다.

세로 칸막이판 조립이 끝난 후 측판을 조립한다.

개수	부품 설명	두께	폭	길이
1	뒤판	6 ($^1/_4$")	749 (29$^1/_2$")	1511 (59$^1/_2$")
2	세로 칸막이판	19 ($^3/_4$")	254 (10")	749 (29$^1/_4$")
2	상 / 하판	19 ($^3/_4$")	260 (10$^1/_4$")	1524 (60")
2	측판	19 ($^3/_4$")	260 (10$^1/_4$")	762 (30")
8	다리	38 (1$^1/_2$")	38 (1$^1/_2$")	254 (10")
6	선반	13 ($^1/_2$")	248 (9$^3/_4$")	483 (19")
2	측면 가로대	19 ($^3/_4$")	57 (2$^1/_4$")	222 (8$^3/_4$")
6	전후면 가로대	19 ($^3/_4$")	57 (2$^1/_4$")	495 (19$^1/_2$")

라베팅 비트가 적합하며, 한 번에 많은 가공보다는 조심스럽게 여러 번에 나눠서 해야 한다.

연귀, 다도홈, 그리고 장부 가공이 끝나면 조립 준비가 완료된 것이다. 작은 상자를 만들 경우에는 연귀가 만나는 마구리 가장자리에 마스킹 테이프를 돌려가며 조립을 할 수 있지만, 재료들을 늘어놓을 긴 작업 공간(4.5m[15피트] 이상)이 있어야 이런 조립 방법이 가능하다. 하지만 세로 칸막이판을 먼저 상판과 밑판에 조립하면 양쪽 끝의 측판들의 연귀 조립을 하기 쉬운 구조가 만들어지고, 동시에 긴 클램프가 없어도 측판을 고정시키기가 쉬워진다.

장부와 장부구멍에 접착제를 바르고 수직 칸막이판을 상판과 밑판의 다도홈에 끼운 후, 칸막이판의 뒤쪽 모서리가 상판과 하판에 가공해놓은 턱의 끝부분과 딱 맞는지 확인한다. 책장이 완성이 되면 사포질을 하면서 앞쪽의 작은 단차들은 제거할 수 있으니, 조립단계에서 발생하는 작은 오류들에 대해서는 크게 신경 쓸 필요가 없다.

그러나 뒷면은 다르다. 뒤판이 잘 조립되기 위해서는 책장의 상판 및 밑판과 각 세로판들의 기준면이 일치해야 하므로 조립할 때 딱 맞아 떨어지도록 해야 한다. 접착체가 마르면 책장의 측판을 상판과 밑판에 조립할 수 있다.

가조립을 해서 문제점이 있는지 살핀 후, 각 위치에 양방향으로 물릴 충분한 클램프를 준비하도록 한다. 연귀 처리된 판재의 마구리에 접착제를 얇게 바르고 1분 가량 합판의 마구리면이 접착제를 흡수할 수 있도록 놔둔다. 한 번 더 접착제를 얇게 바른 후 측판을 붙이고 클램프를 조인다. 너무 세게 조이면 직각이 안 맞을 수가 있으니 연귀가 서로 맞물리는 것이 보이면 그만 조인다.

상자가 조립되면, 뒤판과 하부 프레임의 크기를 확인할 수 있다. 책장이 될 부재들을 정확하게 재단하고 조립했다면 최종 치수들은 도면의 치수들과 일치해야 한다(재단과 조립과정에서 작은 오차들로 인해 최종 치수에 약간의 차이가 있을 수 있다).

하부 프레임 부재들과 뒤판은 미리 재단하지 않고 조립된 책장에 맞춰 재단을 해야 한다. 그래야 책장의 조립 과정에서 약간의 오차에 맞춰 하부 프레임과 뒤판을 딱 맞게 준

목수의 삼각형은 비슷한 부재를 쉽게 알아볼 수 있게 도와준다. 숫자는 하부구조의 다리 순서를 표시한 것이다.

간단한 선반 핀 드릴 지그

비할 수 있다. 책장의 바닥 부분을 측정해 하부 프레임의 최종 길이와 폭을 확인한다. 만족스런 결과물을 위해 하부구조와 베이스의 크기를 일치시켜야 하며, 최초 도면과 조금 다르면 하부 프레임의 치수도 수정을 한다. 단순한 장부 작업은 그렇게 어려운 작업이 아니지만, 짜맞춤 작업량이 많은 것은 사실이다.

그리고 꼭 필요한 작업은 아니지만 하나의 판재에서 하부 프레임의 앞 가로대를 만들면 톤이 일치하기 때문에 결과물이 매력적으로 나온다. 가로대로 사용할 나무를 치수대로 켜고 부분별로 잘라낸 후 가로대 양끝에 장부를 만들어준다.

최상의 외관을 위해, 각 다리의 길이방향에 맞춰 결을 배치한다. 판재를 얇게 켜서 다리에 붙이는 무늬목 작업에서도 이와 같은 효과를 만들 수 있다. 두꺼운 판재를 켜서 얻은

측면을 전면에 배치하면 소위 말하는 곧은결을 더 쉽게 얻을 수 있다(마구리면의 결은 대각선으로 뻗어있는 것이 바람직하다). 장부구멍과 장부를 가공하고 다듬어서 정확히 맞춘다. 부품들을 가조립해본 후에, 접착제로 부분별로 조립한다. 앞다리·뒷다리 구조를 먼저 조립하고, 두 구조에 측면 가로대를 끼워 조립을 완성한다.

하부구조의 접착제가 마르는 동안, 상부 책장을 완성시킨다. 앞부분의 단 차를 사포질하고, 책장 세로 칸막이판에 높이조절 선반을 위한 구멍을 뚫자.

나는 일반 6mm(¼인치) 선반 핀과 선반 슬리브를 사용했다. 선반 슬리브 같은 경우는 원작의 꾸밈없는 구멍 형태에서 벗어난 것일 수도 있지만, 개인적으로 이 방식이 좀 더 완성도가 높다고 생각한다.

원작과 또 다른 점은, 세로 칸막이판 전체에 위아래로 쭉

하부 클램프를 푼 후, 손 대패나 사포로 프레임과 다리 사이의 단 차를 없앤다.

포켓 구멍지그를 이용해 나사로 하부와 책장을 쉽게 연결한다. 테이블 상판 연결철물이나 코너 브라켓으로 연결할 수도 있다.

구멍을 뚫지 않았다. 대신 세로판을 2등분이나 3등분한 후 19mm(3/4인치) 간격으로 3개의 구멍을 뚫었다. 이러한 접근 방식은 책장 내부 세로 칸막이판에 많은 구멍을 가려주면서 동시에 선반 높이 조절을 할 수 있다. 선반 핀 구멍 간격을 설정할 수 있는 많은 상업용 지그들이 있지만, 나는 폭을 32mm (1¼인치) 로 켜고, 길이를 610mm(24인치)로 자른 자투리 나무로 지그를 만들었다.

지그를 바닥에 맞댄 후 기준잡고 구멍을 뚫으면 되기 때문에 지그의 길이는 사실 중요하지 않지만, 세로판에 뚫리는 각 구멍들 폭의 위치는 세로판의 가장자리에서부터 얼마나 멀리 설정되는지를 결정하므로 중요하다.

전면 핀의 위치는 세로판 앞쪽에서 19mm로 떨어지게끔 정하고 세로판 뒷면에서 13mm떨어지게 설정하면 된다. 지그가 32mm로 절단된 상태에서, 세로판 앞쪽으로부터 19mm

떨어진 위치에 선을 긋고 지그를 사용하면 앞쪽과 뒤쪽 핀 위치 간격을 알 수 있다.

지그로 위치를 표시한 후 6㎜(15/64인치) 구멍을 뚫었다. 실제로 지그는 세로판 앞면과 뒷면에 끝을 맞추고 뚫는다. 드릴 비트에 마스킹 테이프를 붙이면 원하는 깊이만큼 구멍을 뚫는 데 도움이 된다.

이제 뒤판을 설치하는 것으로 책장은 완성되겠지만, 뒤판 설치는 부속들 또는 책장 내부의 마감이 끝날 때까지 기다리는 것이 좋다.

책장 뒤판이 들어갈 곳의 치수에서 3㎜(1/8인치)만큼 폭과 길이를 줄이면 최종 크기가 나온다. 뒤판을 살짝 작게 제작해야 만약의 실수를 막아줄 수 있다.

뒤판의 결이 세로로 이어지길 원하면 두 개의 뒤판을 잘라 넣으면 된다. 먼저 측판과 가까운 세로판의 중심에 해당하는 뒤판을 재단 후 다른 가장자리는 나머지 폭을 커버할 수 있게, 한 패널은 약 502㎜(19¾인치), 다른 패널은 약 1003㎜(39½인치)로 재단한다. 뒤판 재단을 마무리한 후 타카, 나사 또는 못으로 고정한다.

하부구조 제작을 마무리하기 위해, 사포질이나 손 대패로 다리와 프레임이 만나는 면들의 단 차를 없앤 후, 프레임 상단에 3㎜만큼의 홈을 돌아가며 라우터로 가공한다. 라우

팅 가공된 홈은 책장 하단을 따라 멋진 라인을 만들어내며, 시각적으로 우아한 하부구조와 상자 사이에 있는 약간의 단 차를 감추는 실용적인 효과를 발휘한다.

책장과 하부를 연결하는 방법도 여러 가지가 있다. 접착제로 고정할 수도 있지만, 혹시 이사를 가거나 이동 및 보관해야 할 일이 생겨 분리할 수 있기를 원한다면, 프레임 안쪽에 고정철물을 부착해 나사로 책장을 고정하는 방법과 8자 철물 같은 테이블 상판에 쓰는 부품으로도 연결시킬 수 있다. 나는 하부 가로대 안쪽에 구멍을 뚫어 나사로 고정시키는 방법을 선택했다. 어떤 방식이든 각자가 필요하고 편한 방법으로 고정하면 된다.

모겐센 책장 제작의 마지막 단계는 선반 재단이다. 책장 내부의 실제 치수를 잰 뒤, 13㎜ 두께의 합판을 재단한 후 엣지밴딩을 한다. 손 대패와 사포질로 합판에 붙은 엣지밴딩을 깔끔히 다듬은 후 책장 내부 폭에 맞춰 선반 길이를 자른다.

선반에 이미 마감 칠을 하고 조립을 했다면, 약간의 손질만 하면 된다. 추가 손질이 필요 없으면 바로 책장에 얹어 사용해도 좋다. 또한 책장이 완성될 때까지 마감 칠하기를 기다렸다면, 사포질(합판의 베니어가 닳지 않도록 조심하면서)을 한 후에 마무리를 하면 된다.

4장_현관 · 복도

현관 코트걸이
Hall Tree

작자 미상

W 1016(40") x D 152(6") x H 1524(60") | 장미목, 황동

작자 미상의 이 코트걸이로 현관에 외투와 열쇠고리 등을 편하게 걸어둘 공간을 만들 수 있다.

원작은 장미목과 황동 걸이로 제작한 것이 특징이다. 판재를 원하는 크기로 자른 후, 뒤에서 덧대어 고정하는 방식이다. 간단한 구조로 초보자도 접근하기 쉬운 프로젝트이며, 단순한 디자인 덕분에 다양한 환경에서 제작이 가능하다.

판재의 폭과 세로판의 길이를 바꾸면 쉽게 크기를 변경할 수 있고, 앞부분에 거울을 딜 수도 있디.

이런 가구를 벽에 설치하는 방법은 여러 가지가 있는데, 프렌치 고리를 판재 뒤에 붙이면 제법 튼튼하게 부착할 수 있다.

정면도

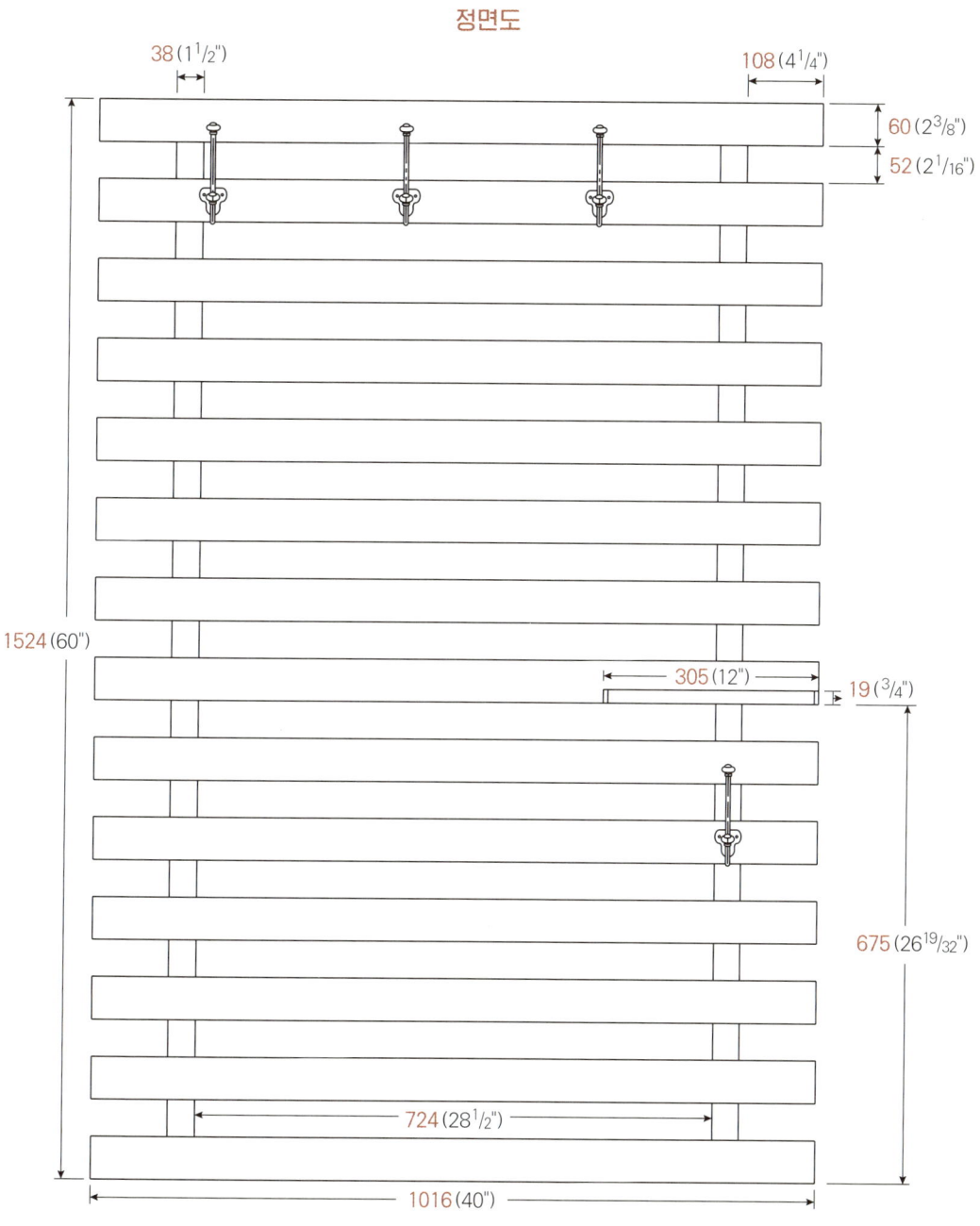

38 (1 1/2") 108 (4 1/4") 60 (2 3/8") 52 (2 1/16") 1524 (60") 305 (12") 19 (3/4") 675 (26 19/32") 724 (28 1/2") 1016 (40")

개수	부품 설명	두께	폭	길이
1	선반	19 (3/4")	83 (3 17/64")	305 (12")
14	판재	19 (3/4")	63 (2 3/8")	1016 (40")
2	세로판	19 (3/4")	38 (1 1/2")	1524 (60")
4	코트걸이 하드웨어			

상면도

724 (28^1/$_2$")

19 (^{3}/$_4$")
19 (^{3}/$_4$")
83 (3^{17}/$_{64}$")

측면도

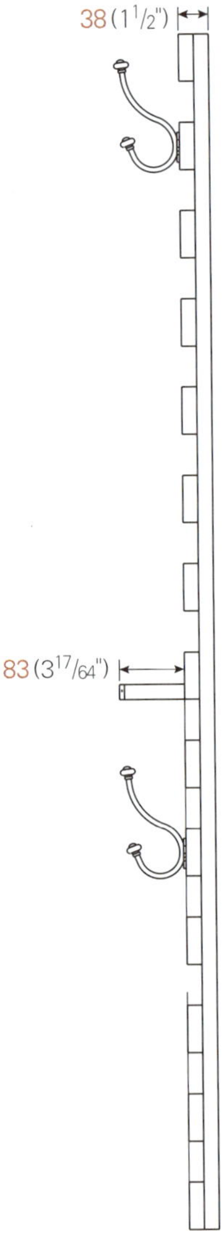

분해도

38 (1^1/$_2$")

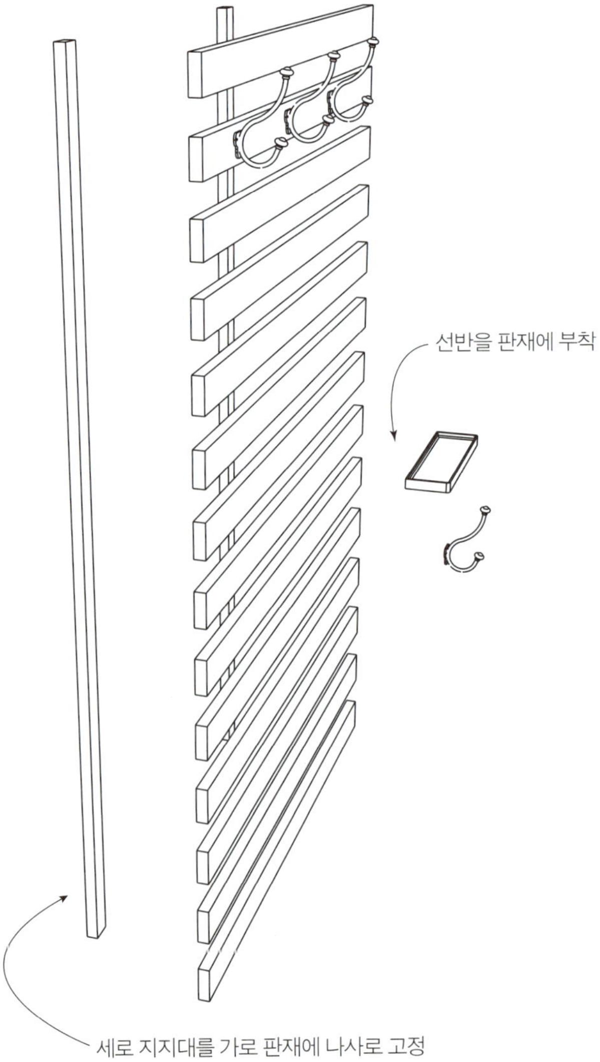

선반을 판재에 부착

83 (3^{17}/$_{64}$")

세로 지지대를 가로 판재에 나사로 고정

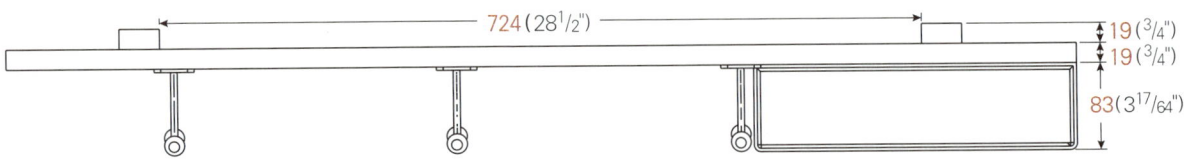

콘솔 테이블
Console Table

옌스 리솜 Jens Risom

W 1524(60") x D 445(17$^{1}/_{2}$") x H 660(26") | 호두나무

옌스 리솜의 현관 테이블은 측면이 위쪽으로 많이 휘어져 돌출된 형태로 다른 디자이너들의 작품들과는 큰 차이점이 있다. 그리고 서랍은 테이블 상판에 매달려 공중에 떠 있는 형태이며, 대부분의 가정에서 그렇듯 현관 입구에서 여러 가지 소지품을 편리하게 보관할 수 있는 역할을 한다. 그리고 디자인에 큰 변화 없이 서랍을 빼두고 사용할 수도 있다.

1524mm(60인치)의 테이블 폭은 좁은 복도에서는 다소 불편할 수 있다. 이때 상판의 폭을 줄이려면 서랍의 폭도 같이 줄이거나, 아예 서랍을 없애는 등 상판 및 프레임의 크기를 상황에 맞게 수정하면 된다.

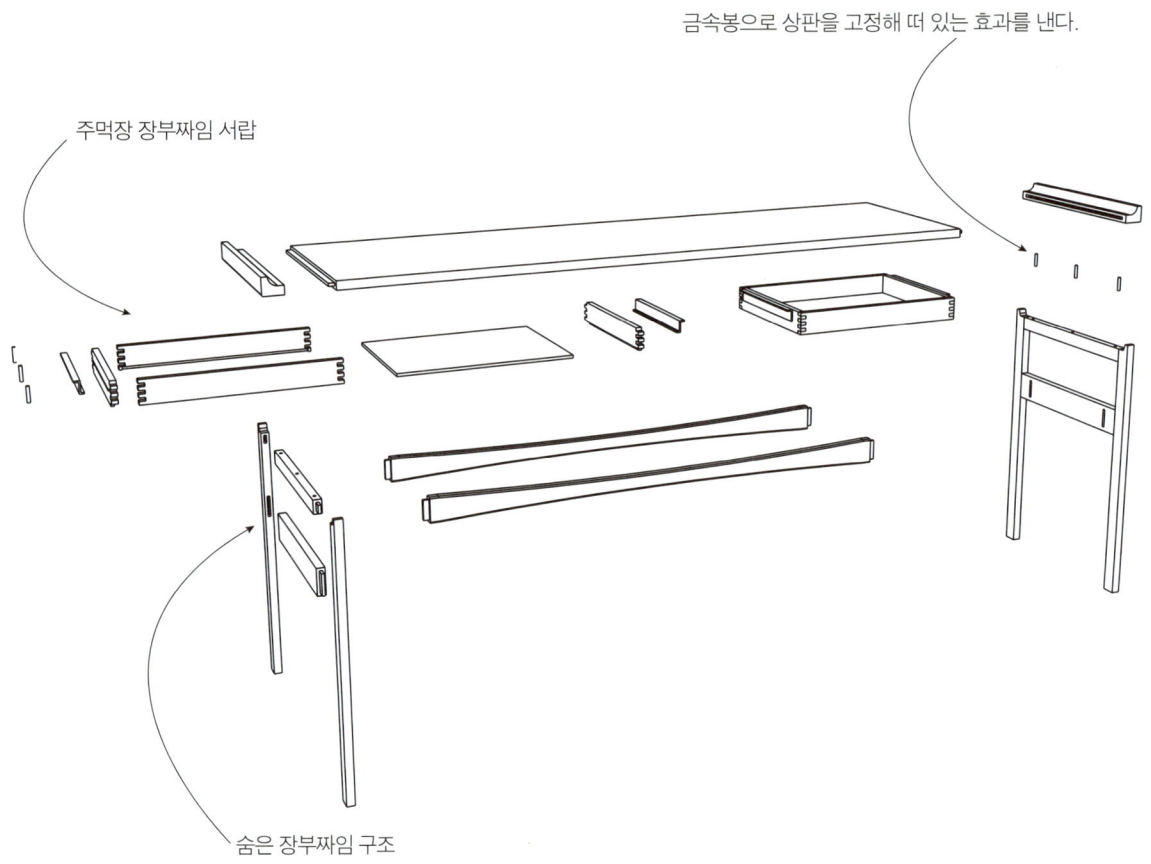

분해도

주먹장 장부짜임 서랍

금속봉으로 상판을 고정해 떠 있는 효과를 낸다.

숨은 장부짜임 구조

개수	부품 설명	두께	폭	길이
2	하부 측면 가로대	19($^3/_4$")	13($^1/_2$")	419(16$^1/_2$")
6	금속봉	6($^1/_4$")	6($^1/_4$")	32(1$^1/_4$")
2	서랍 밑판	6($^1/_4$")	292(11$^1/_2$")	387(15$^1/_4$")
4	서랍 앞판	13($^1/_2$")	51(2")	400(15$^3/_4$")
4	서랍 레일	19($^3/_4$")	27(1$^1/_{16}$")	241(9$^1/_2$")
4	서랍 측판	13($^1/_2$")	51(2")	309(12")
2	상판 변죽	38(1$^1/_2$")	45(1$^3/_4$")	406(16")
4	다리	19($^3/_4$")	32(1$^1/_4$")	632(24$^7/_8$")
2	긴 가로대	19($^3/_4$")	57(2$^1/_4$")	1079(42$^1/_2$")
1	상판	19($^3/_4$")	406(16")	1460(57$^1/_2$")
2	상부 측면 가로대	19($^3/_4$")	32(1$^1/_4$")	419(16$^1/_2$")

정면도

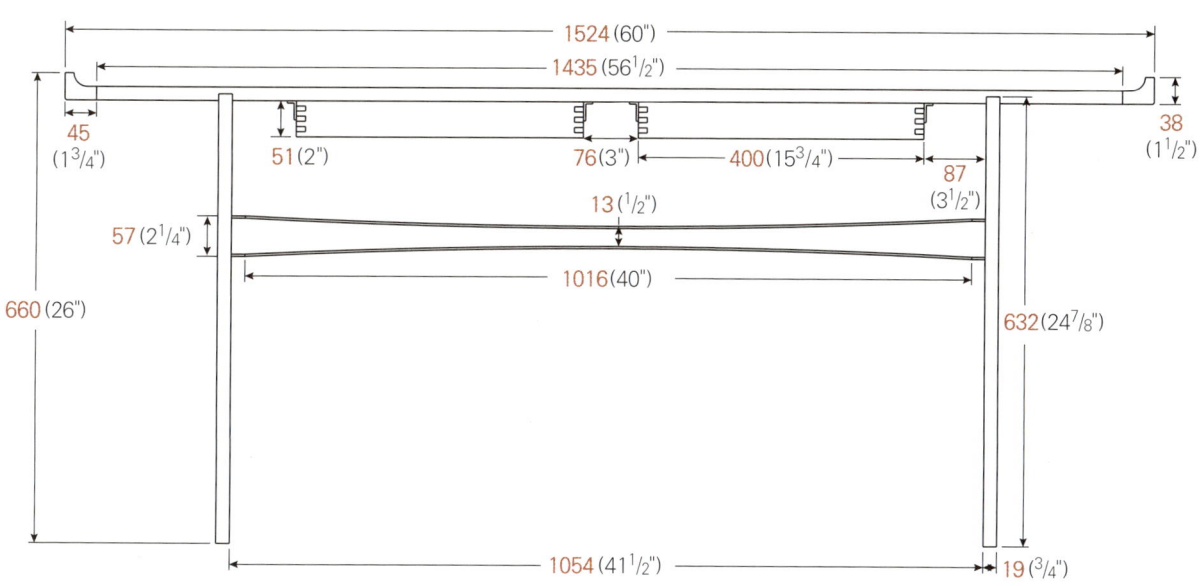

1524 (60")
1435 (56 1/2")
45 (1 3/4")
51 (2")
76 (3")
400 (15 3/4")
87 (3 1/2")
38 (1 1/2")
13 (1/2")
57 (2 1/4")
660 (26")
632 (24 7/8")
1016 (40")
1054 (41 1/2")
19 (3/4")

측면도

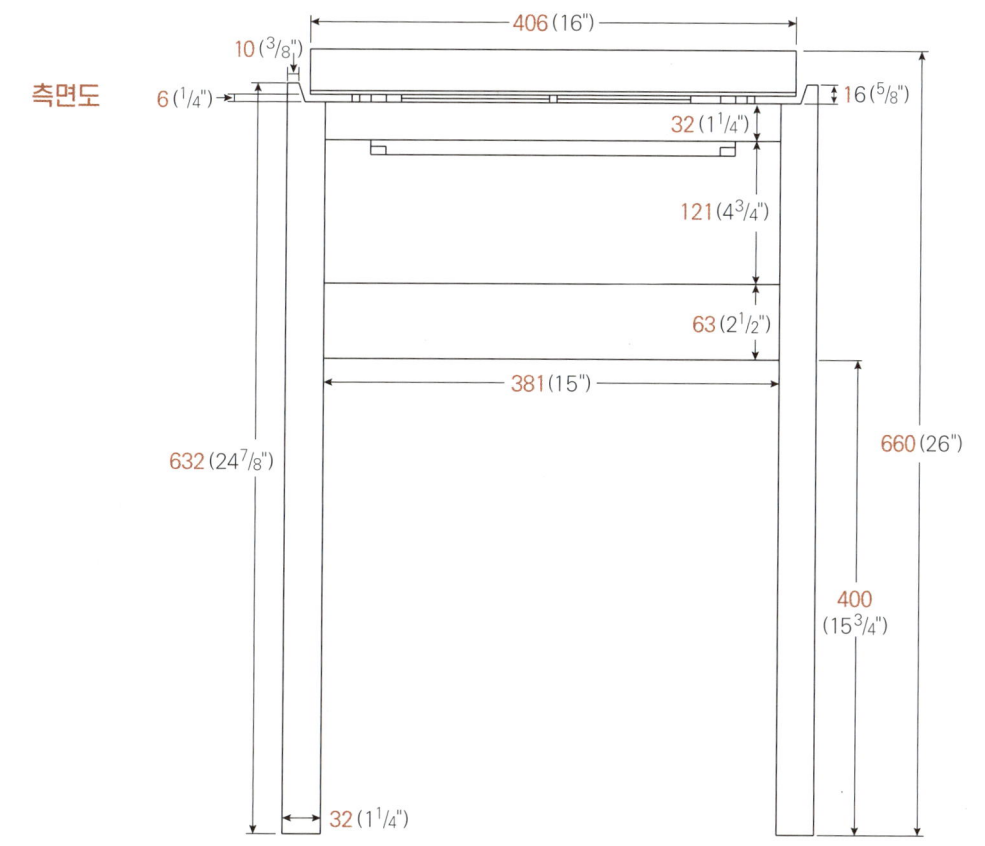

406 (16")
10 (3/8")
6 (1/4")
16 (5/8")
32 (1 1/4")
121 (4 3/4")
63 (2 1/2")
381 (15")
660 (26")
632 (24 7/8")
400 (15 3/4")
32 (1 1/4")

상단 단면도

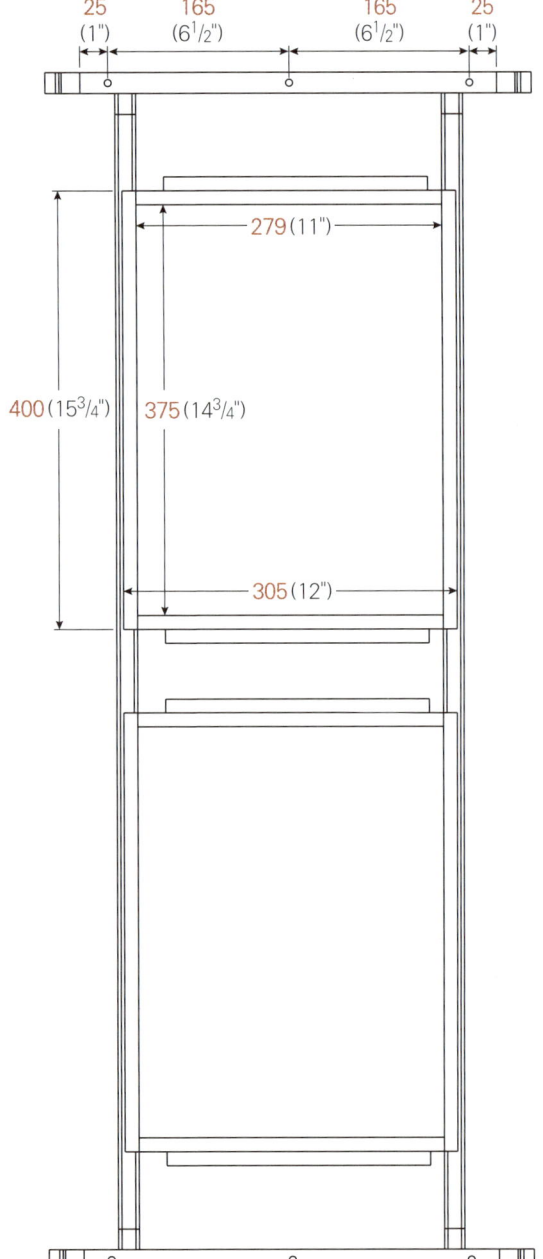

25 (1")
165 (6$^1/_2$")
165 (6$^1/_2$")
25 (1")

279 (11")

400 (15$^3/_4$")

375 (14$^3/_4$")

305 (12")

상면도

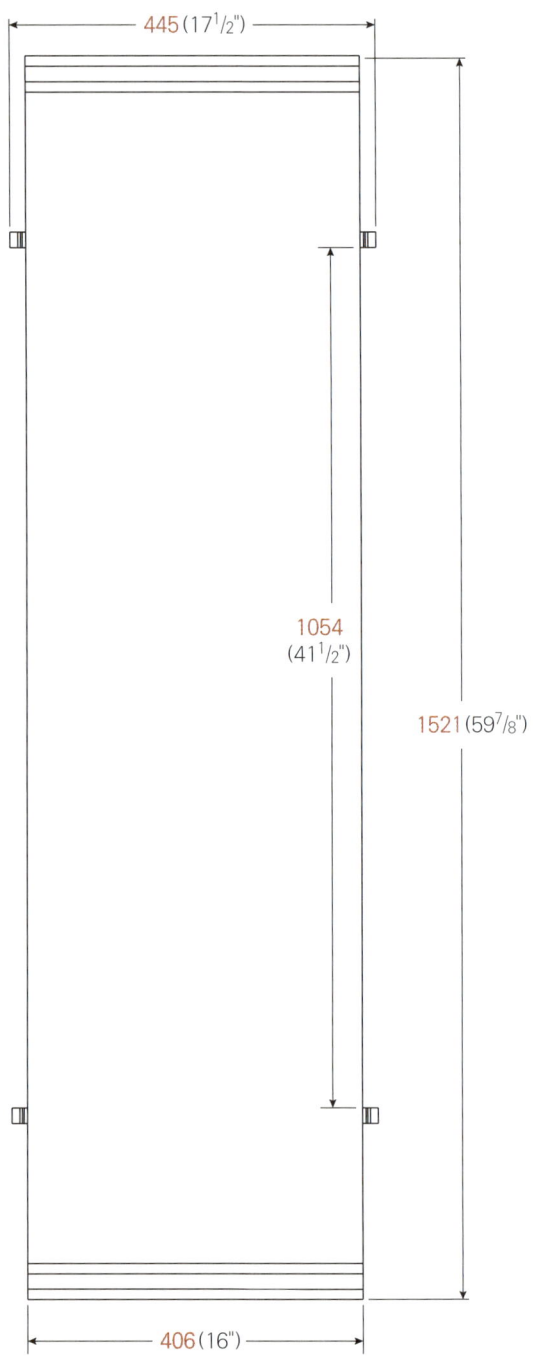

445 (17$^1/_2$")

1054 (41$^1/_2$")

1521 (59$^7/_8$")

406 (16")

플랫폼 벤치
Platform Bench

조지 넬슨 George Nelson | 1946   W 1219(48") x D 476(18³/4") x H 356(14") | 자작나무

플랫폼 벤치는 조지 넬슨이 허먼밀러사에서 근무하던 때에 진행했던 기본 캐비닛 시리즈의 토대가 된 초기 모델이다.

단독으로는 벤치나 테이블 기능(잘라서 붙인 상판은 관리하기 편하며, 야외에서 사용하기에 최적의 구조)을 하지만, 기본 캐비닛 시리즈의 다른 제품들과 결합하면 수납장이나 장식장이 된다. 반턱짜임으로 결합된 상판, 꽂임촉으로 연귀짜임한 다리, 그리고 다리와 상판의 나사 결합 등 이러한 심플한 제작 기법은 최소한의 형태에서 출발한다.

그림에서처럼 하부는 대부분 목재로 제작하지만, 금속으로도 가능하다. 또한 자작나무 원목상판에 검게 착색한 다리로도 구성이 가능하며, 검게 착색한 상판과 다리도 가능하다.

분해도

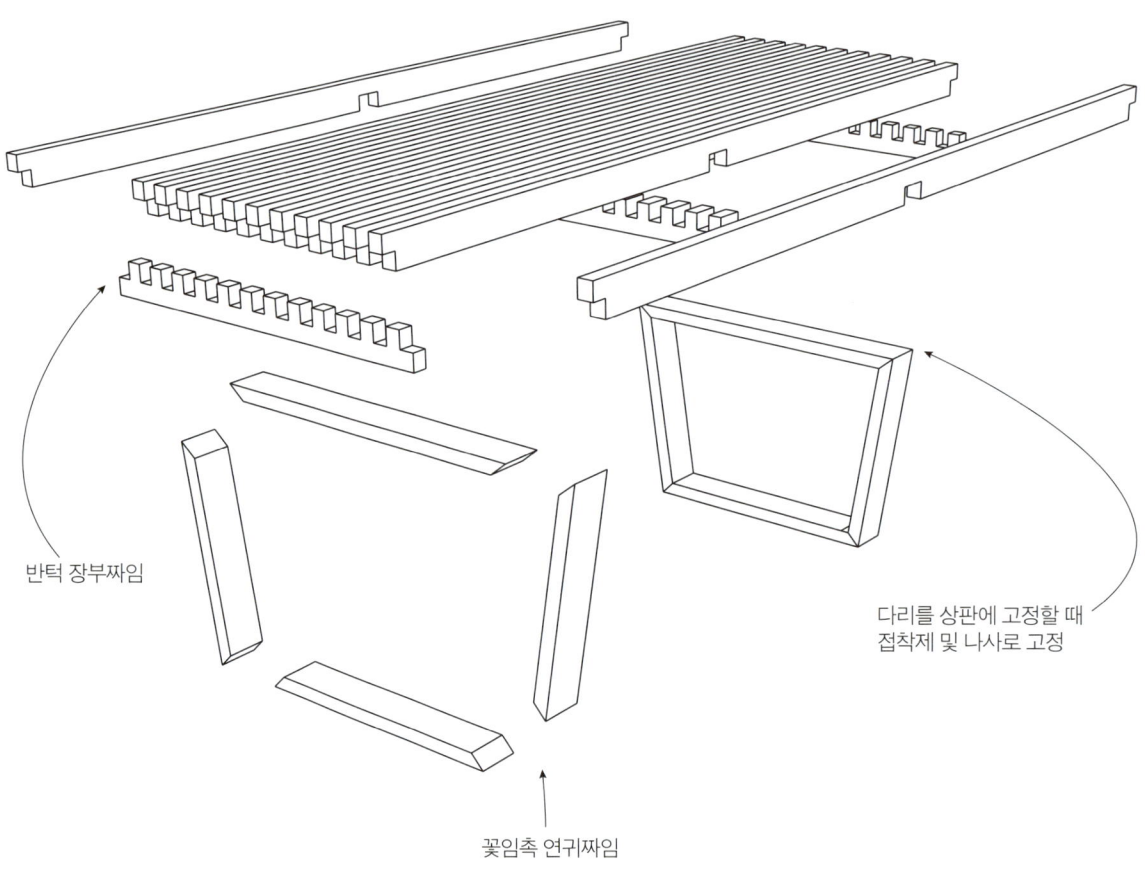

반턱 장부짜임

꽂임촉 연귀짜임

다리를 상판에 고정할 때
접착제 및 나사로 고정

개수	부품 설명	두께	폭	길이
2	다리 아래 가로 프레임	19 ($^3/_4$")	57 (2$^1/_4$")	368 (14$^1/_2$")
4	다리 세로 프레임	57 (2$^1/_4$")	66 (2$^{19}/_{32}$")	311 (12$^1/_4$")
2	다리 상부 프레임	19 ($^3/_4$")	57 (2$^1/_4$")	464 (18$^1/_4$")
2	좁은 레일	19 ($^3/_4$")	45 (1$^3/_4$")	476 (18$^3/_4$")
13	판재	19 ($^3/_4$")	45 (1$^3/_4$")	1219 (48")
1	넓은 레일	38 (1$^1/_2$")	45 (1$^3/_4$")	476 (18$^3/_4$")

정면도

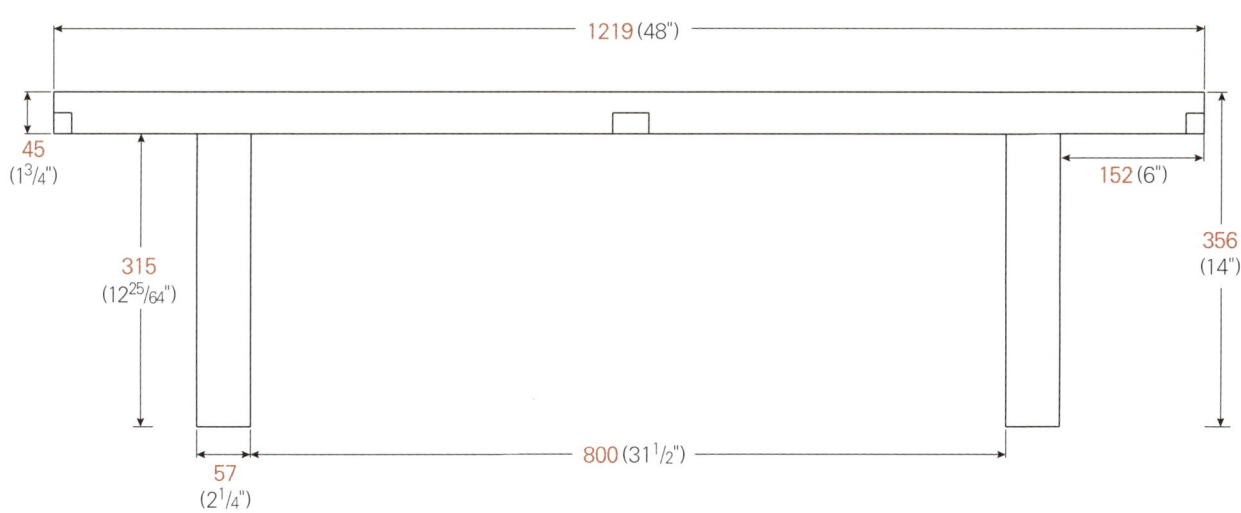

1219 (48")

45
(1³/₄")

152 (6")

356
(14")

315
(12²⁵/₆₄")

57
(2¹/₄")

800 (31¹/₂")

상면도

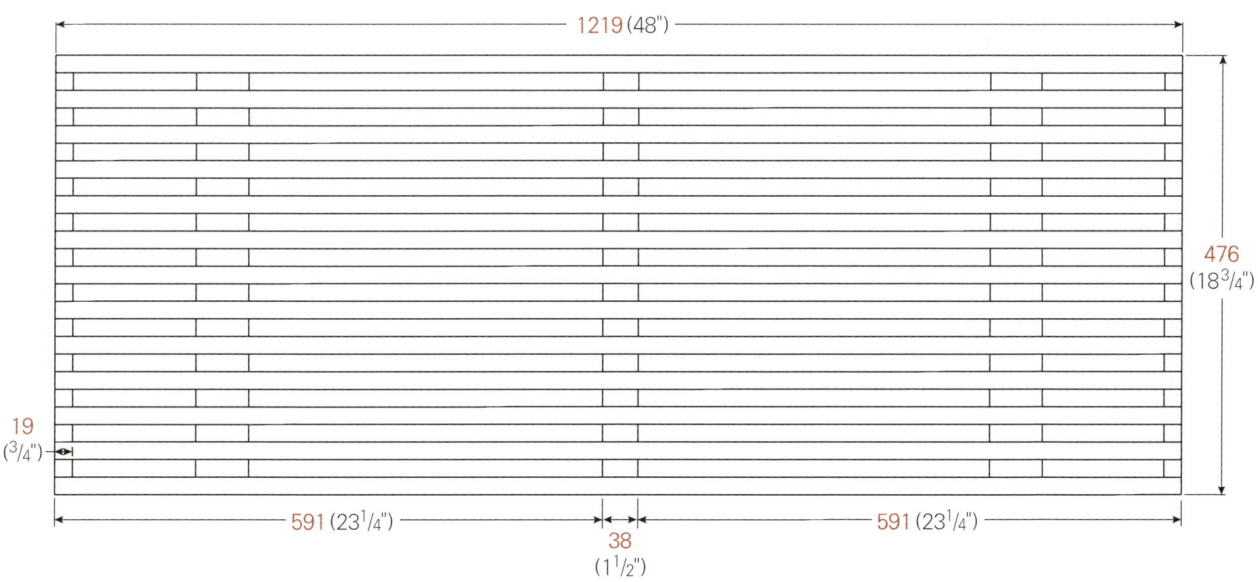

1219 (48")

476
(18³/₄")

19
(³/₄")

591 (23¹/₄")

38
(1¹/₂")

591 (23¹/₄")

측면도

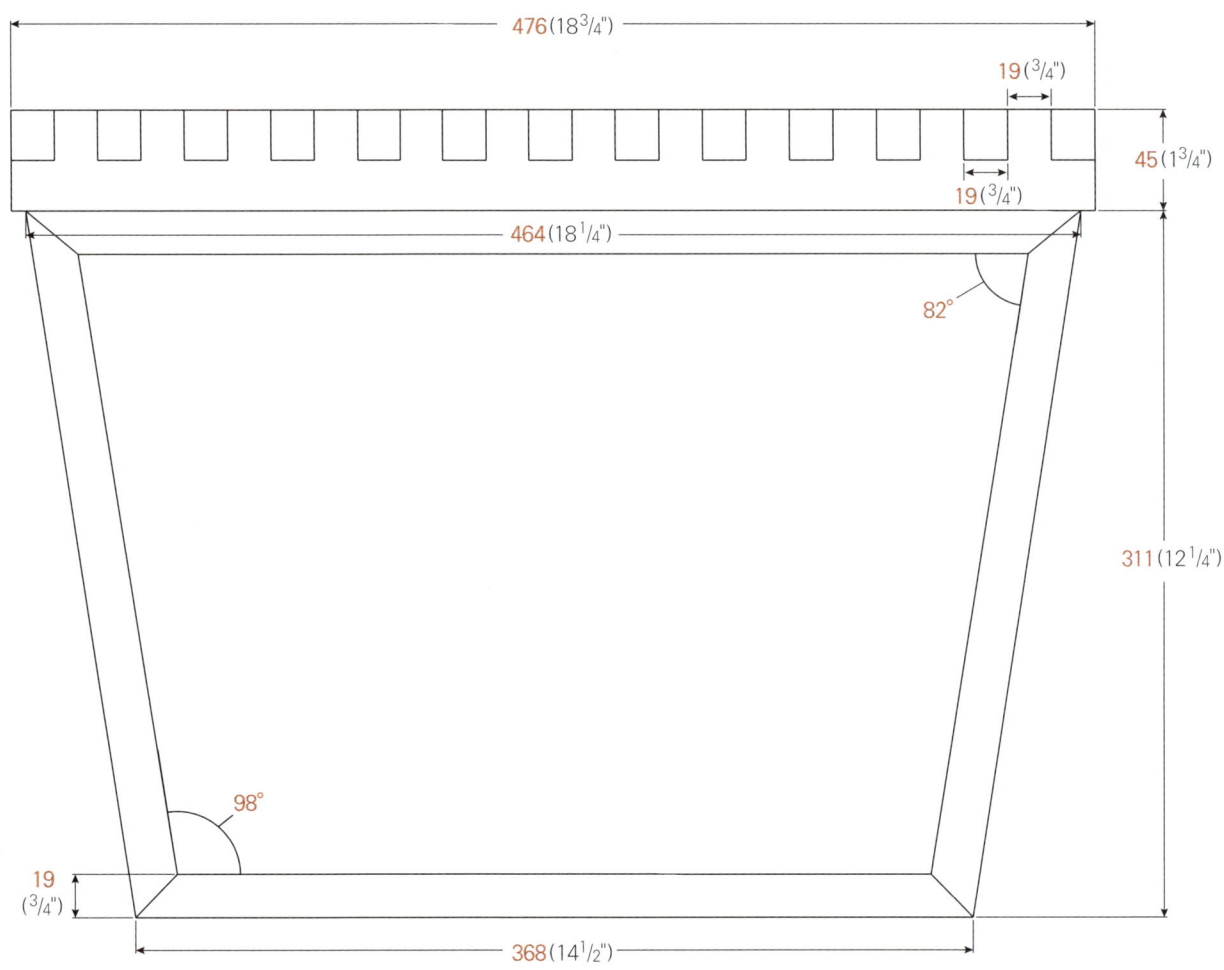

476(18³/₄")

19(³/₄")

45(1³/₄")

19(³/₄")

464(18¹/₄")

82°

311(12¹/₄")

98°

19
(³/₄")

368(14¹/₂")

거울
Mirror

악셀 키에르스가르트 Aksel Kjersgaard

W 584(23") x D 19($^{3}/_{4}$") x H 1041(41") | 티크

키에르스가르트의 거울은 간결하며 우아하고, 절묘하게 안으로 휘어진 옆면과 끝부분은 자세히 들여다봐야 알아챌 수 있을 만큼 절제되어 있다.

손쉽게 제작할 수 있는 제품이지만, 작은 실수도 뚜렷하게 보일 수 있는 디자인이기 때문에 섬세한 작업을 요구한다. 라벳과 연귀를 자른 후 모양을 다듬는다. 꽃임촉이나 비스킷으로 연귀짜임을 보강한다.

분해도

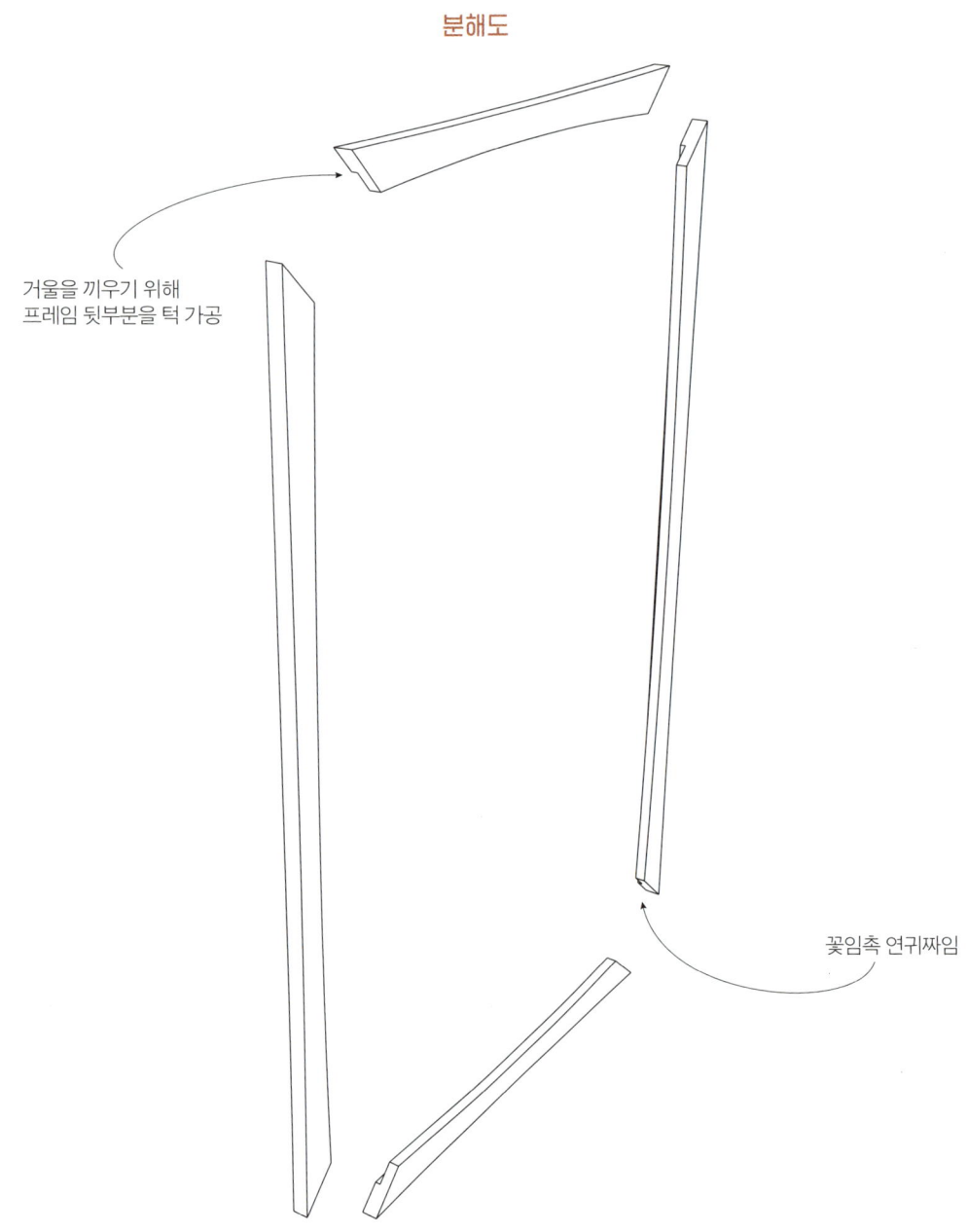

거울을 끼우기 위해
프레임 뒷부분을 턱 가공

꽂임촉 연귀짜임

개수	부품 설명	두께	폭	길이
2	짧은 상하 프레임	19 (^{3}/$_4$")	45 (1^3/$_4$")	584 (23")
2	긴 세로 프레임	19 (^{3}/$_4$")	45 (1^3/$_4$")	1041 (41")

정면도

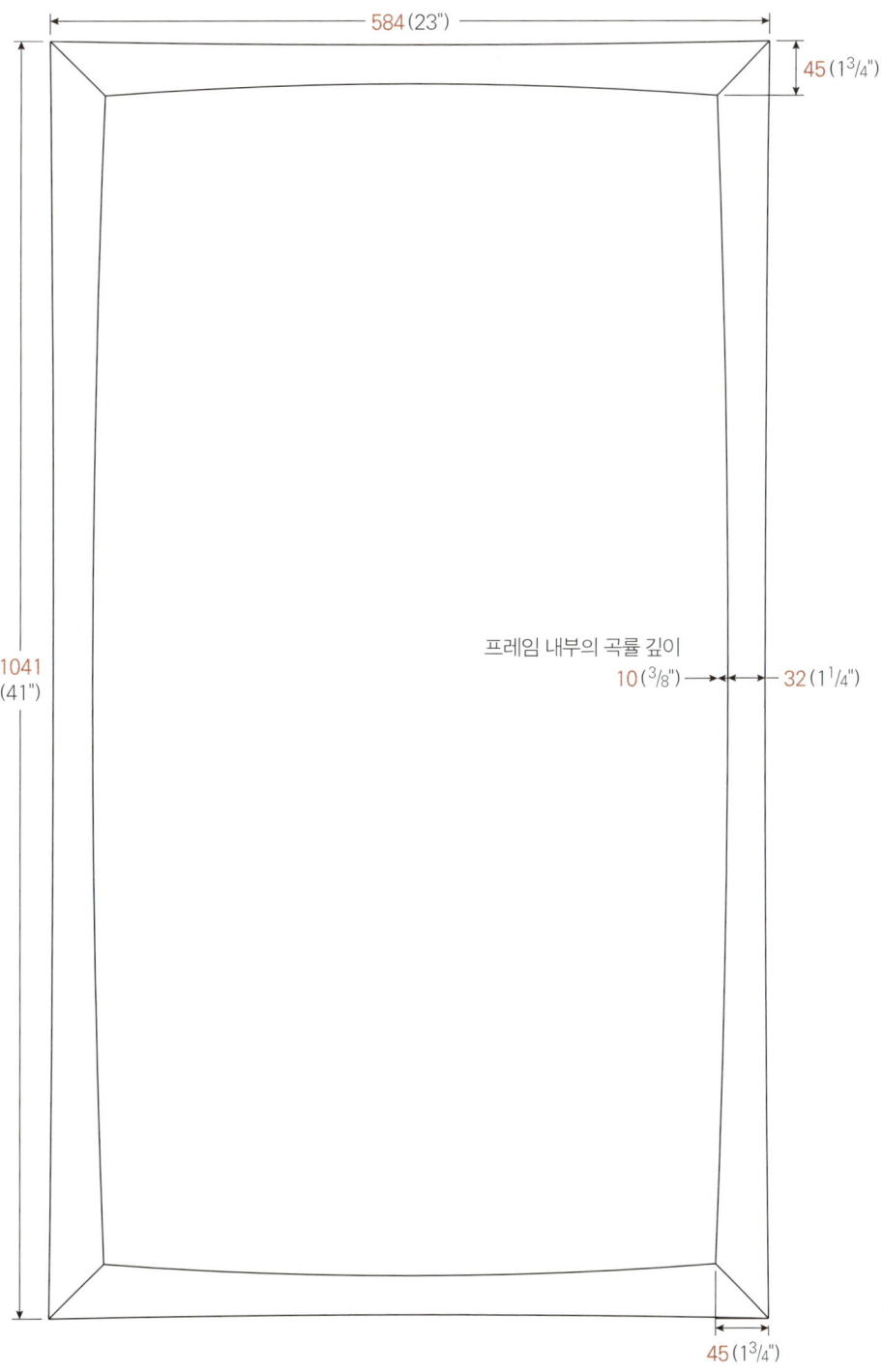

584 (23")

45 (1^3/$_4$")

1041
(41")

프레임 내부의 곡률 깊이

10 (^{3}/$_8$") 32 (1^1/$_4$")

45 (1^3/$_4$")

침대 의자
Chaise Longue

한스 베그너 Hans Wegner | 1958　　　　　　　　W 622(24$^1/_2$") x L 1740(68$^1/_2$") x H 927(36$^1/_2$") | 오크, 끈

한스 베그너가 요하네스 한센Johannes Hansen을 위해 디자인한 침대 의자는 좌판과 등받이가 서로 대조적인 곡선을 그려 역동적인 형태를 이루며, 동시에 서로 다른 소재 사용이 주는 효과에 보는 눈이 즐겁다.

쿠션 하나만 바꾸어도 놀라운 효과가 있다. 목과 머리를 위한 간단한 베개가 있는 이 긴 의자는 야외에서 사용해도 좋고, 의자 길이만큼 긴 가죽쿠션을 올려놓으면 실내에서도 안성맞춤이다. 목재 결합은 숨은 장부짜임으로 비교적 간단한 편이지만, 끈으로 엮은 곡선 형태의 좌판 및 맞춤 제작한 철물이 사용되는 다소 복잡한 구조이다.

분해도

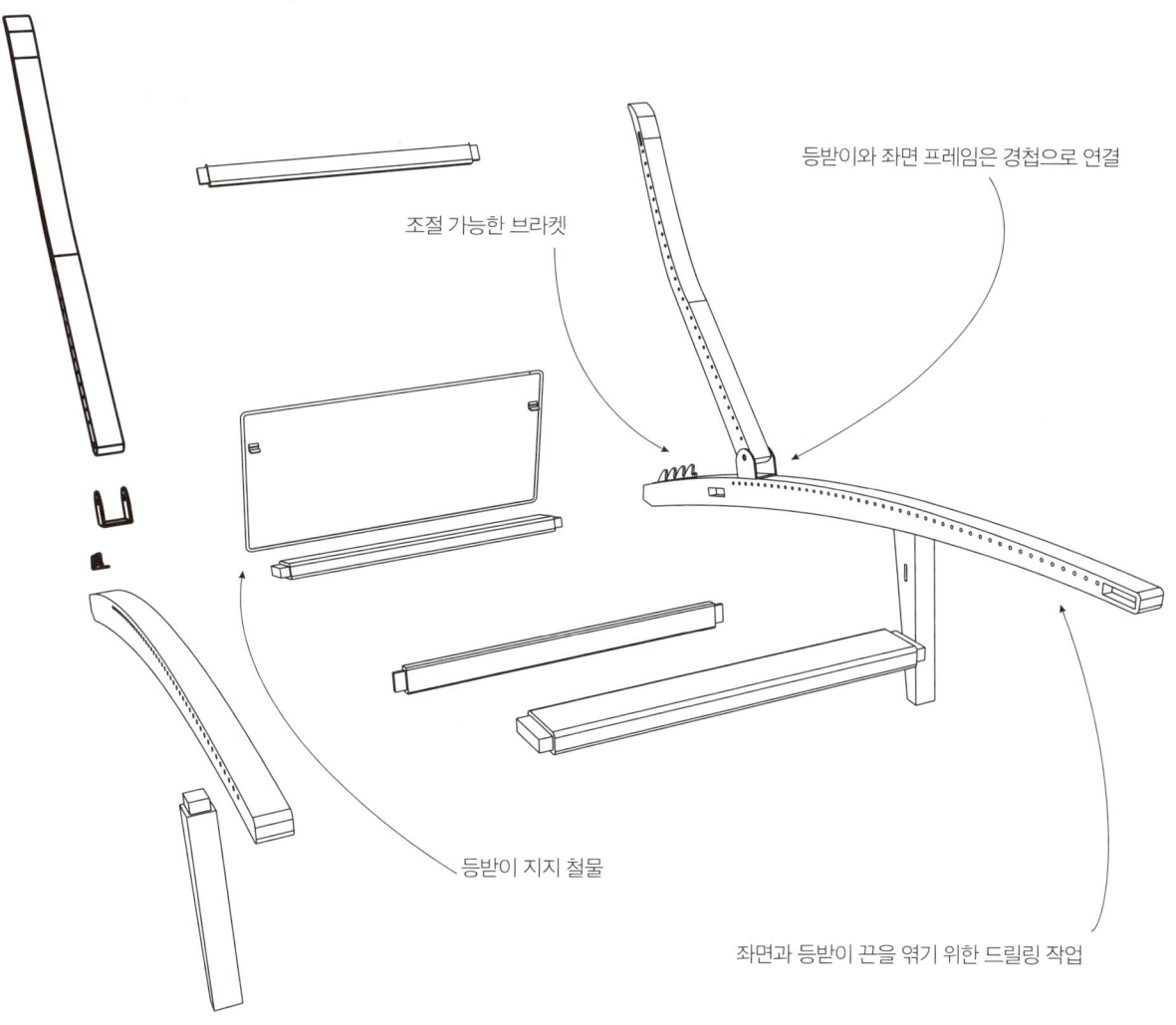

조절 가능한 브라켓

등받이와 좌면 프레임은 경첩으로 연결

등받이 지지 철물

좌면과 등받이 끈을 엮기 위한 드릴링 작업

개수	부품 설명	두께	폭	길이
1	등받이 가로대	19 ($^3/_4$")	45 (1$^3/_4$")	597 (23$^1/_2$")
2	등받이 측프레임	45 (1$^3/_4$")	603 (23$^3/_4$")	670 (26$^3/_8$")
2	다리	45 (1$^3/_4$")	114 (4$^1/_2$")	343 (13$^1/_2$")
2	좌면 측프레임	45 (1$^3/_4$")	448 (17$^5/_8$")	1588 (62$^1/_2$")
2	좌면 가로대	45 (1$^3/_4$")	83 (3$^1/_4$")	597 (23$^1/_2$")
1	다리 가로대	19 ($^3/_4$")	45 (1$^3/_4$")	597 (23$^1/_2$")

정면도

913
(35^{61}/$_{64}$")

550 (22")

45
(1^{3}/$_{4}$")

측면도

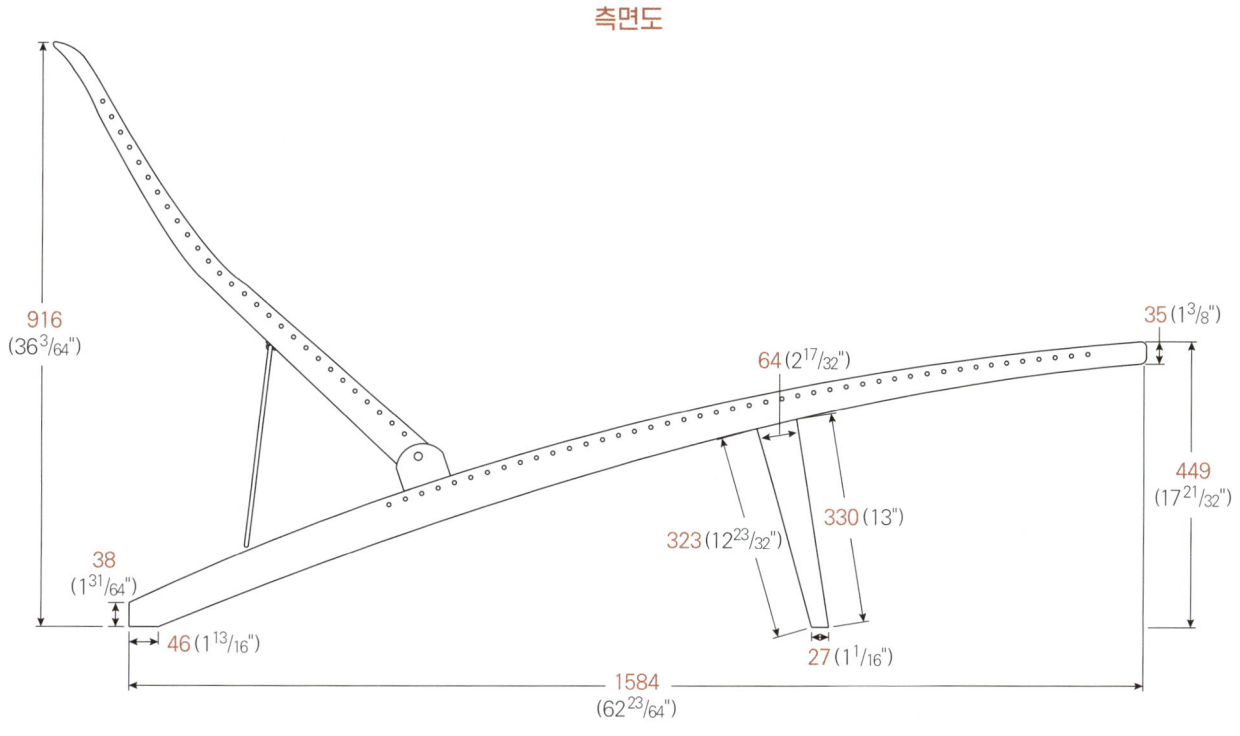

916
(36³/₆₄")

35 (1³/₈")

64 (2¹⁷/₃₂")

449
(17²¹/₃₂")

330 (13")

323 (12²³/₃₂")

38
(1³¹/₆₄")

46 (1¹³/₁₆")

27 (1¹/₁₆")

1584
(62²³/₆₄")

상면도

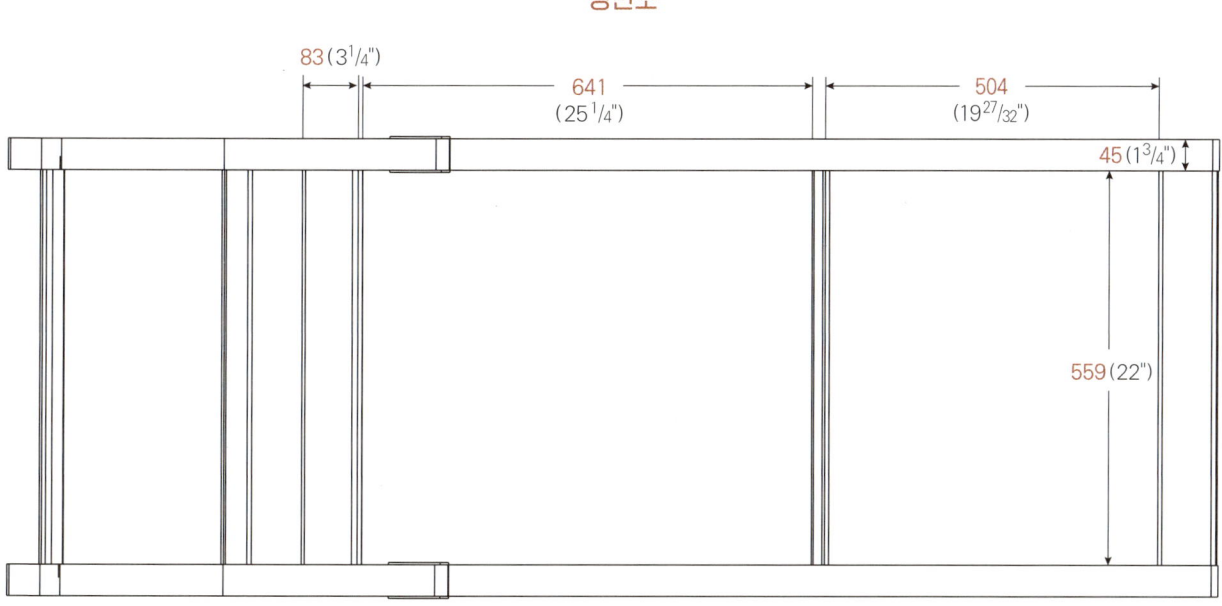

83 (3¹/₄")

641
(25¹/₄")

504
(19²⁷/₃₂")

45 (1³/₄")

559 (22")

5장_거실

네스팅 테이블
Nesting Tables

R. 베넷 R. Bennett | 1965   W 533(21") x D 432(17") x H 489(19$\frac{1}{4}$") | 티크

이 네스팅 테이블 세트는 R. 베넷이 지플랜의 카드리유 라인을 위해 디자인했다. 썰매 형태의 하부구조는 같은 모양을 띠며 상판 전체로 연결된다. 동시에 테이블 상판을 잡아 주며 측면의 모양을 만들어낸다.

이러한 프레임 형태는 반복되는 구조이므로 패턴을 만들어 작업하는 것이 수월하다. 이 세트를 제작할 때 가장 큰 어려움은 바로 수많은 연귀를 얼마나 정확하게 만들어내느냐 는 것이다.

분해도

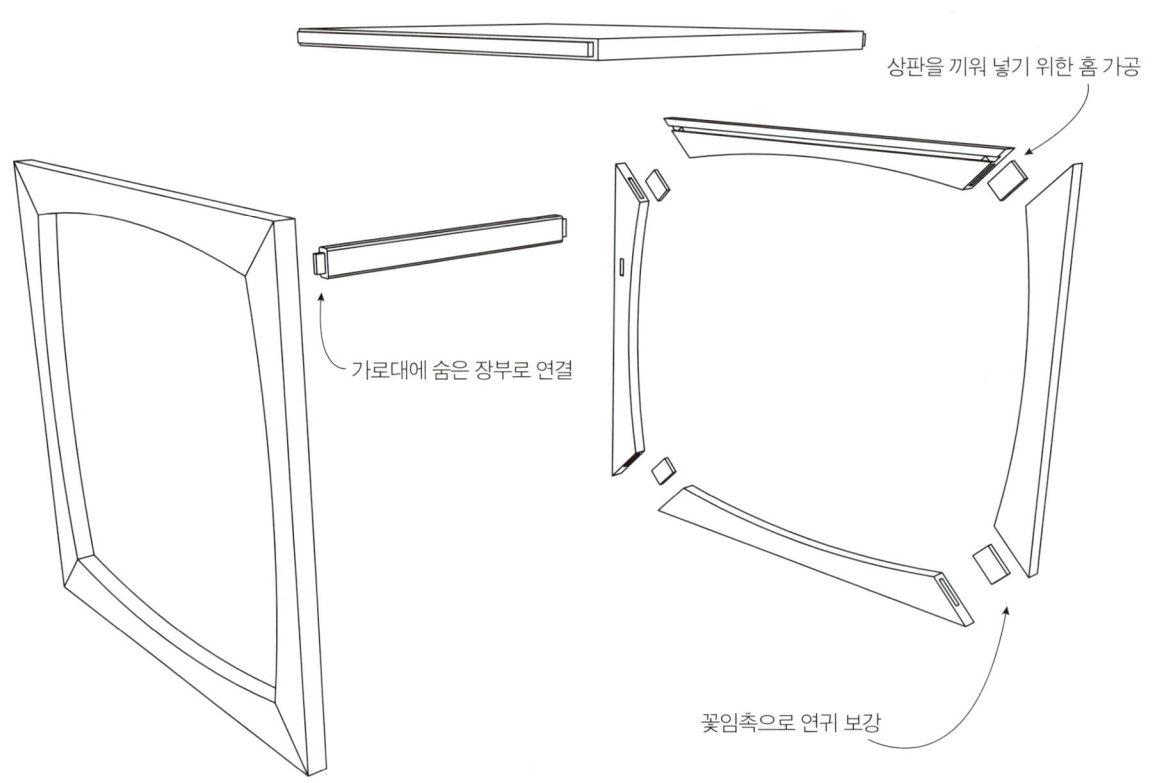

상판을 끼워 넣기 위한 홈 가공

가로대에 숨은 장부로 연결

꽂임촉으로 연귀 보강

큰 테이블

개수	부품 설명	두께	폭	길이
4	가로 프레임	19($^3/_4$")	51(2")	533(21")
4	세로 프레임	19($^3/_4$")	51(2")	489(19$^1/_4$")
1	연결 가로대	19($^3/_4$")	38(1$^1/_2$")	419(16$^1/_2$")
1	상판	19($^3/_4$")	413(16$^1/_4$")	521(20$^1/_2$")

중간 테이블

개수	부품 설명	두께	폭	길이
4	가로 프레임	19($^3/_4$")	51(2")	470(18$^1/_2$")
4	세로 프레임	19($^3/_4$")	51(2")	457(18")
1	연결 가로대	19($^3/_4$")	38(1$^1/_2$")	375(14$^3/_4$")
1	상판	19($^3/_4$")	375(14$^3/_4$")	457(18")

작은 테이블

개수	부품 설명	두께	폭	길이
4	가로 프레임	19($^3/_4$")	51(2")	406(16")
4	세로 프레임	19($^3/_4$")	51(2")	426(16$^3/_4$")
1	연결 가로대	19($^3/_4$")	38(1$^1/_2$")	330(13")
1	상판	19($^3/_4$")	330(13")	394(15$^1/_2$")

정면도

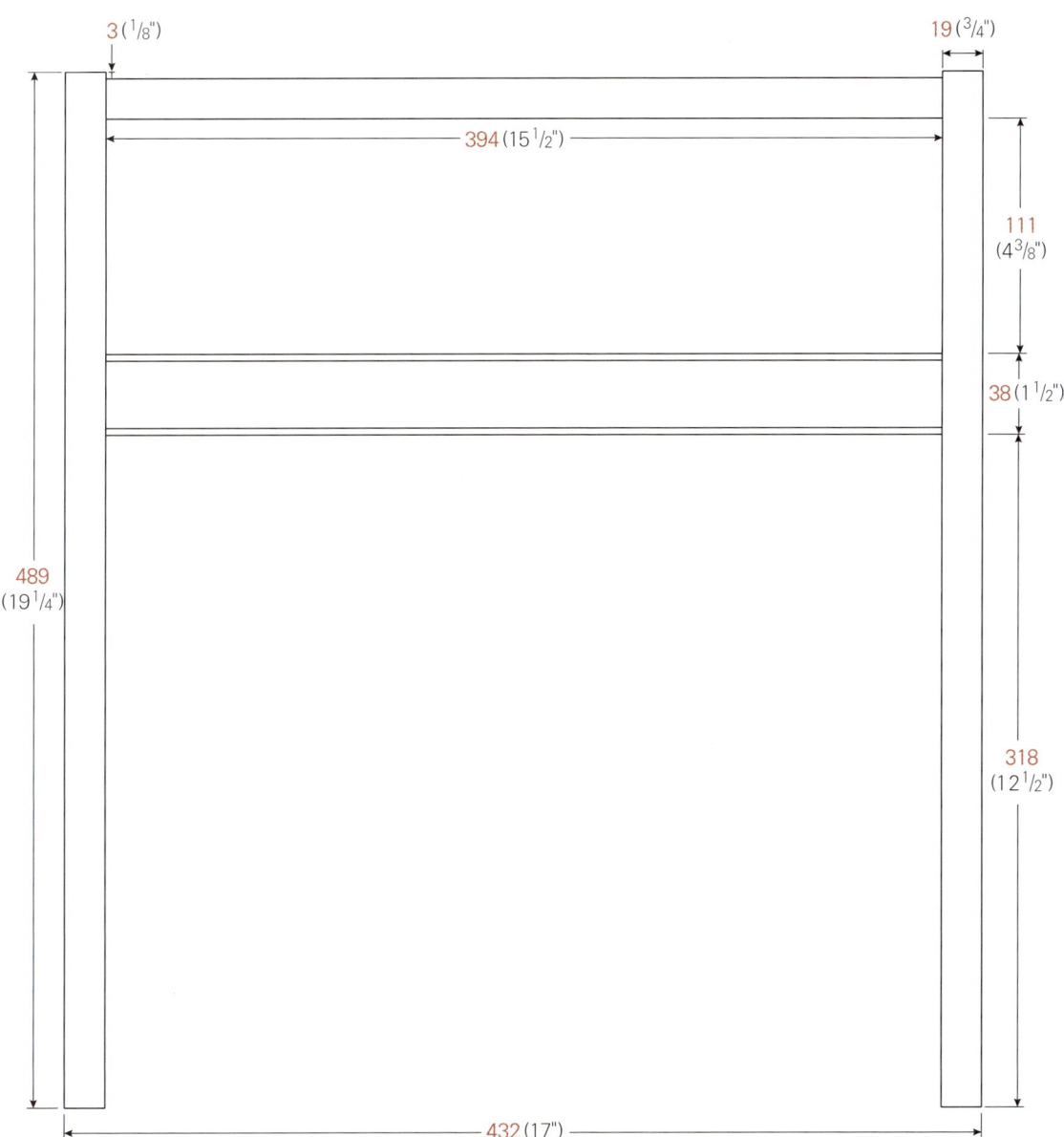

3 ($^1/_8$")

19 ($^3/_4$")

394 (15 $^1/_2$")

111
(4 $^3/_8$")

38 (1 $^1/_2$")

489
(19 $^1/_4$")

318
(12 $^1/_2$")

432 (17")

측면도

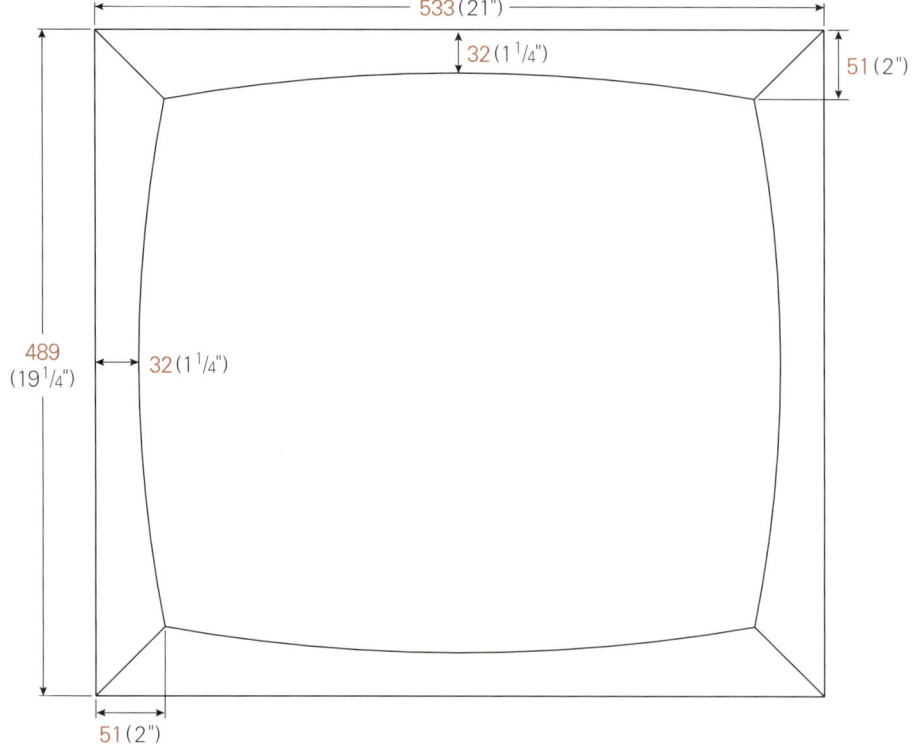

533 (21")

32 (1 1/4")

51 (2")

489
(19 1/4")

32 (1 1/4")

51 (2")

상면도

533 (21")

394
(15 1/2")

521 (20 1/2")

19 (3/4")

커피 테이블
Coffe Table

핀 율 Finn Juhl   W 1499(59") x D 660(26") x H 540(21¹/₄") | 티크

핀 율의 디자인에 자주 등장하는 요소인 공중에 떠 있는 상판은 그의 의자에서도 종종 볼 수 있다. 프랑스&선즈France and Sons를 위한 이 커피 테이블 같은 경우 각각의 긴 에 이프런에 꽂은 3개의 금속봉이 상판을 하부구조로부터 띄우는 효과를 낸다. 아래로 갈수록 가늘어지는 목봉 다리는 장부 또는 목심으로 프레임과 연결시킨다.
그림과 같이 각 에이프런 장부는 둥근 다리와 곡률이 일치하도록 모양을 만들었지만, 프레임과 만나는 다리 부분을 평면으로 만들어서 더 쉽게 연결할 수 있다.(40쪽 참조)

분해도

상판의 가장자리를 6㎜ (¹/₄")만큼
안쪽으로 기울게 처리

금속봉으로 상판을 띄움

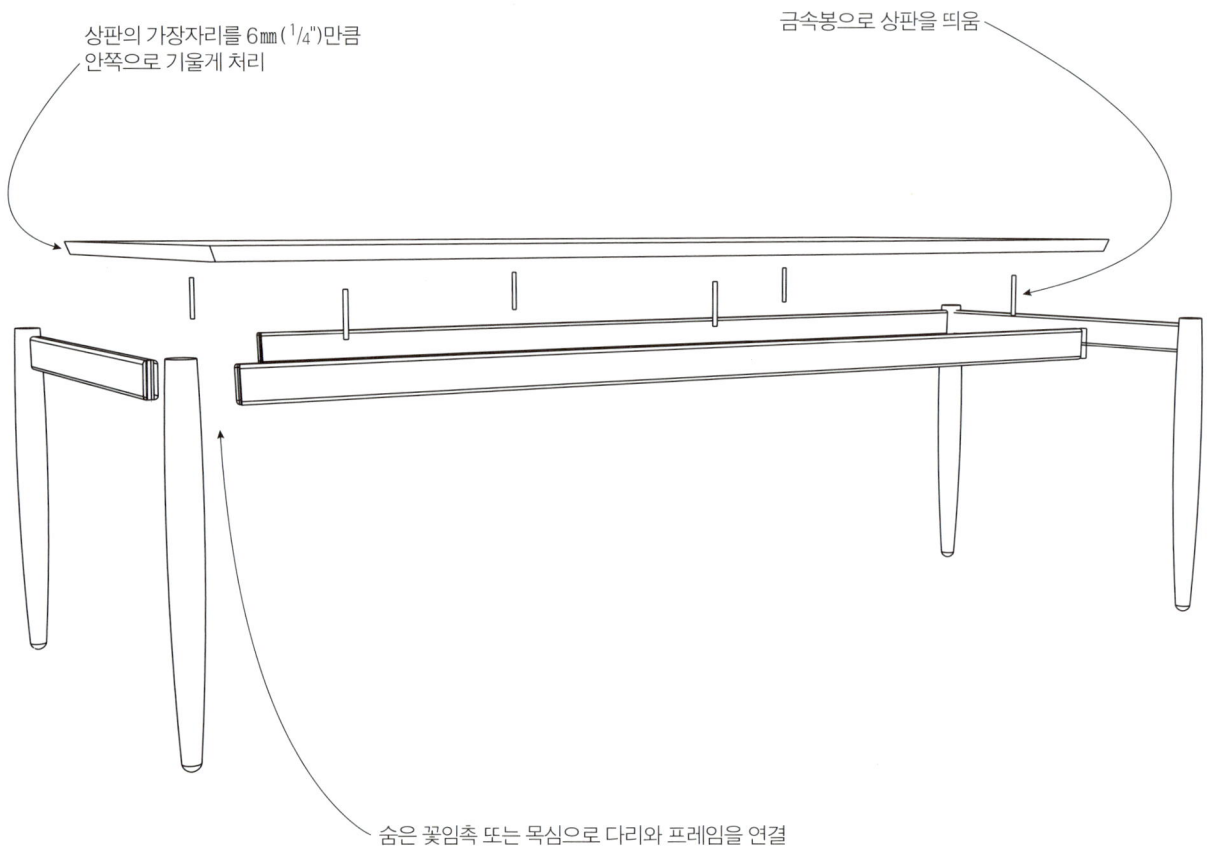

숨은 꽂임촉 또는 목심으로 다리와 프레임을 연결

개수	부품 설명	두께	폭	길이
4	다리	45 (1³/₄")	45 (1³/₄")	508 (20")
2	긴 에이프런	19 (³/₄")	51 (2")	1421 (55¹⁵/₁₆")
2	짧은 에이프런	19 (³/₄")	51 (2")	591 (23⁹/₃₂")
1	상판	19 (³/₄")	660 (26")	1499 (59")
6	금속봉	6 (¹/₄")	6 (¹/₄")	64 (2¹/₂")

상단 단면도

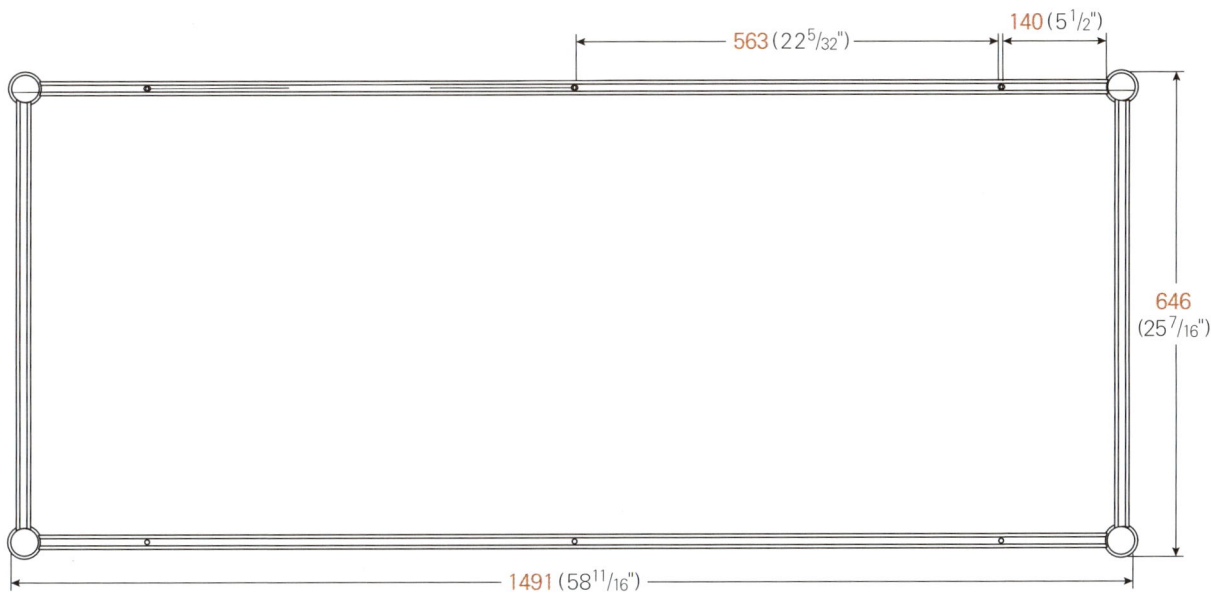

563 (22⁵/₃₂")   140 (5¹/₂")

646 (25⁷/₁₆")

1491 (58¹¹/₁₆")

상면도

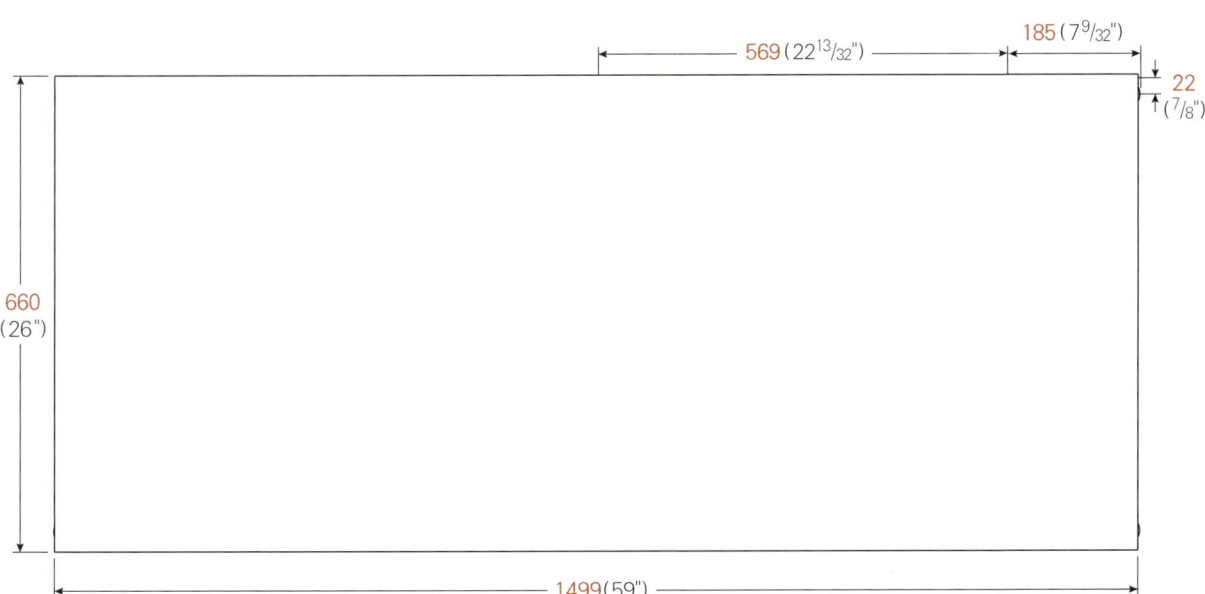

569 (22¹³/₃₂")   185 (7⁹/₃₂")

22 (⁷/₈")

660 (26")

1499 (59")

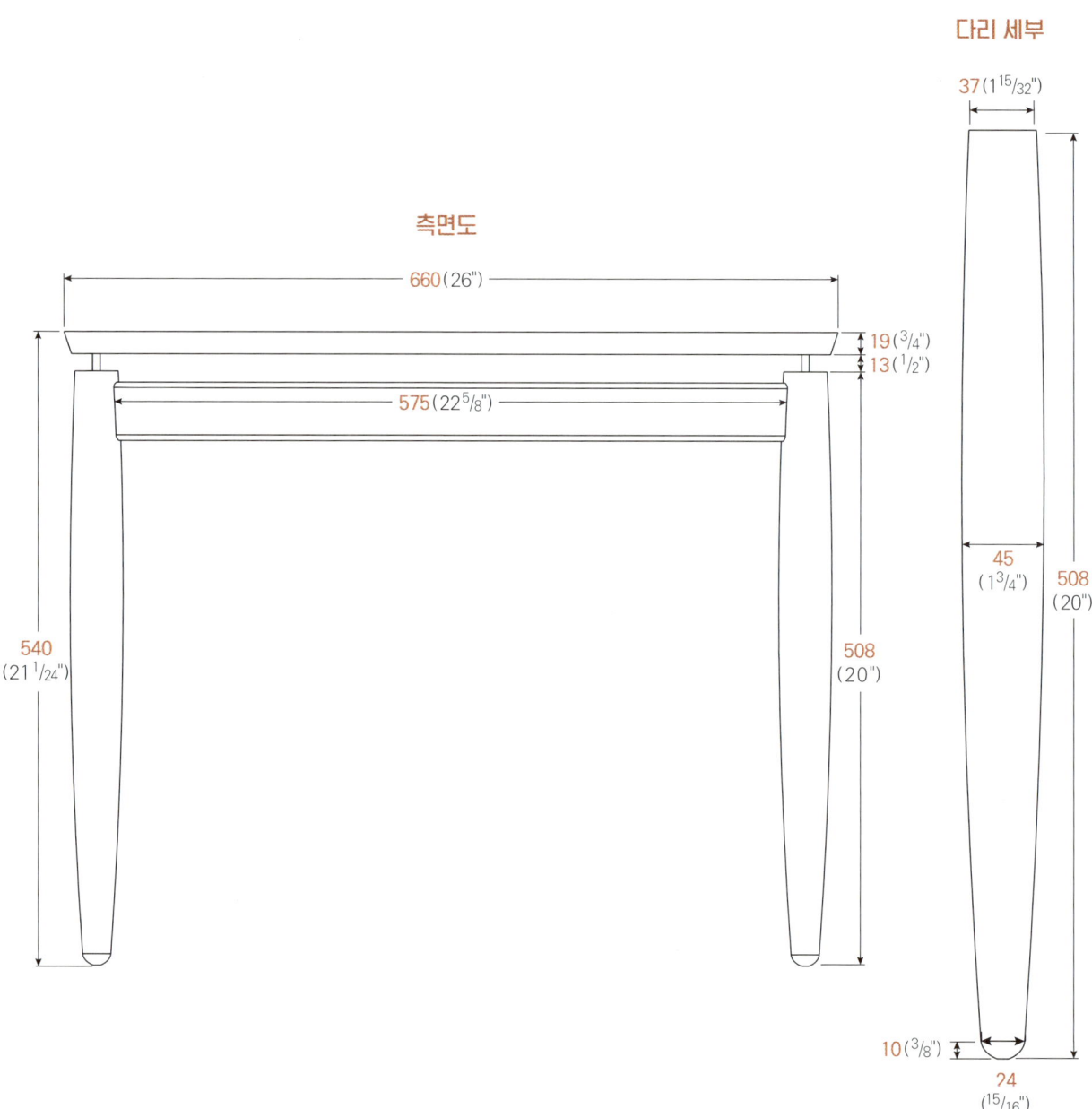

측면도

660(26")

19(³/₄")
13(¹/₂")

575(22⁵/₈")

540
(21¹/₂₄")

508
(20")

다리 세부

37(1¹⁵/₃₂")

45
(1³/₄")

508
(20")

10(³/₈")

24
(¹⁵/₁₆")

보조 테이블
Side Table

옌스 크비스트가르 Jens Quistgaard   W 622(24^1/$_2$") x D 622(24^1/$_2$") x H 457(18") | 티크

옌스 크비스트가르는 그림과 같은 정사각형과 둥글고 오목한 모양의 두 가지 양면 테이블을 디자인했다. 상판의 한쪽은 오목하고, 다른 한쪽은 평면이다. L자 모양의 다리로 십자 결합된 프레임에 상판이 얹히면 고정된다.

분해도

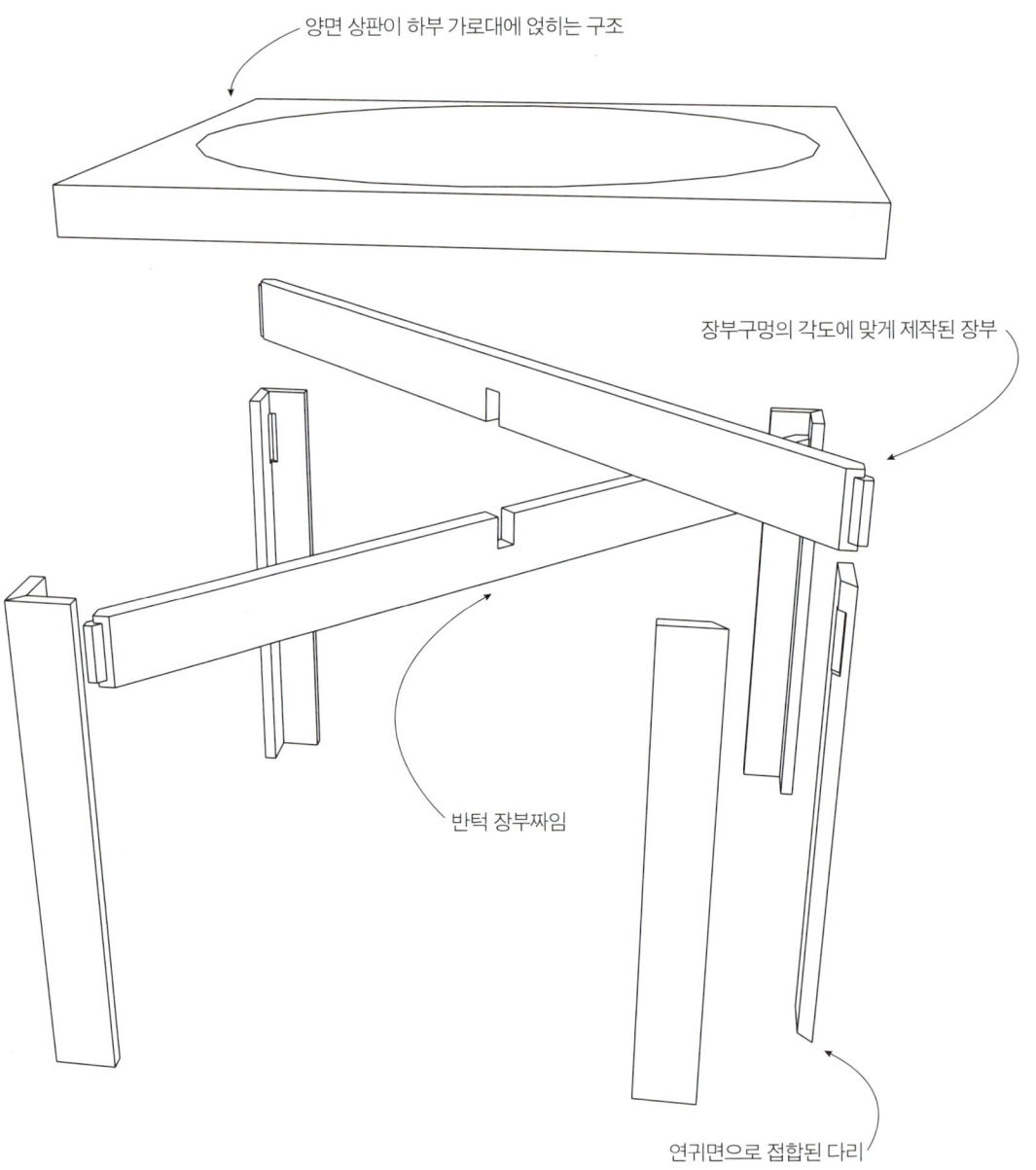

양면 상판이 하부 가로대에 얹히는 구조

장부구멍의 각도에 맞게 제작된 장부

반턱 장부짜임

연귀면으로 접합된 다리

개수	부품 설명	두께	폭	길이
8	다리 판재	13 ($^1\!/_2$")	54 (2$^1\!/_8$")	445 (17$^1\!/_2$")
2	가로대	19 ($^3\!/_4$")	64 (2$^1\!/_2$")	862 (33$^{15}\!/_{16}$")
1	상판	38 (1$^1\!/_2$")	597 (23$^1\!/_2$")	597 (23$^1\!/_2$")

상단 단면도

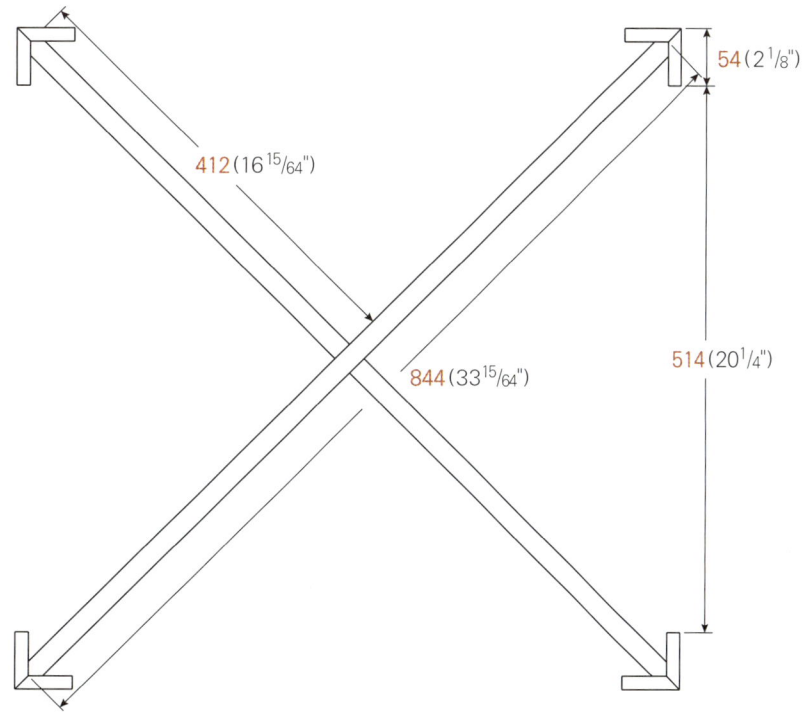

412 (16 15/64")

844 (33 15/64")

54 (2 1/8")

514 (20 1/4")

상면도

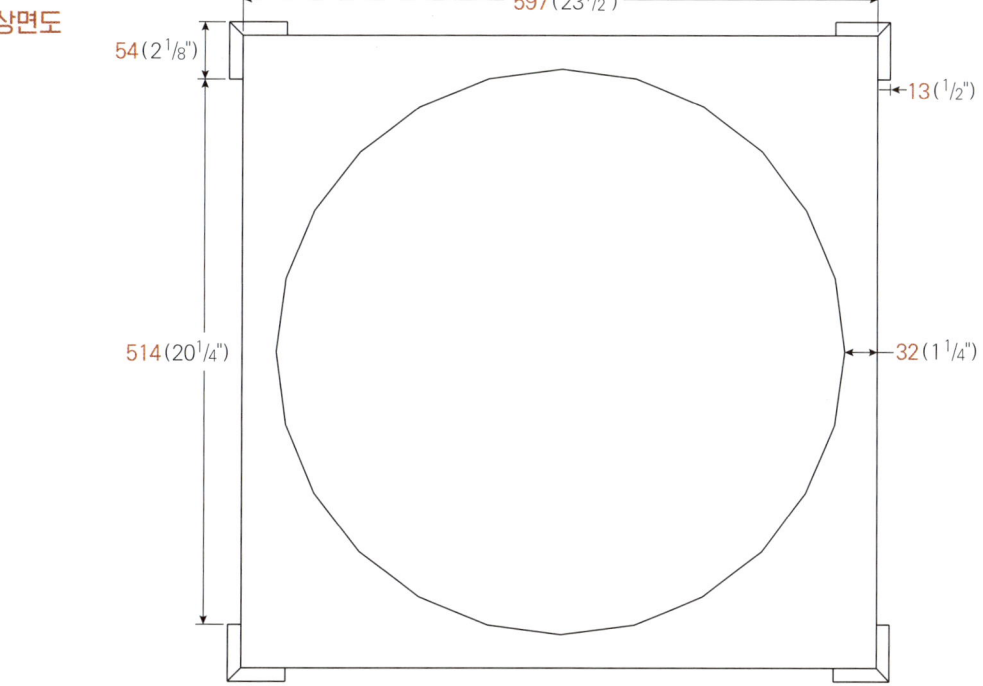

597 (23 1/2")

54 (2 1/8")

13 (1/2")

514 (20 1/4")

32 (1 1/4")

측면도

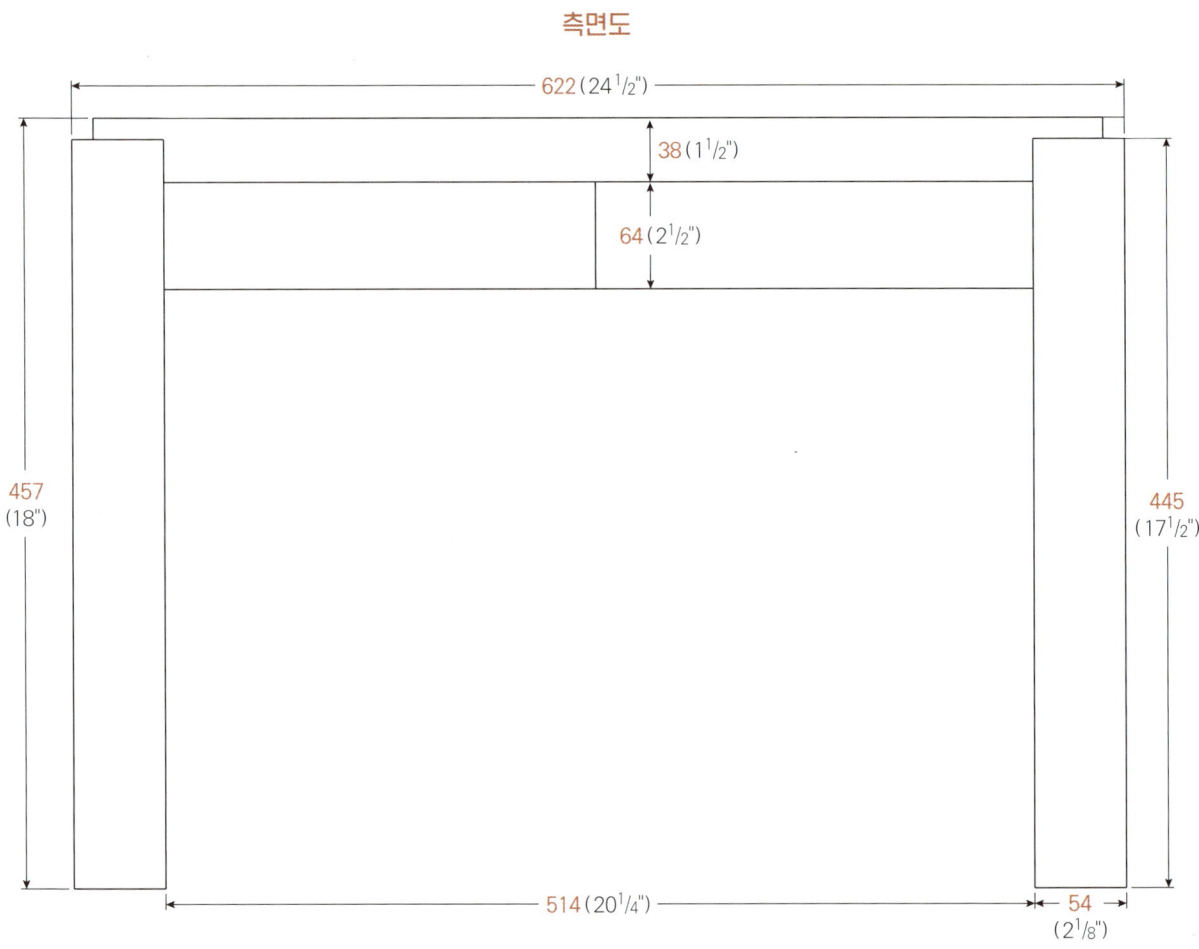

622 (24^1/$_2$")

38 (1^1/$_2$")

64 (2^1/$_2$")

457
(18")

445
(17^1/$_2$")

514 (20^1/$_4$")

54
(2^1/$_8$")

큐브 테이블
Cube Table

피터 흐비트 Peter Hvidt, 오를라 묄가드 닐센 Orla Mølgaard-Nielsen   W 368(14^1/$_2$") x D 368(14^1/$_2$") x H 368(14^1/$_2$") | 티크

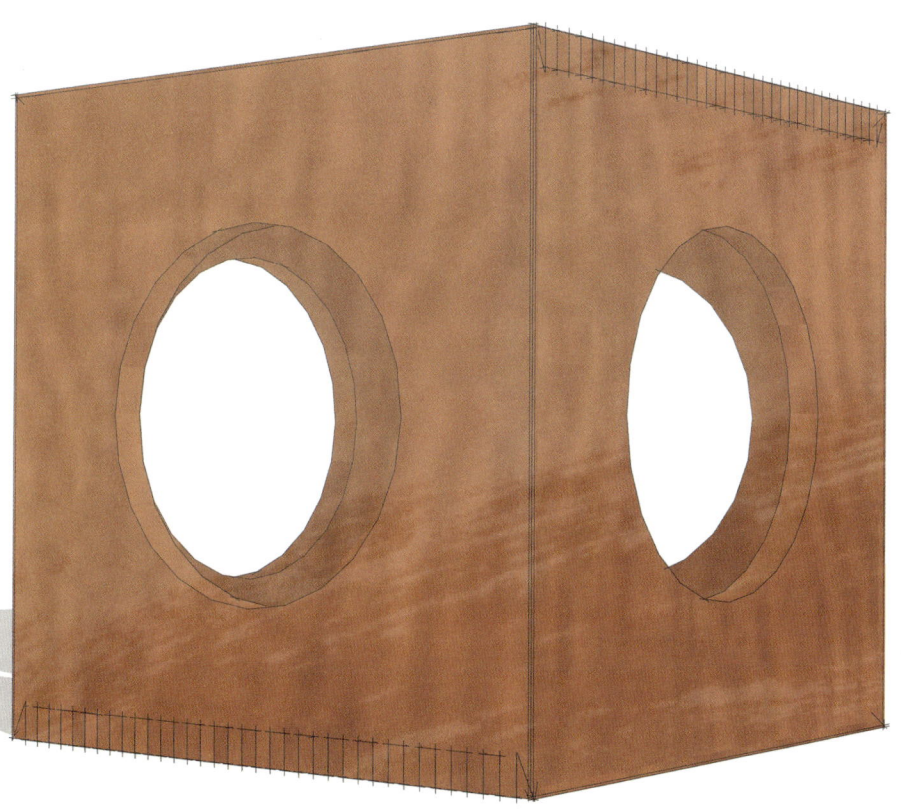

이 네스팅 테이블은 피터 흐비트와 오를라 묄가드 닐센이 리처드 닐센Richard Nissen을 위해 디자인했다. 두 개의 동일한 테이블이 합쳐져 재치 넘치는 정육면체를 완성한다. 둥글게 따낸 측면은 정사각형 형태와 시각적 대비를 이룬다. 사개짜임으로 측면을 상판과 결합하고, 테이블 전면의 가장자리 면을 45도로 가공 후 결합해서 다른 상자와 밀착되게 조립했다.

둥글게 따내는 작업은 직쏘로 연필선에 가깝게 잘라낸 다음 남경 대패나 사포질을 하면서 최종 모양으로 다듬을 수 있다. 또한 간단한 템플릿과 지그를 사용하면 라우터로 더 편리하고 정확한 작업이 가능하다. 이 디자인은 4개의 동일한 면을 필요로 하기 때문에 템플릿 라우팅 패턴을 준비하는 것을 추천한다.

분해도

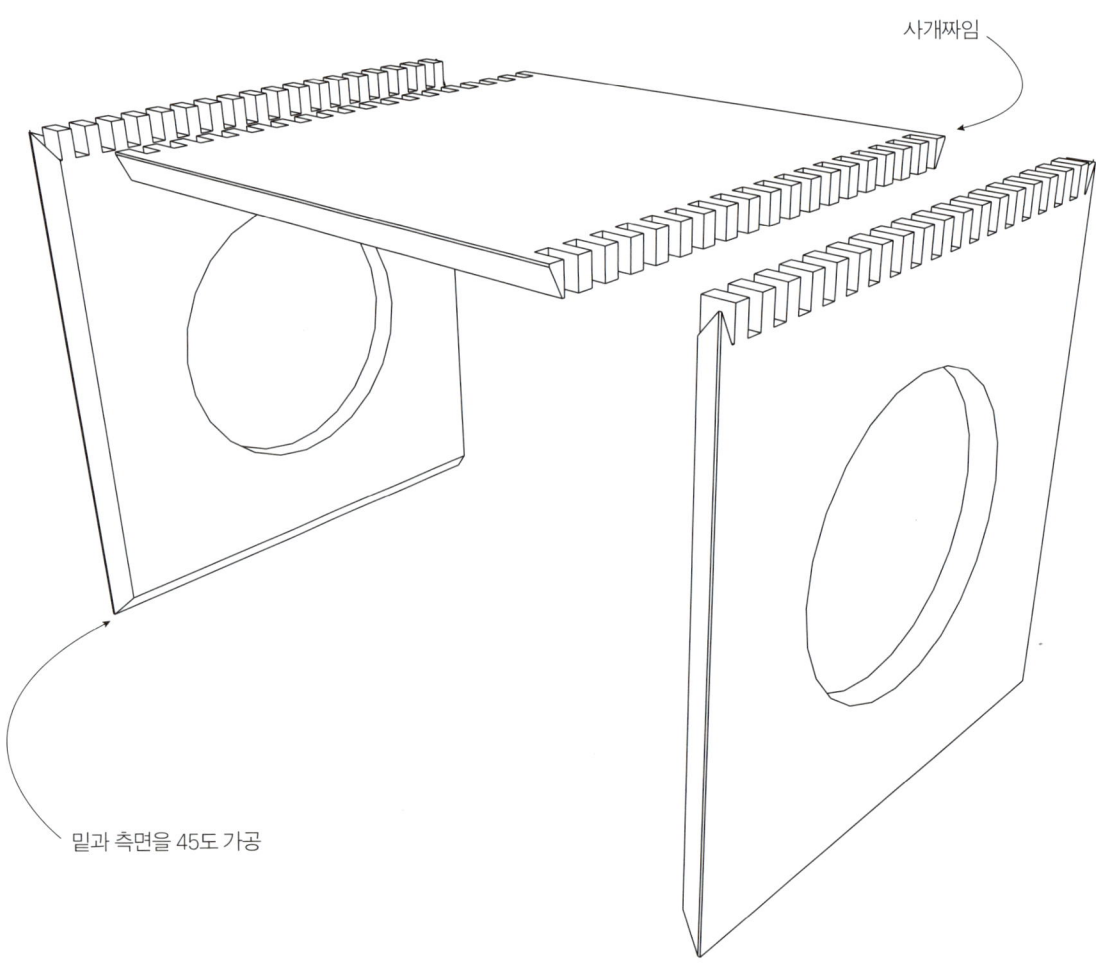

사개짜임

밑과 측면을 45도 가공

개수	부품 설명	두께	폭	길이
2	측판	19 ($^3/4$")	368 (14$^1/2$")	368 (14$^1/2$")
1	상판	19 ($^3/4$")	368 (14$^1/2$")	368 (14$^1/2$")

정면도

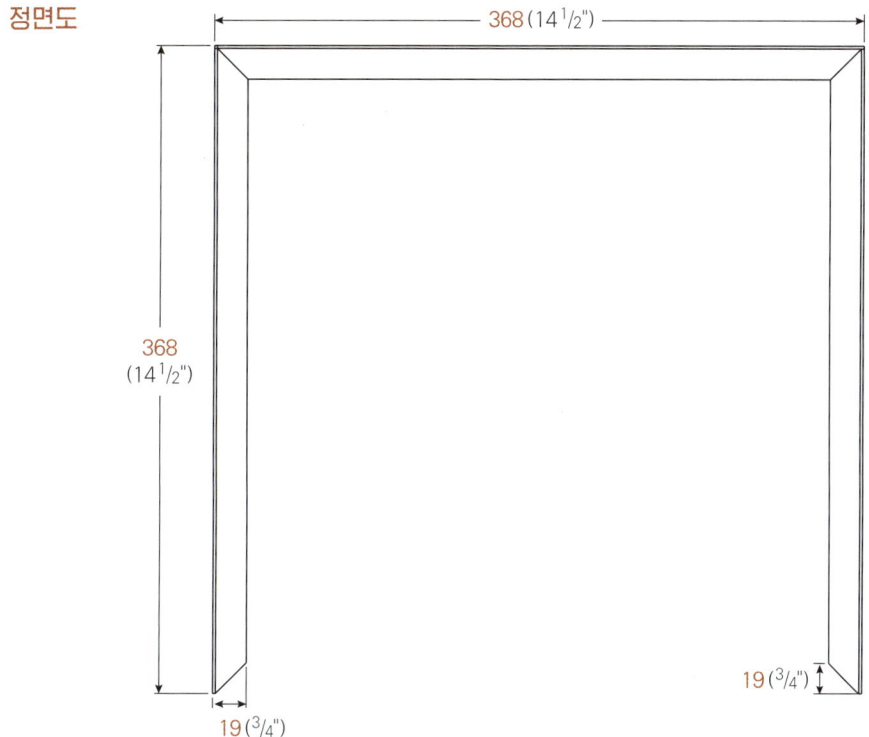

368 (14 1/2")

368
(14 1/2")

19 (3/4")

19 (3/4")

상면도

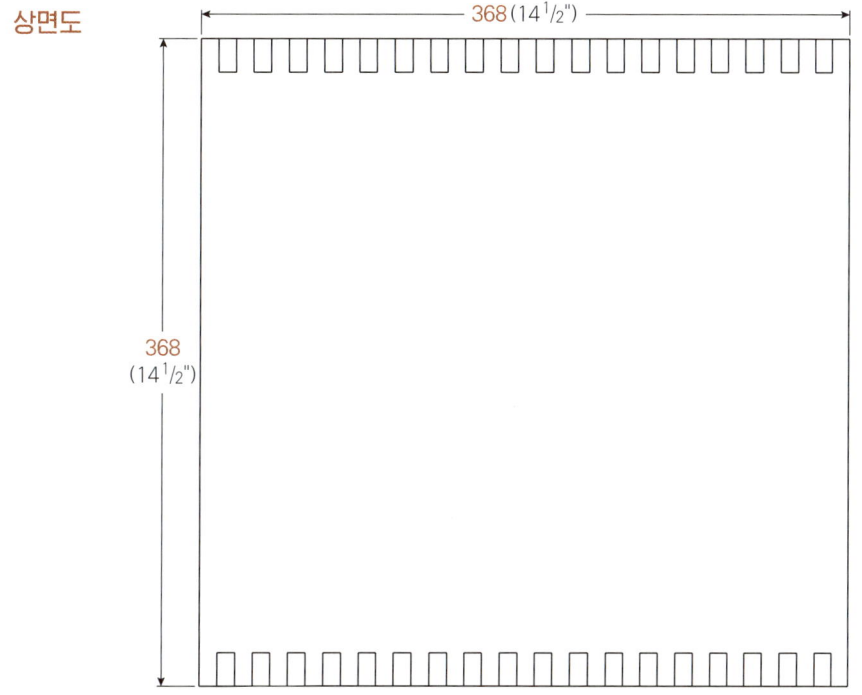

368 (14 1/2")

368
(14 1/2")

측면도

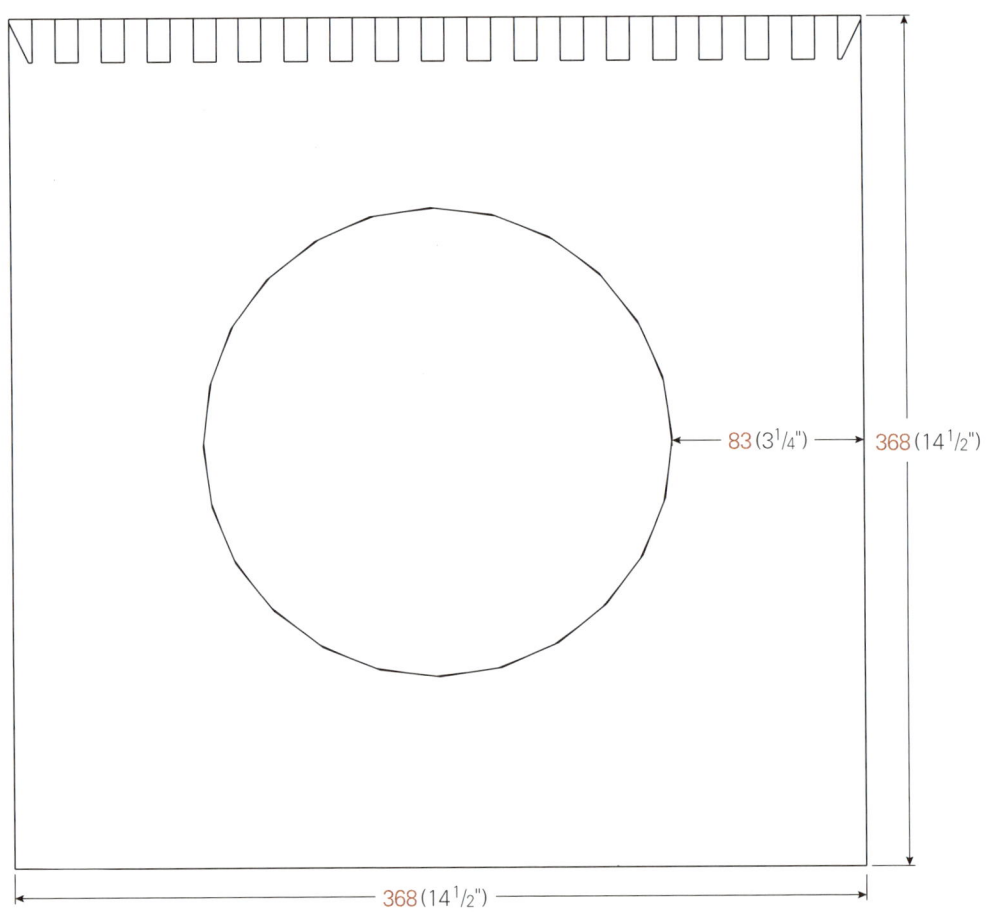

83 (3^1/$_4$") 368 (14^1/$_2$")

368 (14^1/$_2$")

암체어
Armchair

호아킴 테레이로 Joaquim Tenreiro | 1950

W 622(24$^1/_2$") x D 711(28") x H 711(28") | 티크

호아킴 테레이로의 '몽유병자의 의자Sleepwalker's armchair'는 덴마크 디자인에서 영감을 얻지만 사실 브라
질이 원조다. 이 안락의자는 날렵하고 나지막한 옆모습이 특징이다. 숨은 장부로 각 프레임을 결합하고
상부 등받이 가로대에서 앞좌석 가로대까지 연결한 띠가 두 개의 쿠션을 지지한다.

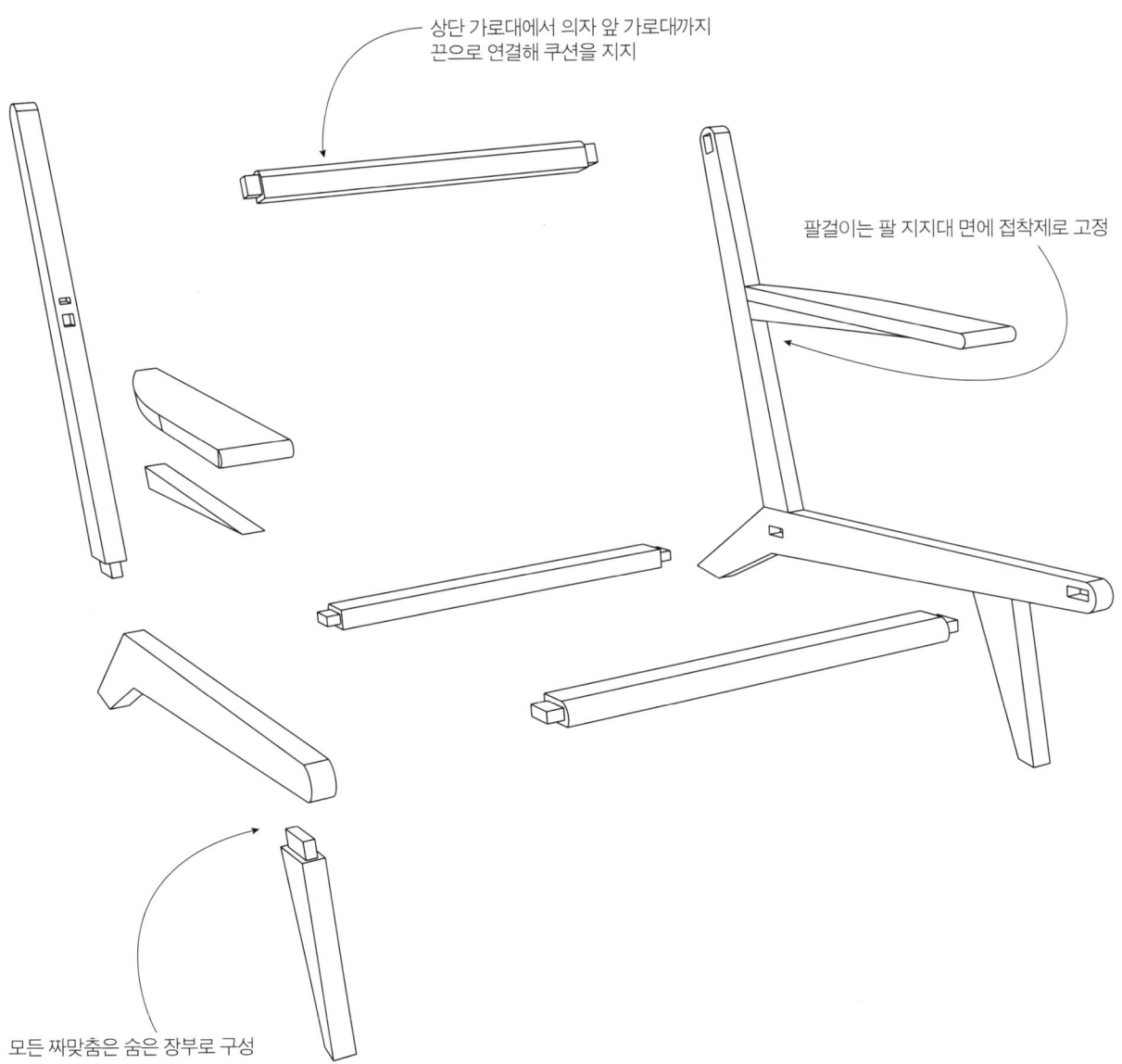

분해도

상단 가로대에서 의자 앞 가로대까지
끈으로 연결해 쿠션을 지지

팔걸이는 팔 지지대 면에 접착제로 고정

모든 짜맞춤은 숨은 장부로 구성

정면도

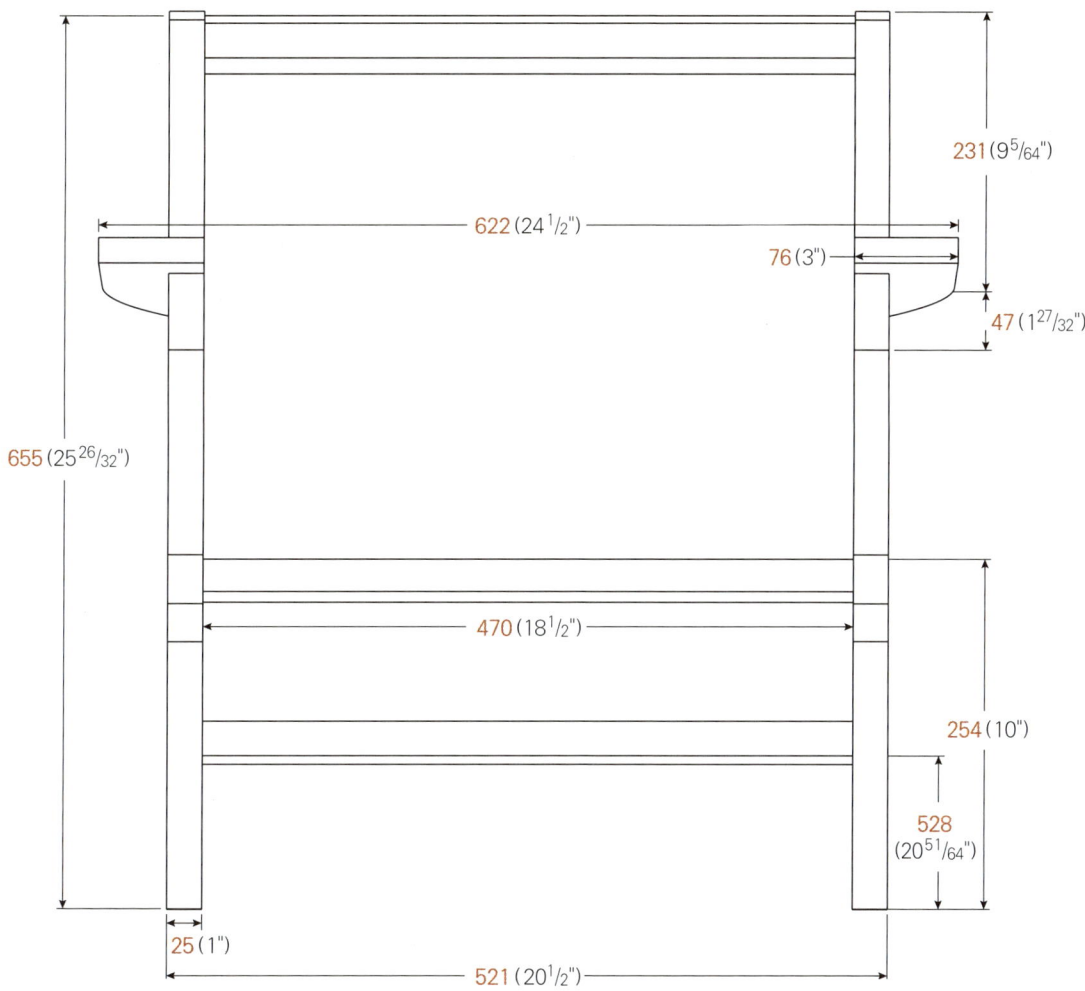

231 (9⁵/₆₄")

622 (24¹/₂")

76 (3")

47 (1²⁷/₃₂")

655 (25²⁶/₃₂")

470 (18¹/₂")

254 (10")

528 (20⁵¹/₆₄")

25 (1")

521 (20¹/₂")

개수	부품 설명	두께	폭	길이
2	팔걸이	19 (^{3}/$_4$")	76 (3")	476 (18^{23}/$_{32}$")
2	팔걸이 받침	25 (1")	27 (1^1/$_{16}$")	367 (14^7/$_{16}$")
2	뒷다리	25 (1")	111 (4^3/$_8$")	833 (32^{13}/$_{16}$")
2	등받이	25 (1")	60 (2^3/$_8$")	564 (22^7/$_{32}$")
1	등받이 가로대	32 (1^1/$_4$")	38 (1^1/$_2$")	508 (20")
2	앞다리	25 (1")	68 (2^{11}/$_{16}$")	225 (8^7/$_8$")
2	좌면 가로대	25 (1")	48 (1^7/$_8$")	508 (20")

상면도

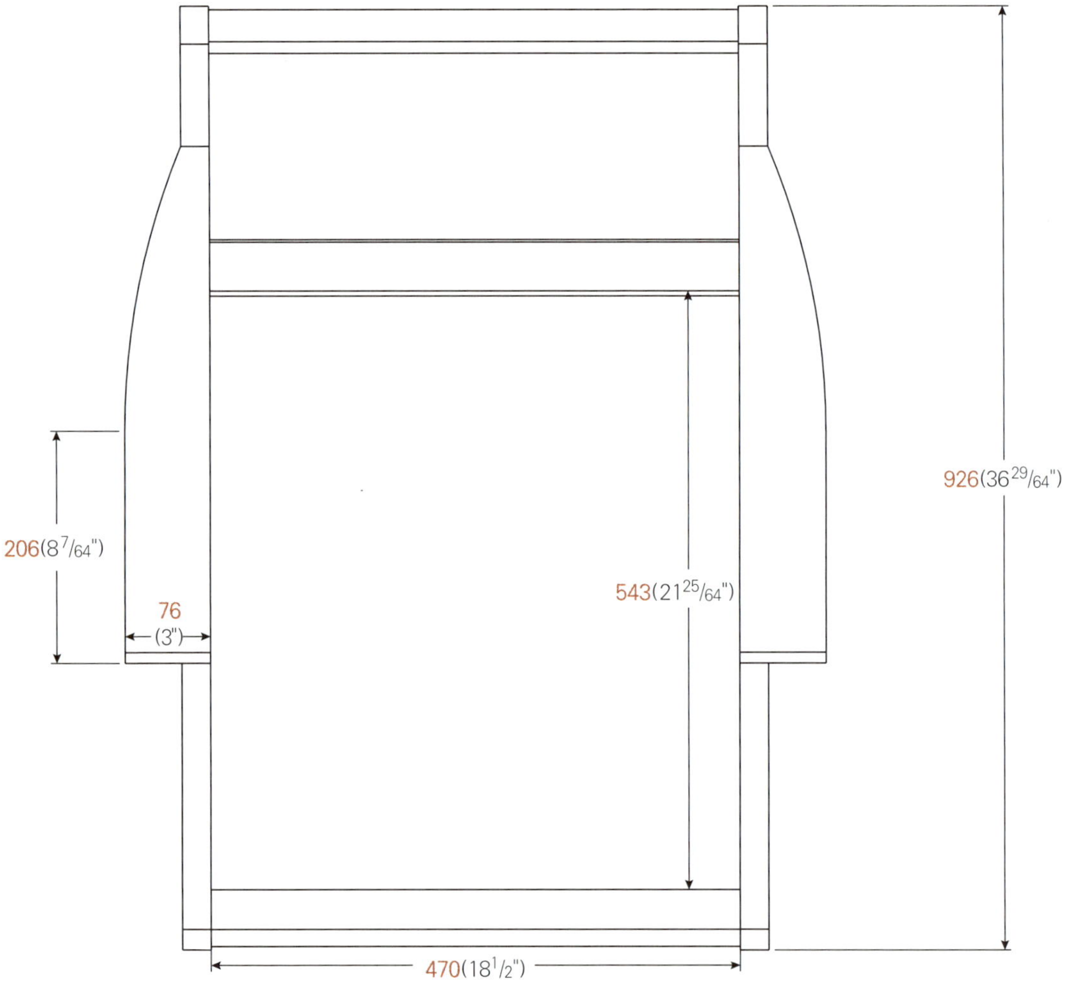

926(36²⁹/₆₄")

206(8⁷/₆₄")

543(21²⁵/₆₄")

76
(3")

470(18¹/₂")

측면도

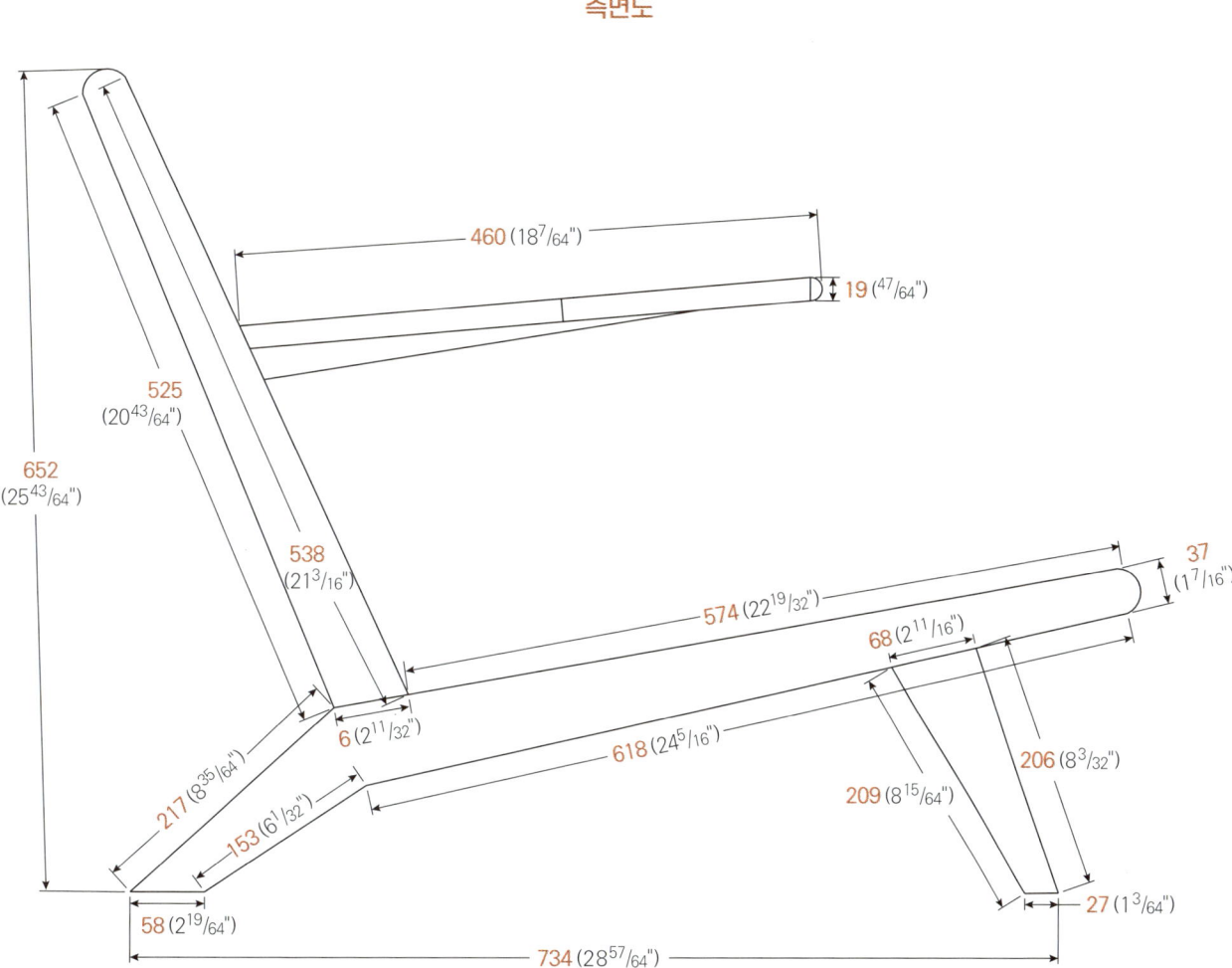

460 (18⁷/₆₄")

19 (⁴⁷/₆₄")

525
(20⁴³/₆₄")

652
(25⁴³/₆₄")

538
(21³/₁₆")

37
(1⁷/₁₆")

574 (22¹⁹/₃₂")

68 (2¹¹/₁₆")

6 (2¹¹/₃₂")

618 (24⁵/₁₆")

206 (8³/₃₂")

217 (8³⁵/₆₄")

209 (8¹⁵/₆₄")

153 (6¹/₃₂")

27 (1³/₆₄")

58 (2¹⁹/₆₄")

734 (28⁵⁷/₆₄")

오토만
Ottoman

핀 율 Finn Juhl

W 597(23^1/$_2$") x D 457(18") x H 381(15") | 티크

사선 처리된 다리와 돌출된 가로대가 우아한 윤곽을 살려주며, 동시에 핀 율의 대표적인 상판 모양이 잘 드러나 있는 오토만이다.

곡선 좌판은 어렵지만 도전해볼 만하다. 목재를 얇게 가공해 붙여서 구부리는 라미네이팅 밴딩 작업이 최고의 방법이지만, 다른 방법으로는 판재에 여러 번의 톱 길을 내서 휘는 방법도 똑같은 효과를 낼 수 있다. 또는 조금 불편하고 시각적 매력을 포기하는 대신에 작업의 편의를 위해 평평한 합판을 사용할 수도 있다. 좌판을 만들기 위해 어떤 방법으로든 프레임에 구멍을 만들어 나사로 좌판을 고정시킨다.

분해도

커버를 씌운 좌판은
가로대에 만든 구멍에
나사로 고정

숨은 장부짜임 구조

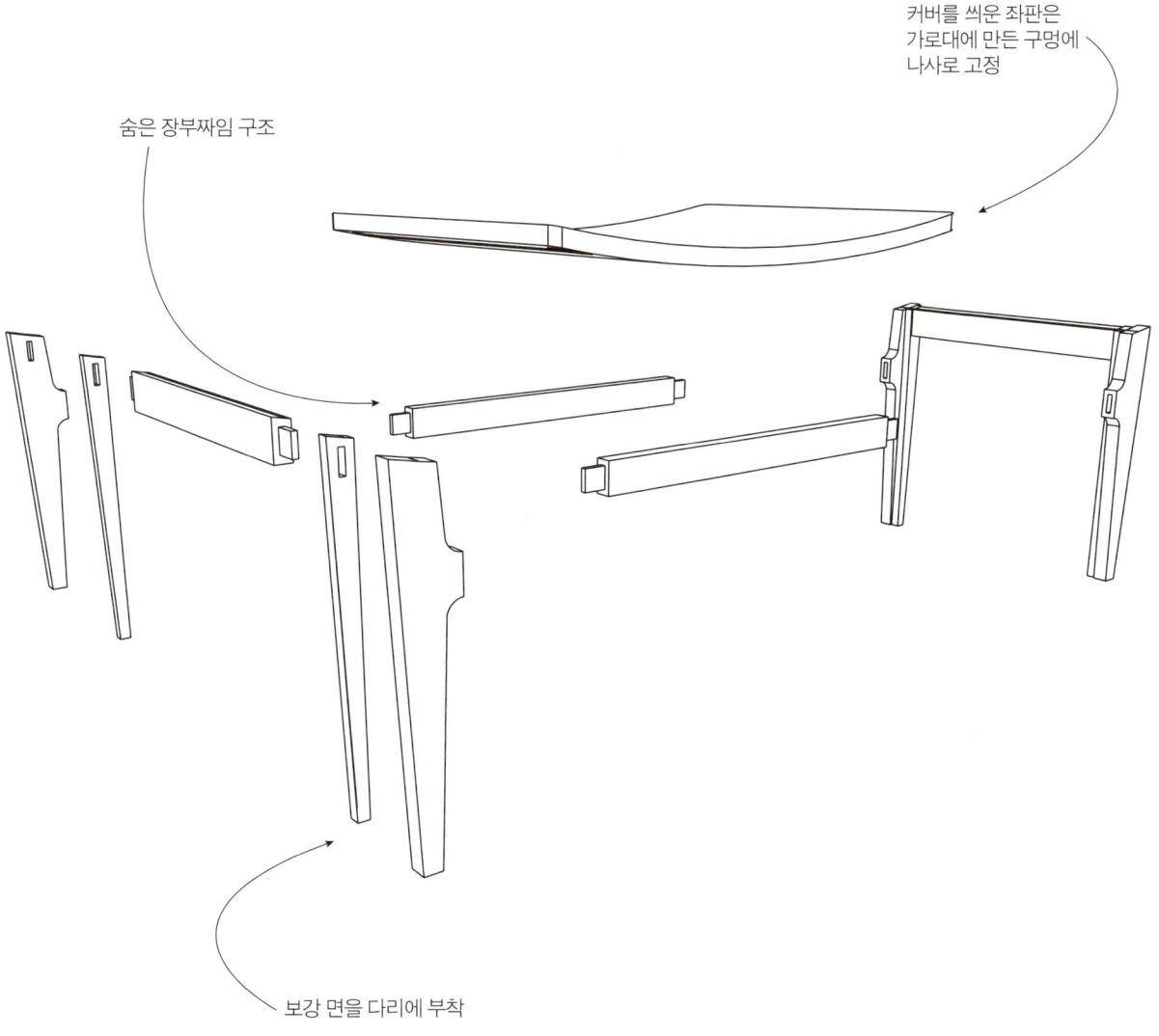

보강 면을 다리에 부착

개수	부품 설명	두께	폭	길이
4	다리	19($3/4$")	64($2^1/_2$")	358($14^3/_{32}$")
4	장식 쫄대	13($1/2$")	25(1")	356($14^1/_{32}$")
2	긴 가로대	19($3/4$")	38($1^1/_2$")	483(19")
2	짧은 가로대	19($3/4$")	45($1^3/_4$")	406(16")
1	상판	19($3/4$")	457(18")	610(24")

정면도

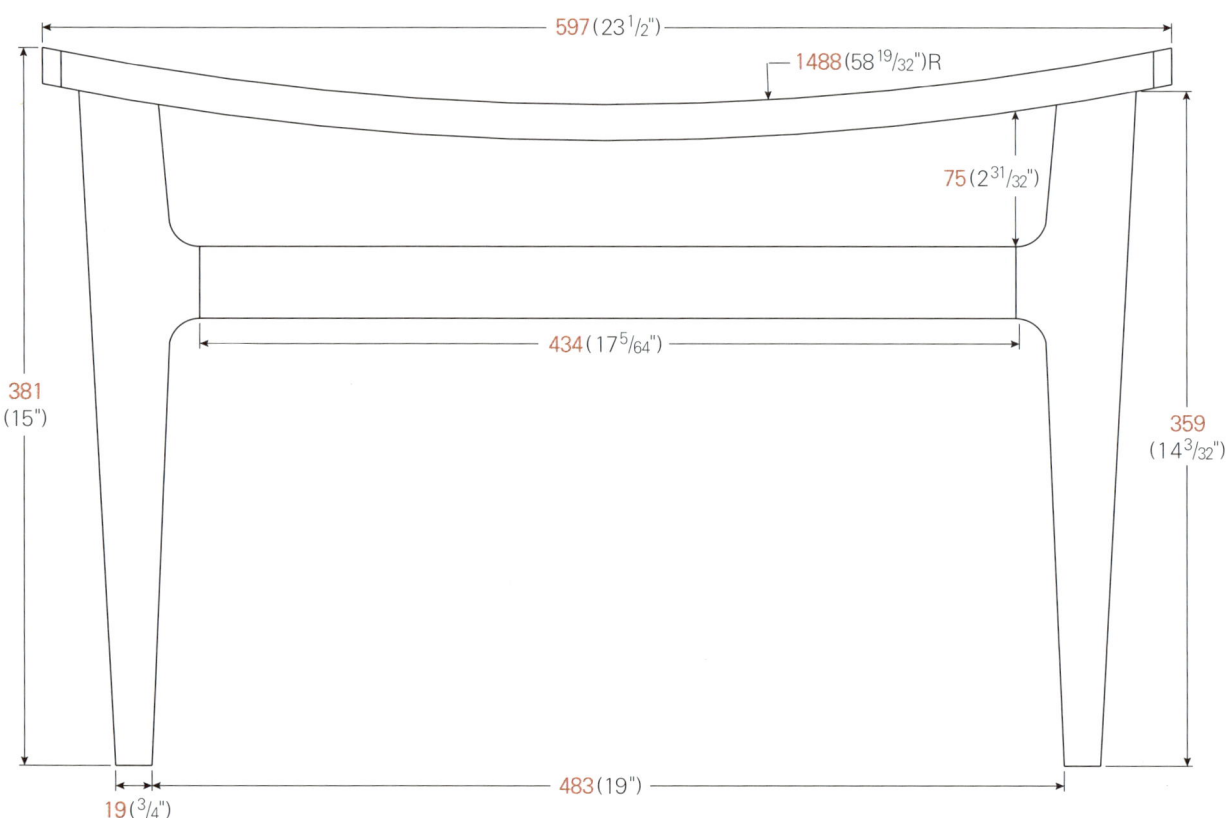

597 (23$^1/_2$")

1488 (58$^{19}/_{32}$")R

75 (2$^{31}/_{32}$")

434 (17$^5/_{64}$")

381
(15")

359
(14$^3/_{32}$")

19 ($^3/_4$")

483 (19")

측면도

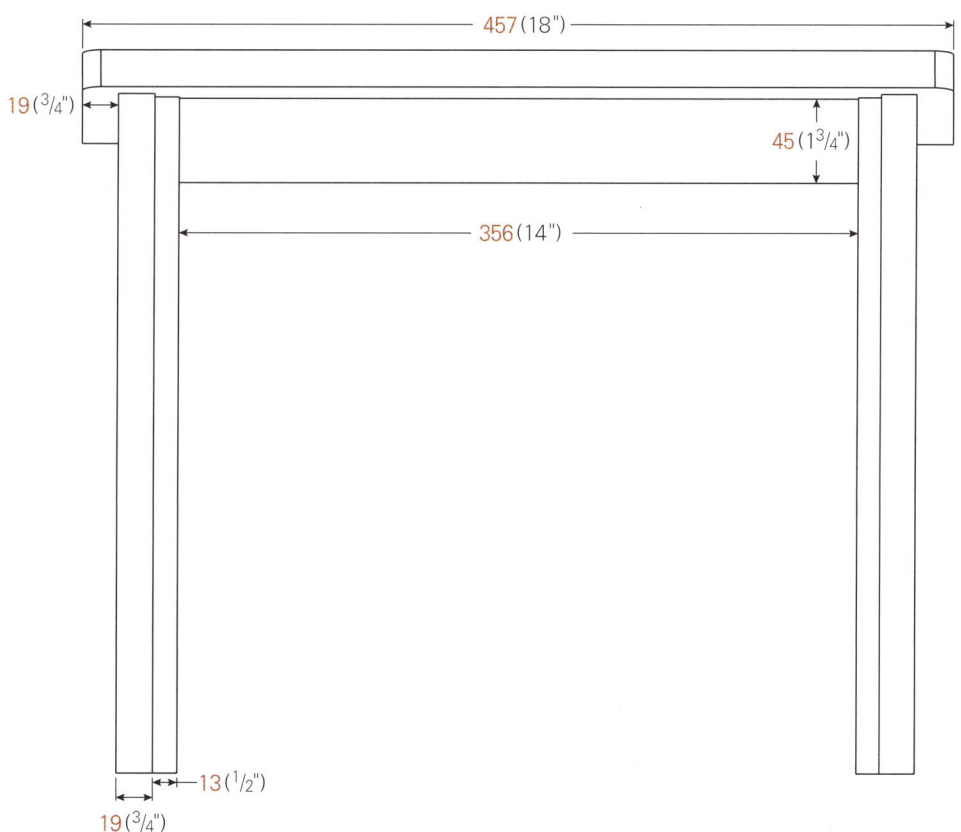

457 (18")

19 (³/₄")

45 (1³/₄")

356 (14")

13 (¹/₂")

19 (³/₄")

상단 단면도

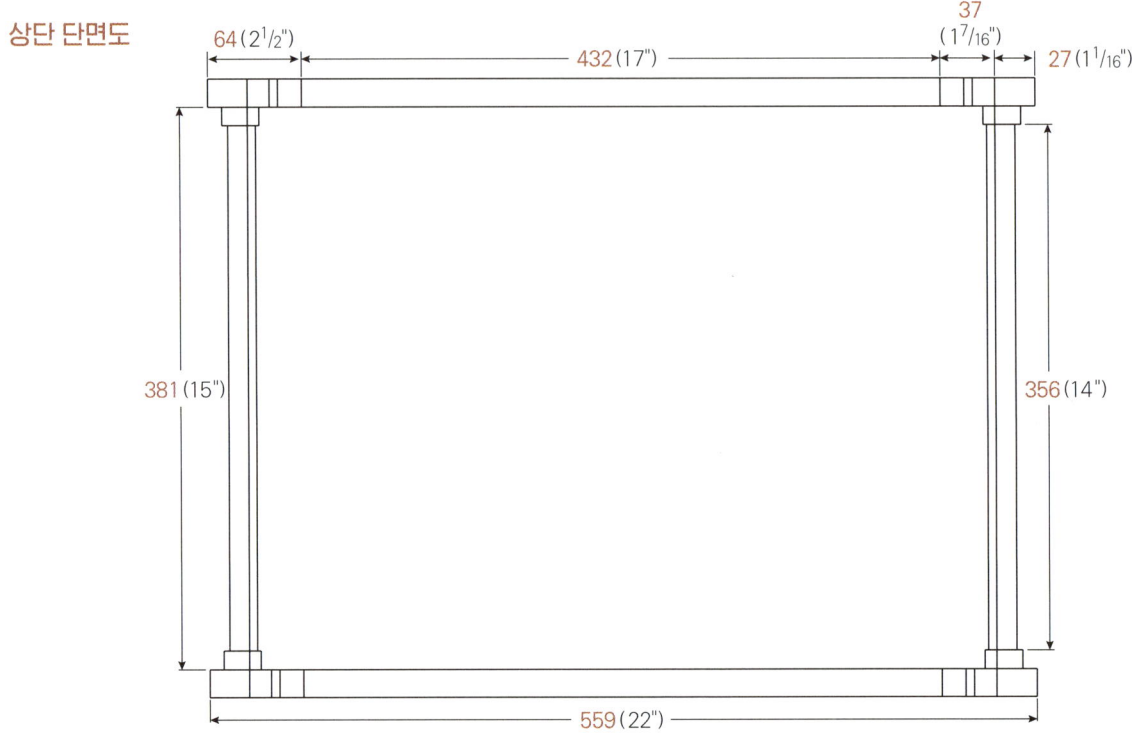

64 (2^1/$_2$") 432 (17") 37 (1^7/$_{16}$") 27 (1^1/$_{16}$")

381 (15") 356 (14")

559 (22")

상면도

597 (23^1/$_2$")

457 (18")

소파
Sofa

한스 베그너 Hans Wegner | 1953

W 1816(71¹/₂") x D 864(34") x H 686(27") | 오크

한스 베그너는 아트&크래프트Arts & Craft 가구 중에서 인기를 끌었던 원목 프레임에 쿠션이 얹혀 있는 소파 GE 290를 선보여 덴마크 가구회사 게타마Getama의 베스트셀러가 되었다. 아트&크래프트의 전형적인 묵직한 프레임을 없앴다. 편안하게 각을 이룬 등받이와 좌석을 받치고 있는 부메랑 형태의 다리가 역동적인 매끄러움과 함께 앞 프레임 위로 흐른다. 당시 게타마는 다양한 목재와 원단 종류로 GE 290을 제작했다. 현재도 마찬가지다.

각도와 유선형의 형태는 이 제품 제작을 까다롭게 한다. 연결되어 있는 구조의 가로대와 보조목들이 등받이 쿠션을 지지하며, 스프링 베이스가 하단 쿠션을 지지한다. 1, 2인용 암체어도 프레임의 길이를 변경하고 보조목들을 줄임으로써 쉽게 만들 수 있다.

분해도

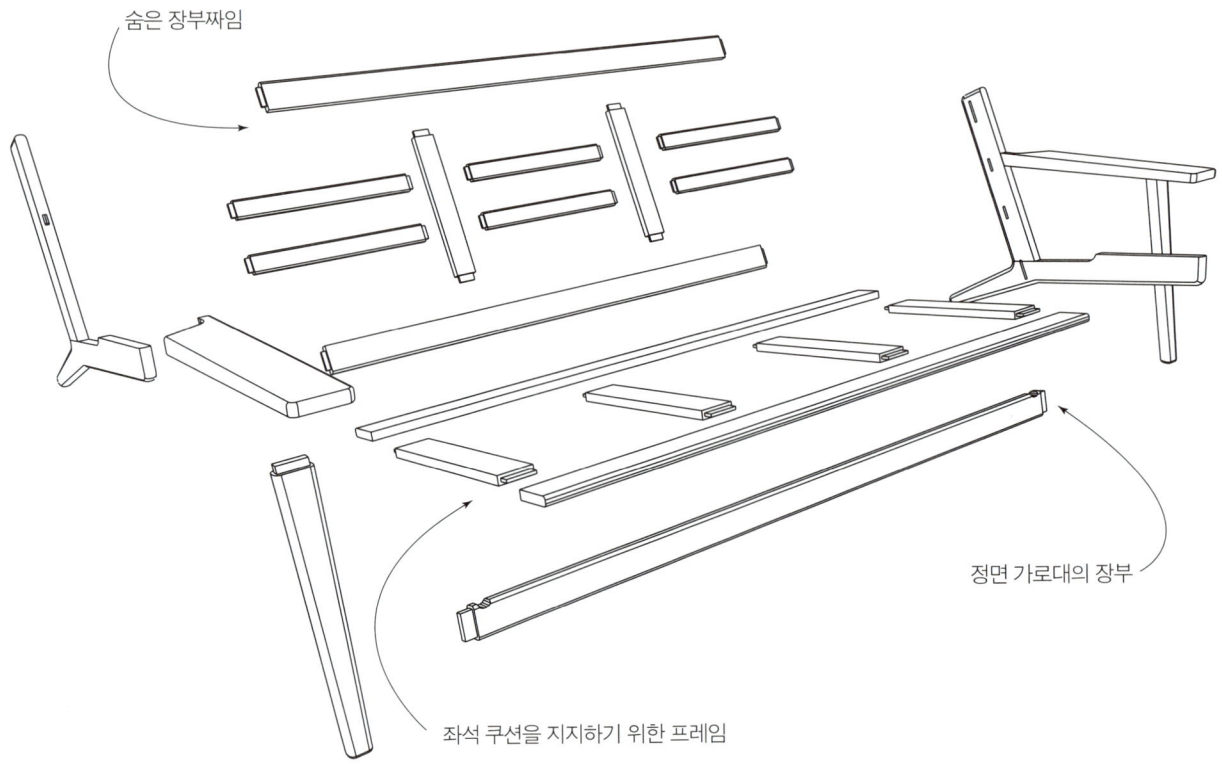

숨은 장부짜임

정면 가로대의 장부

좌석 쿠션을 지지하기 위한 프레임

개수	부품 설명	두께	폭	길이
2	팔걸이	25 (1")	110 ($4^5/_{16}$")	600 ($23^5/_8$")
2	앞다리	25 (1")	70 ($2^3/_4$")	496 ($19^{17}/_{32}$")
1	앞다리 연결 가로대	25 (1")	65 ($2^9/_{16}$")	1705 ($67^1/_8$")
후면 프레임				
2	세로 프레임	19 ($3/_4$")	60 ($2^3/_8$")	442 ($17^{13}/_{32}$")
4	가로판	16 ($5/_8$")	38 ($1^1/_2$")	526 ($20^{11}/_{32}$")
2	가로대	19 ($3/_4$")	76 (3")	1605 ($63^3/_{16}$")
2	세로판	16 ($5/_8$")	38 ($1^1/_2$")	485 ($19^3/_{32}$")
좌면 프레임				
2	긴 가로대	19 ($3/_4$")	76 (3")	1524 (60")
4	짧은 프레임	19 ($3/_4$")	76 (3")	418 ($16^{15}/_{32}$")
측면				
2	등받이	25 (1")	79 ($3^1/_8$")	521 ($20^1/_2$")
2	뒷다리	25 (1")	127 (5")	813 (32")

측면도

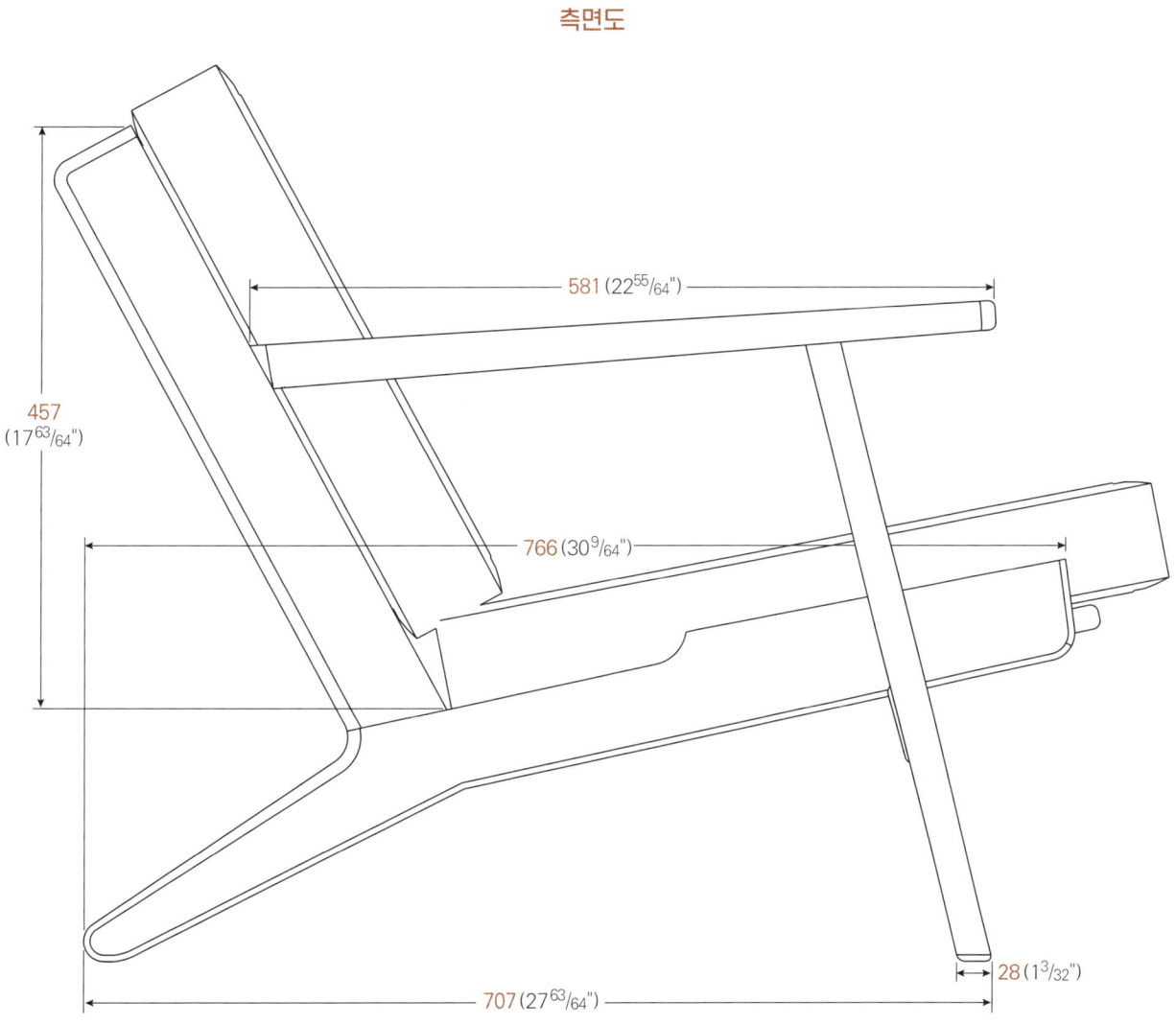

581 (22⁵⁵/₆₄")

457
(17⁶³/₆₄")

766 (30⁹/₆₄")

28 (1³/₃₂")

707 (27⁶³/₆₄")

정면도

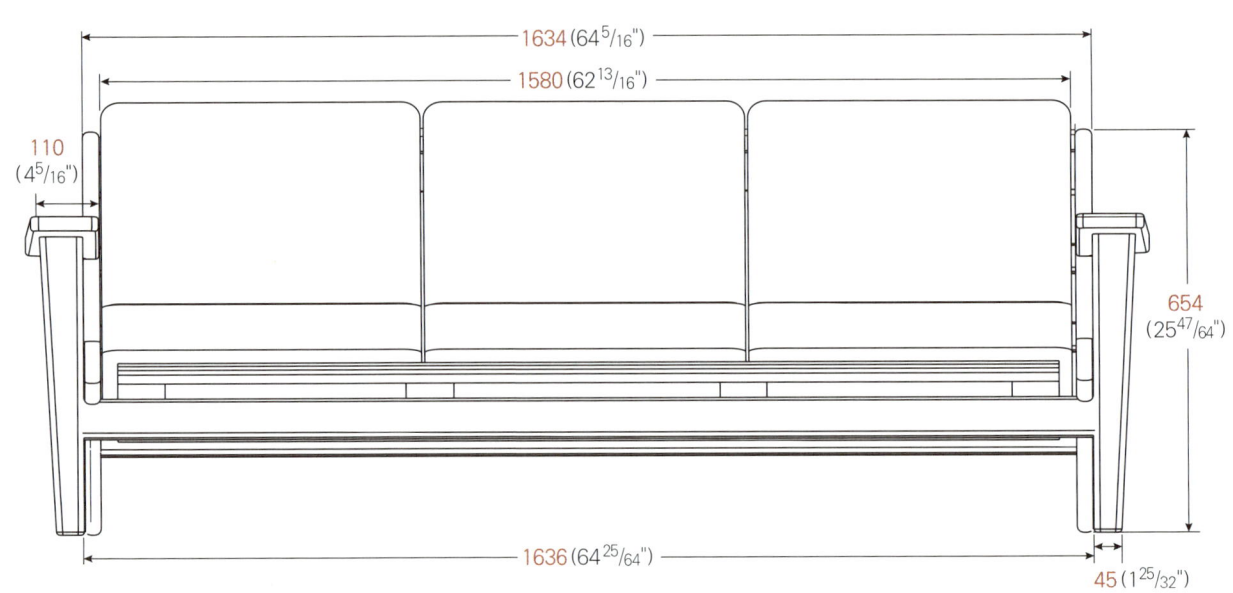

1634 (64^5/$_{16}$")

1580 (62^{13}/$_{16}$")

110 (4^5/$_{16}$")

654 (25^{47}/$_{64}$")

1636 (64^{25}/$_{64}$")

45 (1^{25}/$_{32}$")

상면도

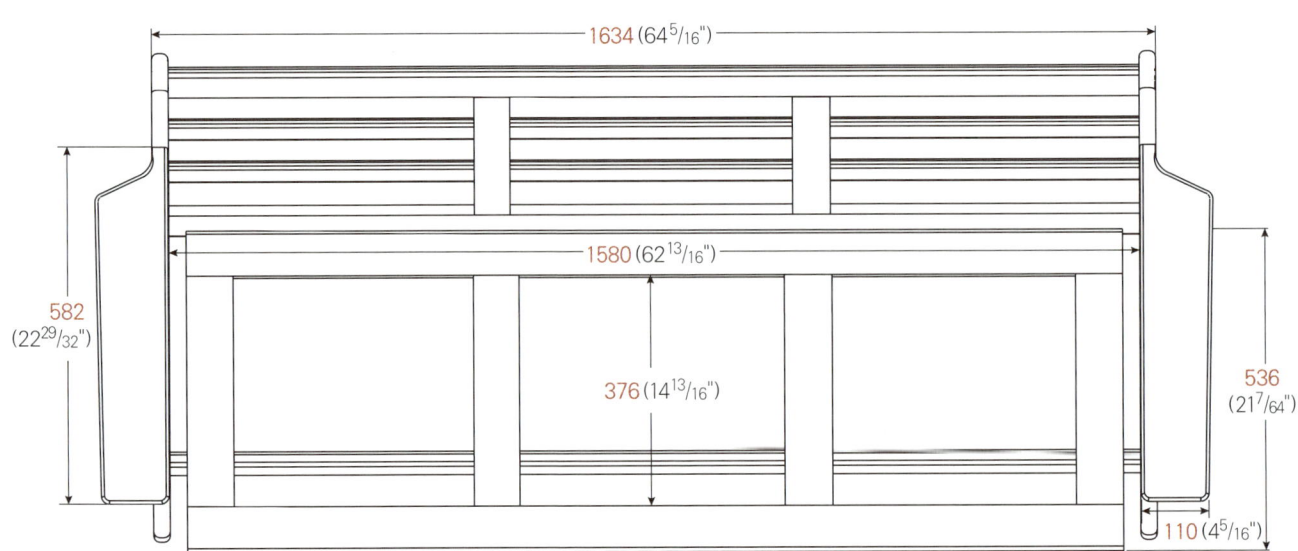

1634 (64^5/$_{16}$")

1580 (62^{13}/$_{16}$")

582 (22^{29}/$_{32}$")

376 (14^{13}/$_{16}$")

536 (21^7/$_{64}$")

110 (4^5/$_{16}$")

칸막이 가구
Room Divide

작자 미상

W 921(36$\frac{1}{4}$") x D 305(12") x H 1232(48$\frac{1}{2}$") | 장미목

이 책장은 우아한 디자인이 돋보인다. 불규칙적으로 끼워 넣은 패널은 비대칭적인 격자무늬 선반을 이루고, 동시에 중간의 네모 난 서랍이 디자인의 핵심이 된다. 앞·뒤가 뚫려 있기 때문에 이 칸막이 가구는 MCM 건축의 특징 인 확 트인 실내 공간의 칸막이 역할을 하는 유용한 가구이다

다도는 복잡하지 않지만 선반이 고정되는 형태이므로 책장의 중심에서부터 시작해 측면과 위쪽으 로 조립해나가는 것이 바람직하다. 이 디자인은 대부분 책장으로 사용하지만, 진열장이라면 1~2 인치 정도의 추가 깊이가 필요하다. 위 서랍은 반턱 주먹장으로 조립되어있지만, 라벳이나 사개짜 임으로 만들 수도 있다.

분해도

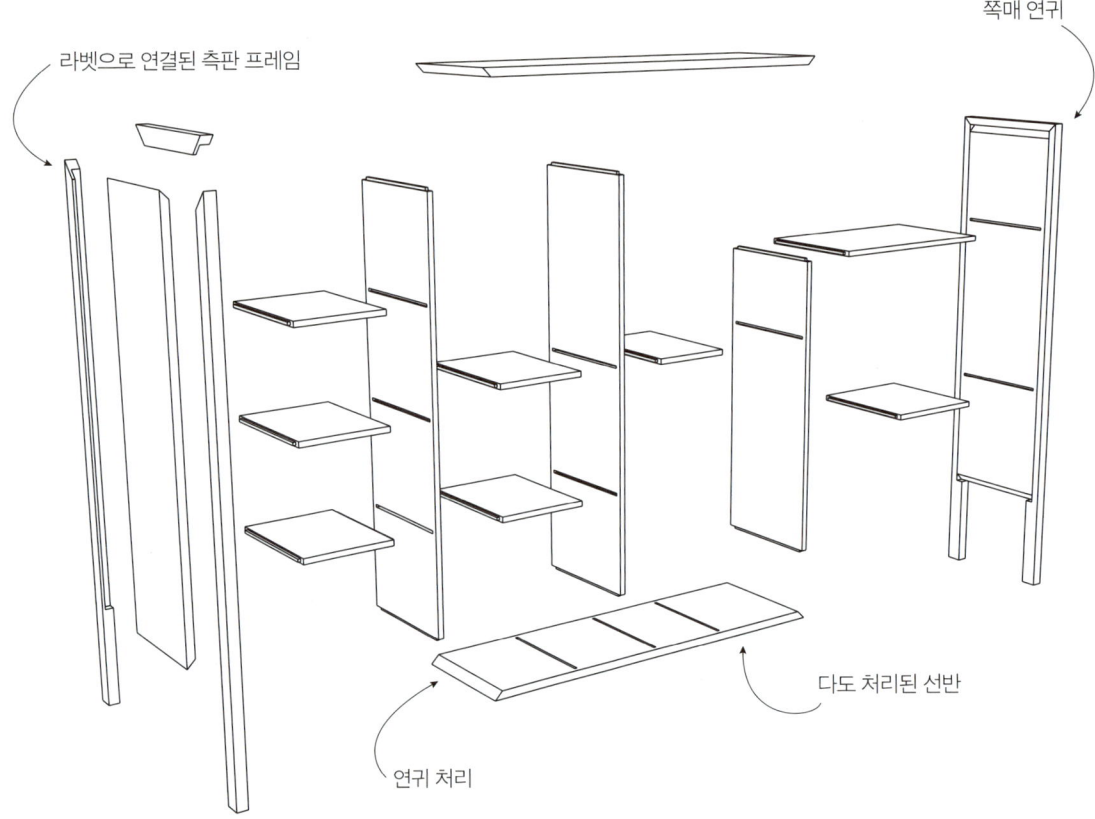

라벳으로 연결된 측판 프레임

쪽매 연귀

연귀 처리

다도 처리된 선반

개수	부품 설명	두께	폭	길이
1	두 배 길이의 선반	13($^1/_2$")	267(10$^1/_2$")	441(17$^3/_8$")
4	다리	25(1")	38(1$^1/_2$")	1232(48$^1/_2$")
1	중간 길이 보다 긴 선반	13($^1/_2$")	254(10")	267(10$^1/_2$")
5	중간 길이 선반	13($^1/_2$")	221(8$^{11}/_{16}$")	267(10$^1/_2$")
2	상판, 하판	19($^3/_4$")	267(10$^1/_2$")	889(35")
1	짧은 선반	13($^1/_2$")	187(7$^3/_8$")	267(10$^1/_2$")
1	짧은 세로판	13($^1/_2$")	267(10$^1/_2$")	719(28$^5/_{16}$")
2	측면 상부 가로대	25(1")	38(1$^1/_2$")	305(12")
2	측면 알판	19($^3/_4$")	267(10$^1/_2$")	984(38$^3/_4$")
2	긴 세로판	13($^1/_2$")	267(10$^1/_2$")	959(37$^3/_4$")

서랍

1	밑판	6($^1/_4$")	162(6$^3/_8$")	241(9$^1/_2$")
2	앞뒤판	19($^3/_4$")	175(6$^7/_8$")	176(6$^{15}/_{16}$")
2	측판	13($^1/_2$")	176(6$^{15}/_{16}$")	254(10")

서랍 분해도

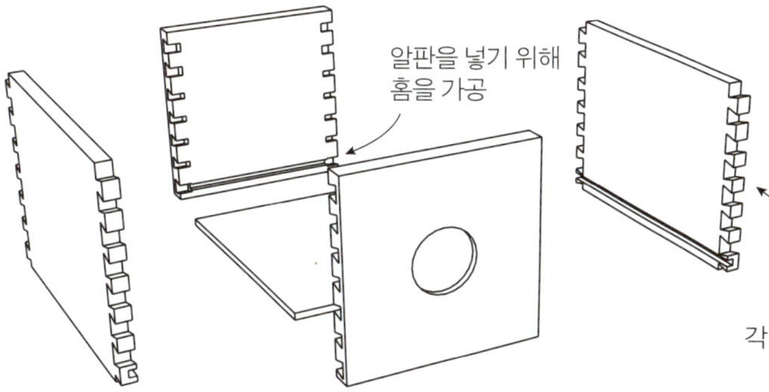

알판을 넣기 위해
홈을 가공
각 판재들을 반턱 주먹장으로 결합

정면도

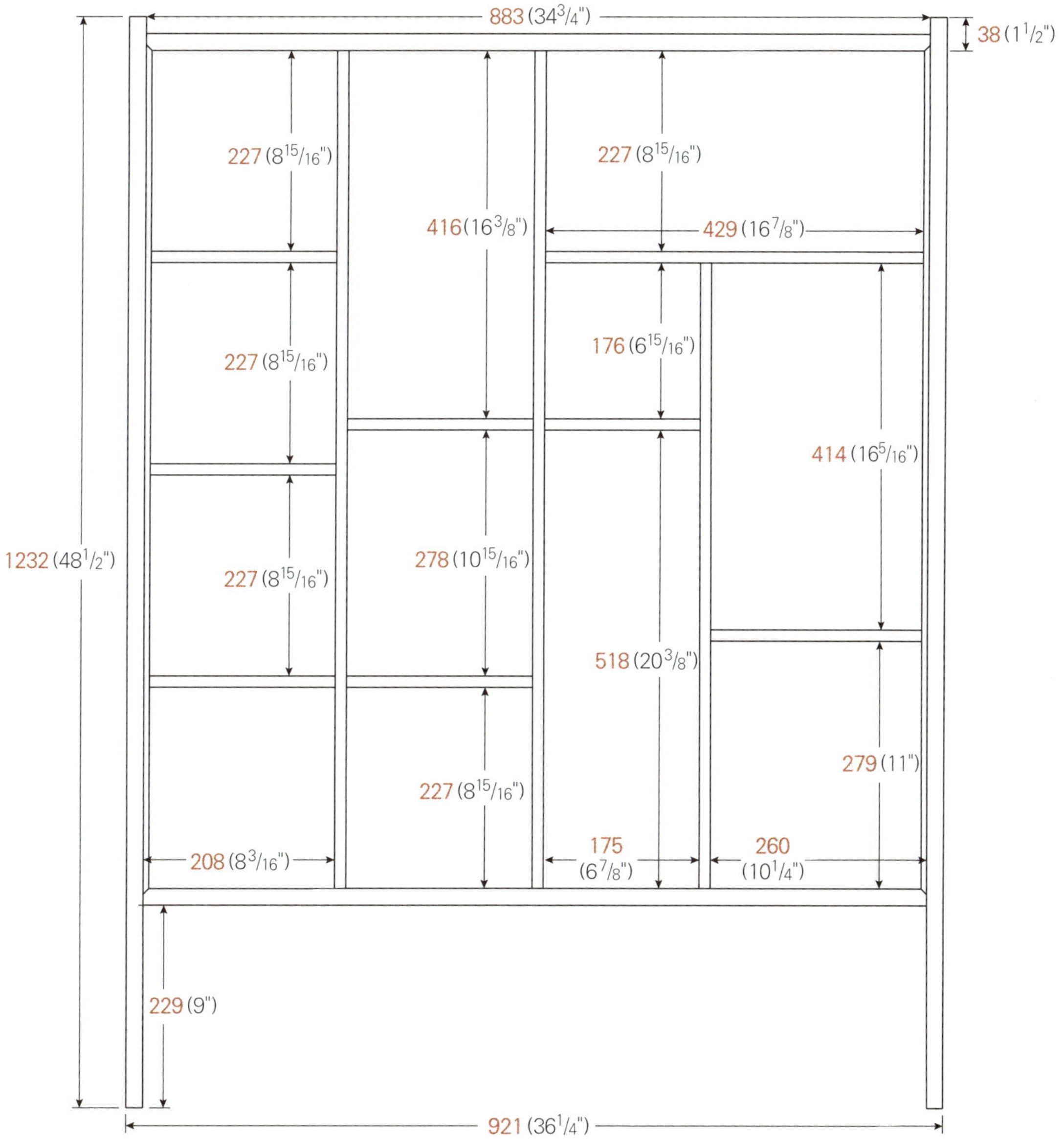

883 (34 3/4")
38 (1 1/2")
227 (8 15/16")
227 (8 15/16")
416 (16 3/8")
429 (16 7/8")
227 (8 15/16")
176 (6 15/16")
414 (16 5/16")
1232 (48 1/2")
227 (8 15/16")
278 (10 15/16")
518 (20 3/8")
279 (11")
227 (8 15/16")
208 (8 3/16")
175
(6 7/8")
260
(10 1/4")
229 (9")
921 (36 1/4")

상면도

883(34³/₄") 19(³/₄")

305(12") 267(10¹/₂")

19(³/₄")

921(36¹/₄")

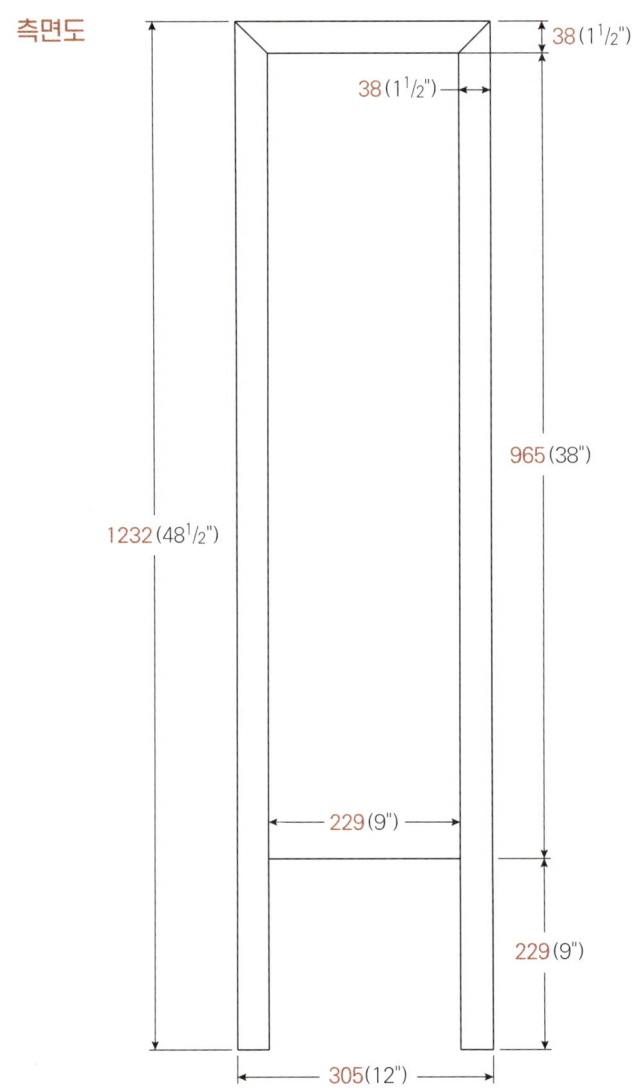

측면도

38(1¹/₂")

38(1¹/₂")

965(38")

1232(48¹/₂")

229(9")

229(9")

305(12")

낮은 책장
Console Bookcase

조지 나카시마 George Nakashma | 1955

W 1829(72") x D 305(12") x H 521(20$\frac{1}{2}$") | 체리

조지 나카시마의 작품은 유기적이며 생동감 있는, 가령 라이브엣지테이블 등으로 가장 잘 알려져 있으며, 그는 MCM 시대를 아우르며 다양한 스타일의 작품들로 그 영역을 넓혀나갔다.

이 콘솔은 낮은 책장으로 활용하기에도 매력적이다. 깊이를 조절하면 LP 음반을 수납하거나 오디오장, TV장으로도 활용이 가능하다.

노출된 짜맞춤과 미니멀한 형태를 다룰 경우에는 좀 더 세심하게 주의해야 한다. 판재 모서리면의 주먹장 핀과 테일은 연귀짜임, 안쪽은 관통주먹장으로 맞춰 측판과 상판을 연결한다. 아래 판재와 측판은 뒤에서 끼워 넣는 주먹장 방식으로 양쪽을 잡아주고, 중간 세로판은 관통 장부로 상자에 결합된다. 둥글게 제작한 다리는 하부에 관통 장부로 결합하며, 벌림쐐기 방식으로 구조를 보강한다. 이러한 짜맞춤에는 주의 깊은 조립과 집중력이 필요하다. 밑판과 측판을 먼저 연결한 후 가운데 세로판을 결합하고, 마지막으로 상판을 결합하는 순서로 작업한다.

분해도

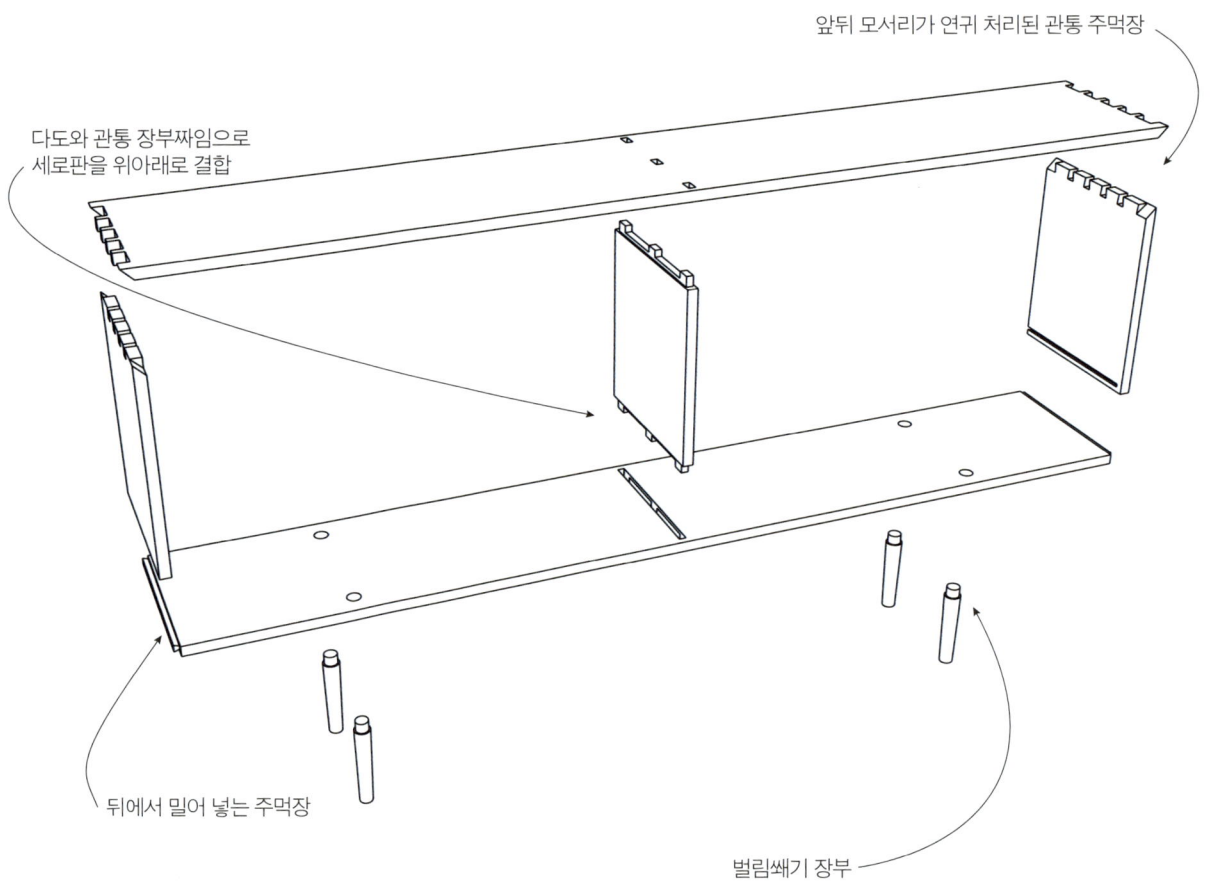

앞뒤 모서리가 연귀 처리된 관통 주먹장

다도와 관통 장부짜임으로
세로판을 위아래로 결합

뒤에서 밀어 넣는 주먹장

벌림쐐기 장부

개수	부품 설명	두께	폭	길이
1	밑판	22($^7\!/_8$")	305(12")	1810(71$^1\!/_4$")
1	세로판	19($^3\!/_4$")	305(12")	368(14$^1\!/_2$")
4	다리	32(1$^1\!/_4$")(직경)	–	172(6$^3\!/_4$")
2	측판	19($^3\!/_4$")	305(12")	372(14$^5\!/_8$")
1	상판	19($^3\!/_4$")	305(12")	1829(72")

측면도

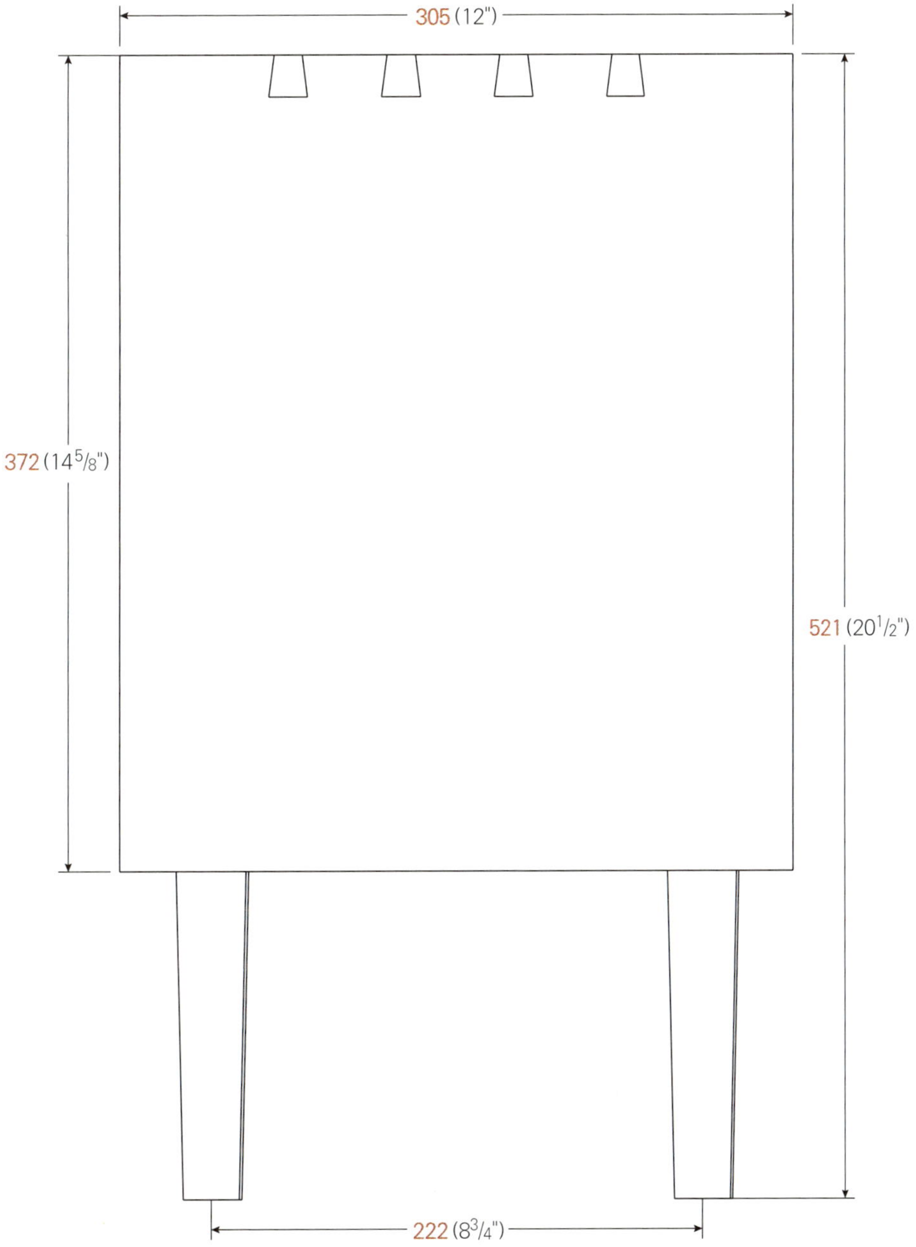

305 (12")

372 (14^5/$_8$")

521 (20^1/$_2$")

222 (8^3/$_4$")

정면도

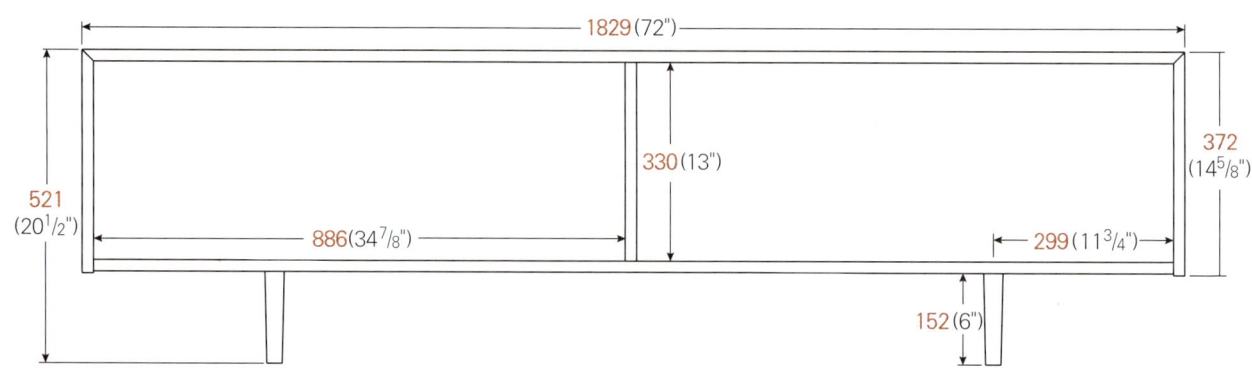

1829(72")

372
(14⁵/₈")

330(13")

521
(20¹/₂")

886(34⁷/₈")

299(11³/₄")

152(6")

상면도

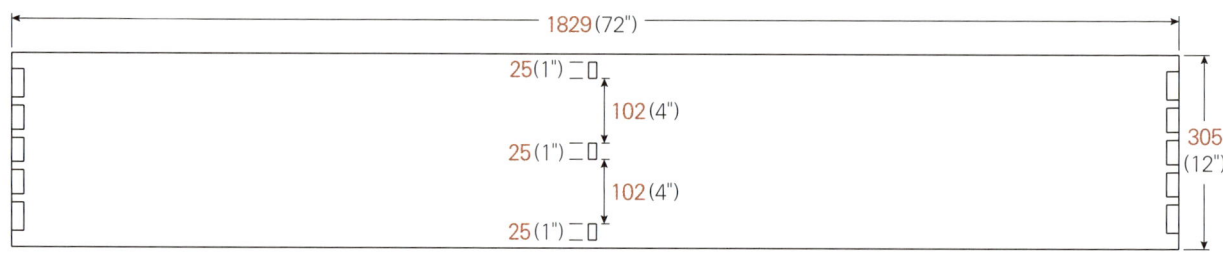

1829(72")

25(1")

102(4")

25(1")

102(4")

25(1")

305
(12")

6장_주방

식탁
Dining Table

한스 베그너 Hans Wegner | 1962   W 1829(72") x D 914(36") x H 711(28") | 너도밤나무, 물푸레나무, 참나무, 호두나무

한스 베그너가 디자인한 이 식탁은 직사각형 상판을 세 개의 프레임 위에 떠받치는 형태이다. 사선처리로 가늘게 모양을 낸 네 개의 다리는 짧은 장부에 직결 나사 결합으로 긴쪽 에이프런으로 연결되며, 이는 테이블을 보관하거나 이동할 때 분해·조립하기에 용이하다.

분해도

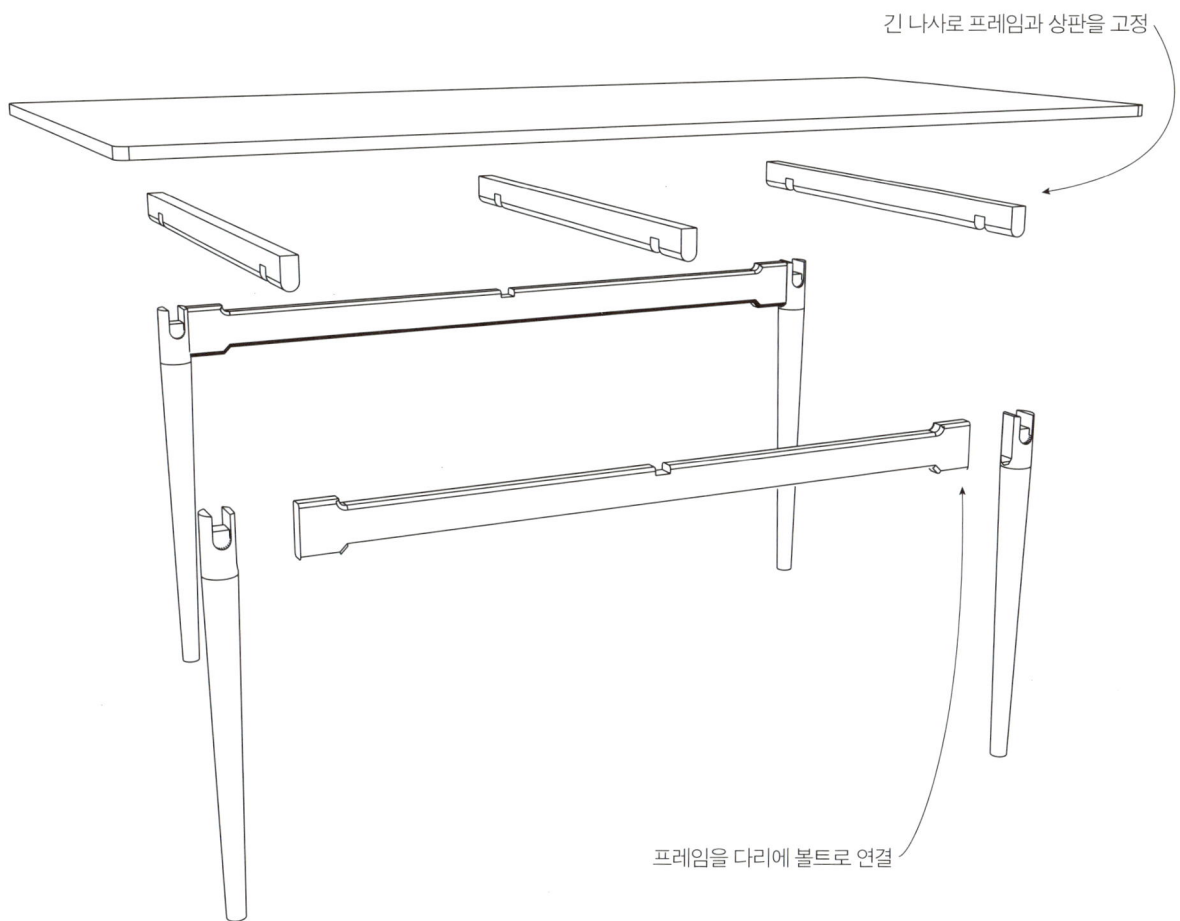

긴 나사로 프레임과 상판을 고정

프레임을 다리에 볼트로 연결

개수	부품 설명	두께	폭	길이
4	다리	57(2^1/$_4$")(직경)	–	692(27^1/$_4$")
2	에이프런	29(1^1/$_8$")	92(3^5/$_8$")	1283(50^1/$_2$")
3	짧은 가로대	29(1^1/$_8$")	54(2^1/$_8$")	864(34")
1	상판	19(^{3}/$_4$")	914(36")	1829(72")

측면도

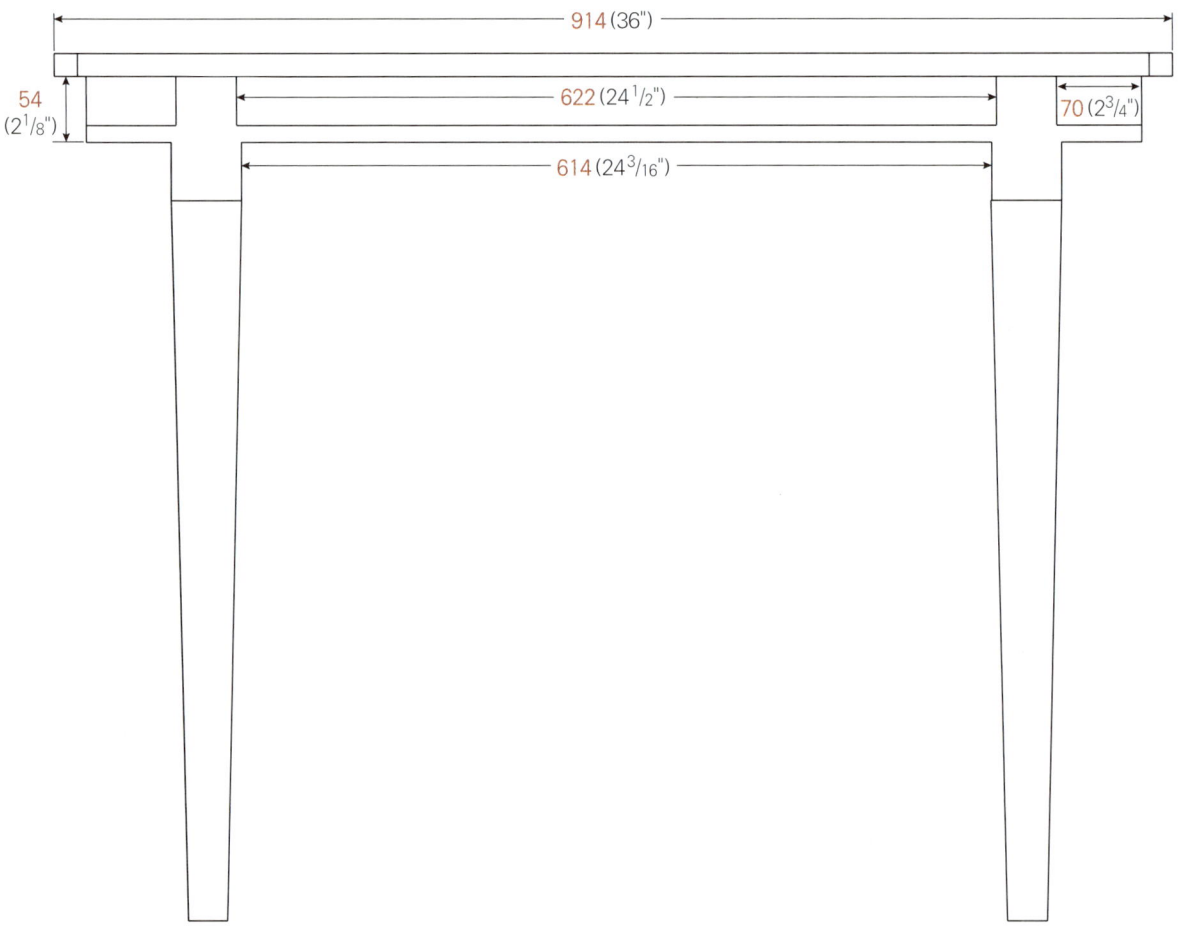

914 (36")

622 (24 1/2")

70 (2 3/4")

54
(2 1/8")

614 (24 3/16")

정면도

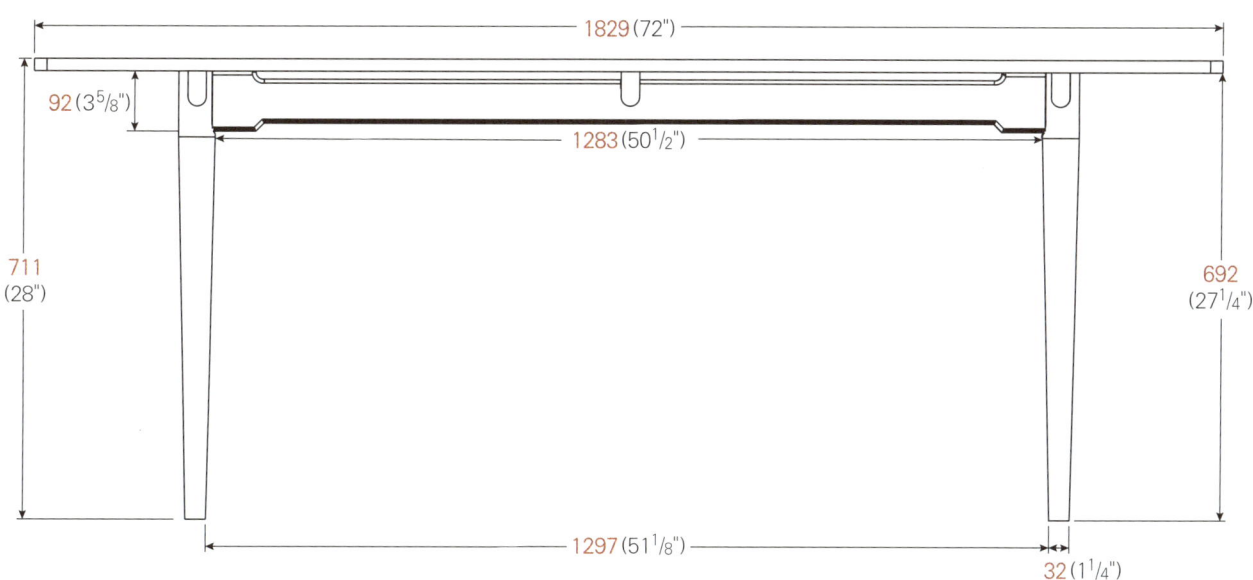

1829 (72")

92 (3⁵/₈") → $92 (3^5/_8")$

711 (28") → $711 (28")$

1283 (50¹/₂") → $1283 (50^1/_2")$

692 (27¹/₄") → $692 (27^1/_4")$

1297 (51¹/₈") → $1297 (51^1/_8")$

32 (1¹/₄") → $32 (1^1/_4")$

가로대

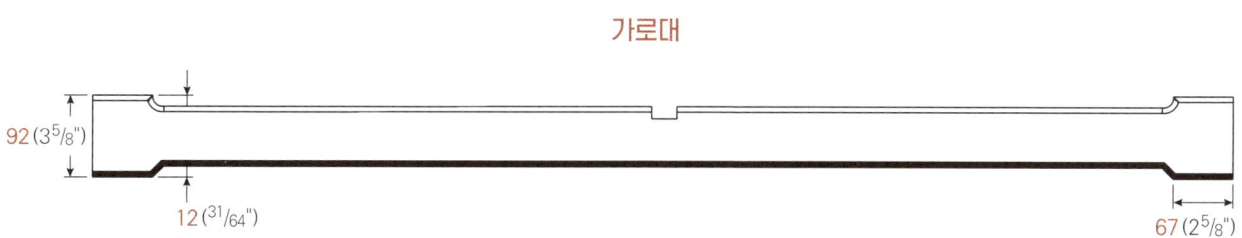

$92 (3^5/_8")$

$12 (^{31}/_{64}")$

$67 (2^5/_8")$

상면도

1829 (72")

914
(36")

상단 단면도

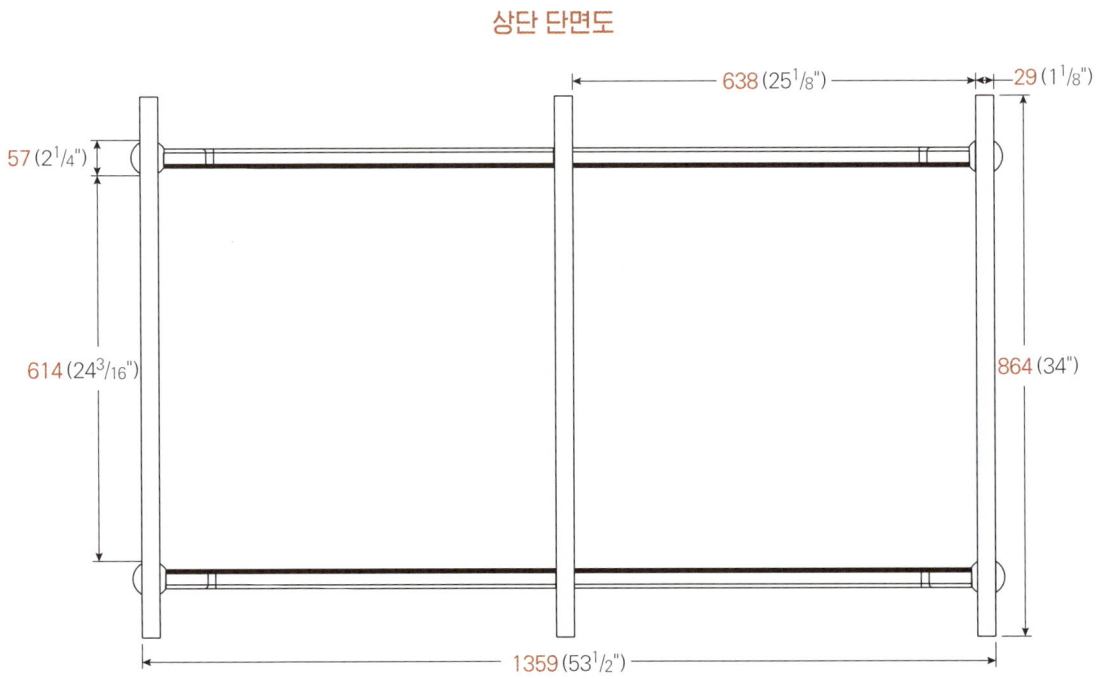

638 (25¹/₈")   29 (1¹/₈")

57 (2¹/₄")

614 (24³/₁₆")

864 (34")

1359 (53¹/₂")

수납장
Buffet

구니 오만 Gunni Omann   W 1194(47") x D 432(17") x H 940(37") | 장미목

구니 오만의 군더더기 없는 단순한 디자인의 작은 수납장이다. 연귀짜임한 상자를 정사각형 모양의 다리를 결합한 형태이다. 위쪽의 서랍 두 개는 간단한 구조의 레일을 타고 움직이며, 두 개의 앞 문짝을 열면 내부에는 조절 가능한 선반이 있다.

이런 단순한 형태의 수납장 제작은 초보 목수가 도전하기에 좋으며, 사용된 무늬목 합판 역시 합리적인 비용으로 부담스럽지 않은 작업이다.

분해도

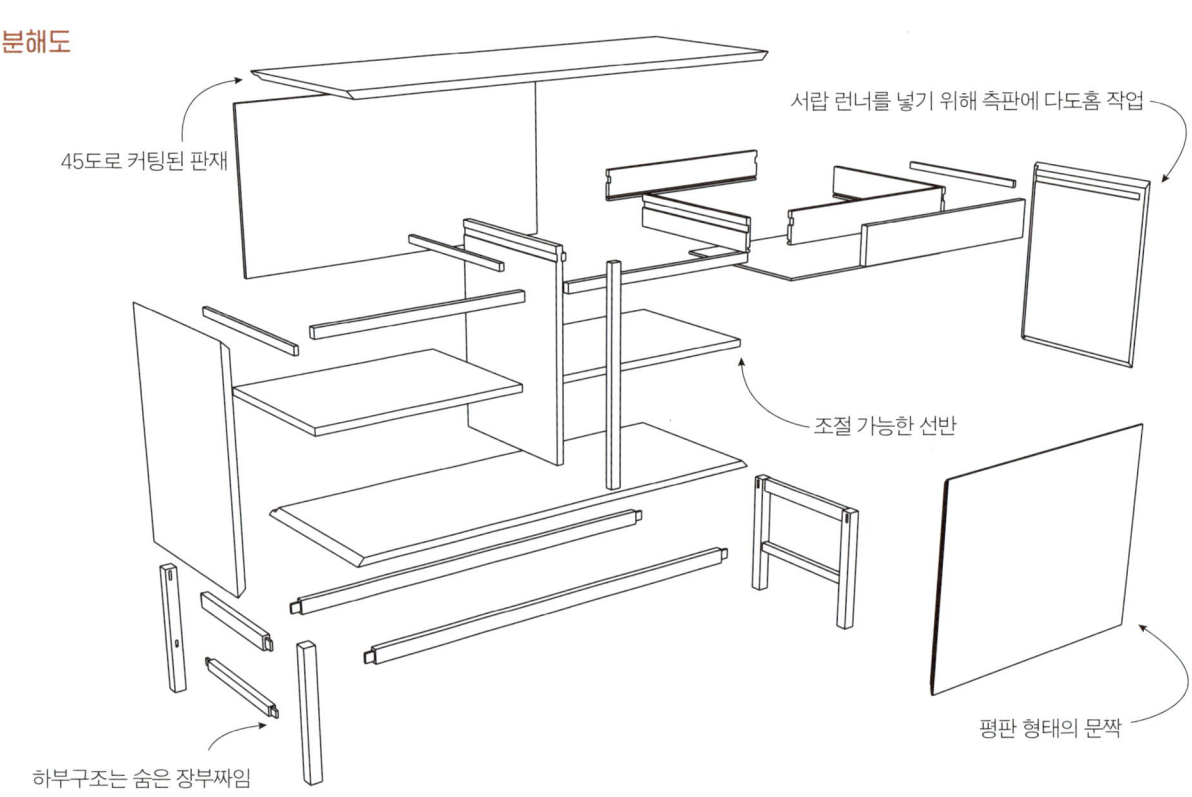

45도로 커팅된 판재

서랍 런너를 넣기 위해 측판에 다도홈 작업

조절 가능한 선반

평판 형태의 문짝

하부구조는 숨은 장부짜임

개수	부품 설명	두께	폭	길이
2	높이 조절 선반	19(^{3}/$_4$")	397(15^5/$_8$")	568(22^3/$_8$")
1	뒤판	13(^{1}/$_2$")	565(22^1/$_4$")	1175(46^1/$_4$")
2	상·하판	19(^{3}/$_4$")	432(17")	1194(47")
2	측판	19(^{3}/$_4$")	432(17")	584(23")
1	중앙 세로판	19(^{3}/$_4$")	397(15^5/$_8$")	546(21^1/$_2$")
2	문짝	19(^{3}/$_4$")	445(17^1/$_2$")	578(22^3/$_4$")
2	서랍 밑판	6(^{1}/$_4$")	410(16^1/$_8$")	553(21^3/$_4$")
4	서랍 앞/뒤판	13(^{1}/$_2$")	89(3^1/$_2$")	565(22^1/$_4$")
4	서랍 측판	13(^{1}/$_2$")	89(3^1/$_2$")	416(16^3/$_8$")
2	서랍 덮방 앞판	19(^{3}/$_4$")	102(4")	578(22^3/$_4$")
2	서랍 런너	1(^{3}/$_8$")	19(^{3}/$_4$")	397(15^5/$_8$")
2	전면 가로대	19(^{3}/$_4$")	25(1")	565(22^1/$_4$")
1	접면 세로대	19(^{3}/$_4$")	25(1")	546(21^1/$_2$")
2	서랍 런너	13(^{1}/$_2$")	19(^{3}/$_4$")	397(15^5/$_8$")
4	다리	32(1^1/$_4$")	32(1^1/$_4$")	356(14")
2	긴 에이프런	19(^{3}/$_4$")	38(1^1/$_2$")	292(44^1/$_2$")
2	측면 에이프런	19(^{3}/$_4$")	38(1^1/$_2$")	372(14^5/$_8$")
2	하부 가로대	19(^{3}/$_4$")	25(1")	381(15")

정면도

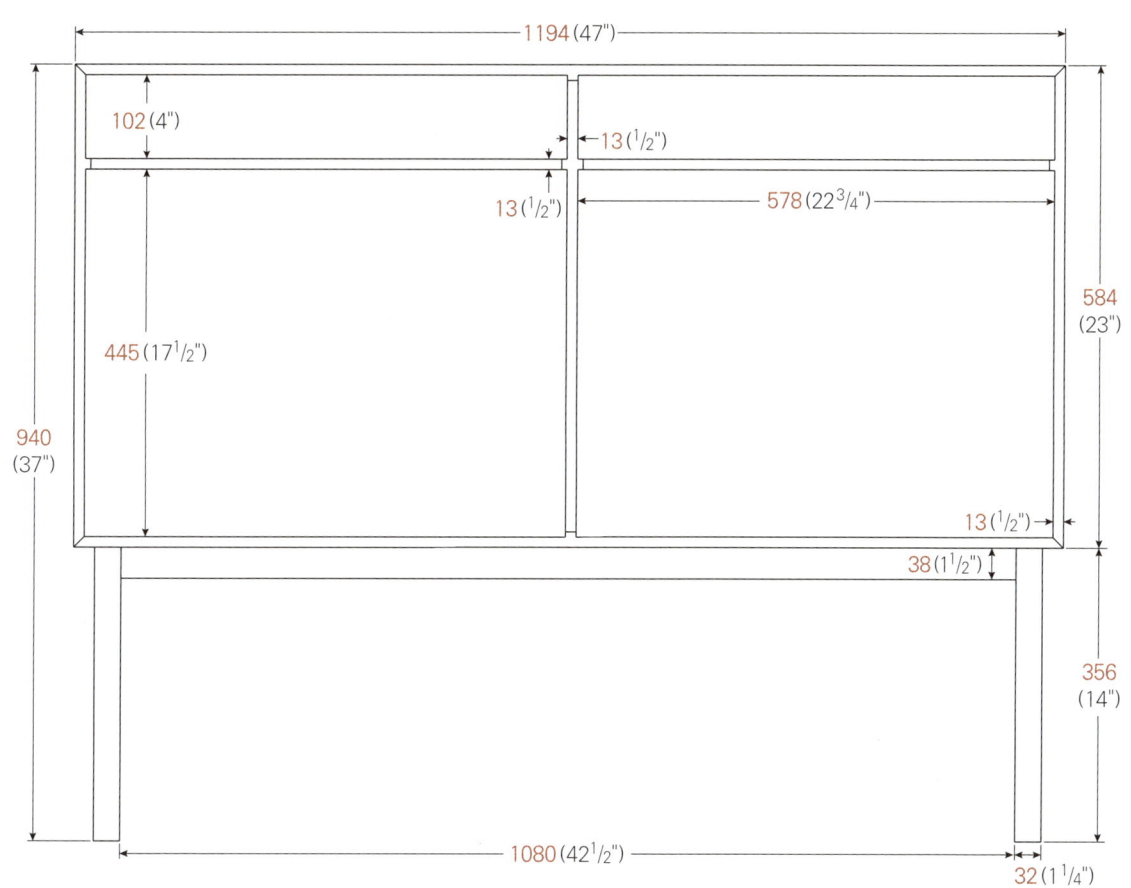

1194 (47")

102 (4")

13 ($^1/_2$")

13 ($^1/_2$")

578 (22$^3/_4$")

584 (23")

445 (17$^1/_2$")

940 (37")

13 ($^1/_2$")

38 (1$^1/_2$")

356 (14")

1080 (42$^1/_2$")

32 (1$^1/_4$")

하면도

25 (1")

13 ($^1/_2$")

330 (13")

25 (1")

32 (1$^1/_4$")

32 (1$^1/_4$")

1080 (42$^1/_2$")

측면도

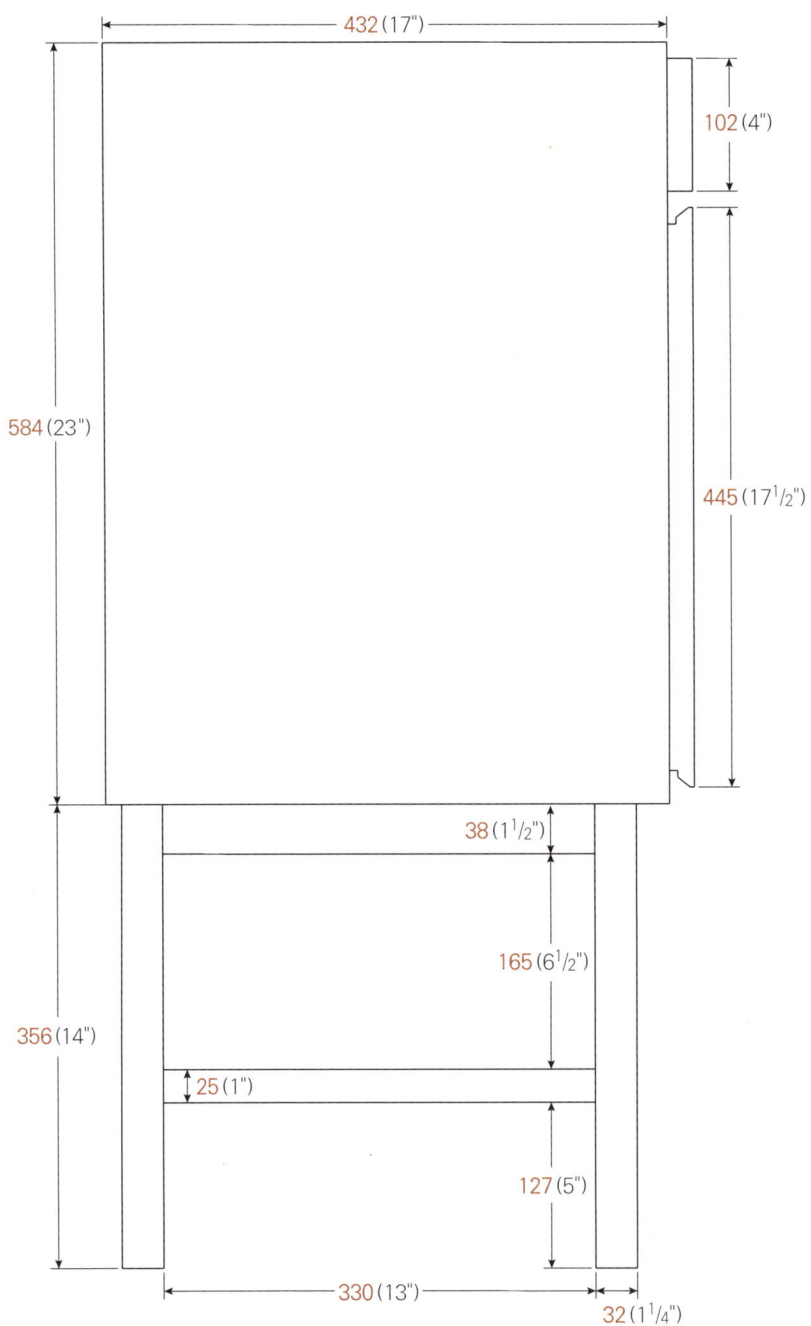

432 (17")

102 (4")

584 (23")

445 (17^1/$_2$")

38 (1^1/$_2$")

165 (6^1/$_2$")

356 (14")

25 (1")

127 (5")

330 (13")

32 (1^1/$_4$")

식탁 의자

Dining chair

작자 미상   W 483(19") x D 406(16") x H 737(29") | 티크, 지끈

구부려서 가공한 등받이와 지끈으로 좌판을 엮어 만든 전형적인 현대식 덴마크 식탁의자이다. 전면
과 후면 프레임의 곡률이 아름다우며 동시에 편안한 착좌감을 제공한다.

등받이의 곡선은 두꺼운 목재를 켜서 만들거나, 얇은 판재를 여러 장 붙여서 휘는 라미네이션 밴딩
기법 등으로 할 수 있다. 지끈은 내구성이 좋고 동시에 매력적인 좌판을 제공하며 다른 방법으로도
제작이 가능하다. 가령 가죽이나 천을 프레임에 덮은 후 안쪽 하단으로 매끈하게 잡아 끌어당겨 스
테이플로 고정하는 이른바 업홀스터리 작업도 가능하고, 또 별도의 좌판 판재를 만들어서 업홀스터
리 작업 후 프레임 내부에 안착시키는 방법도 가능하다.

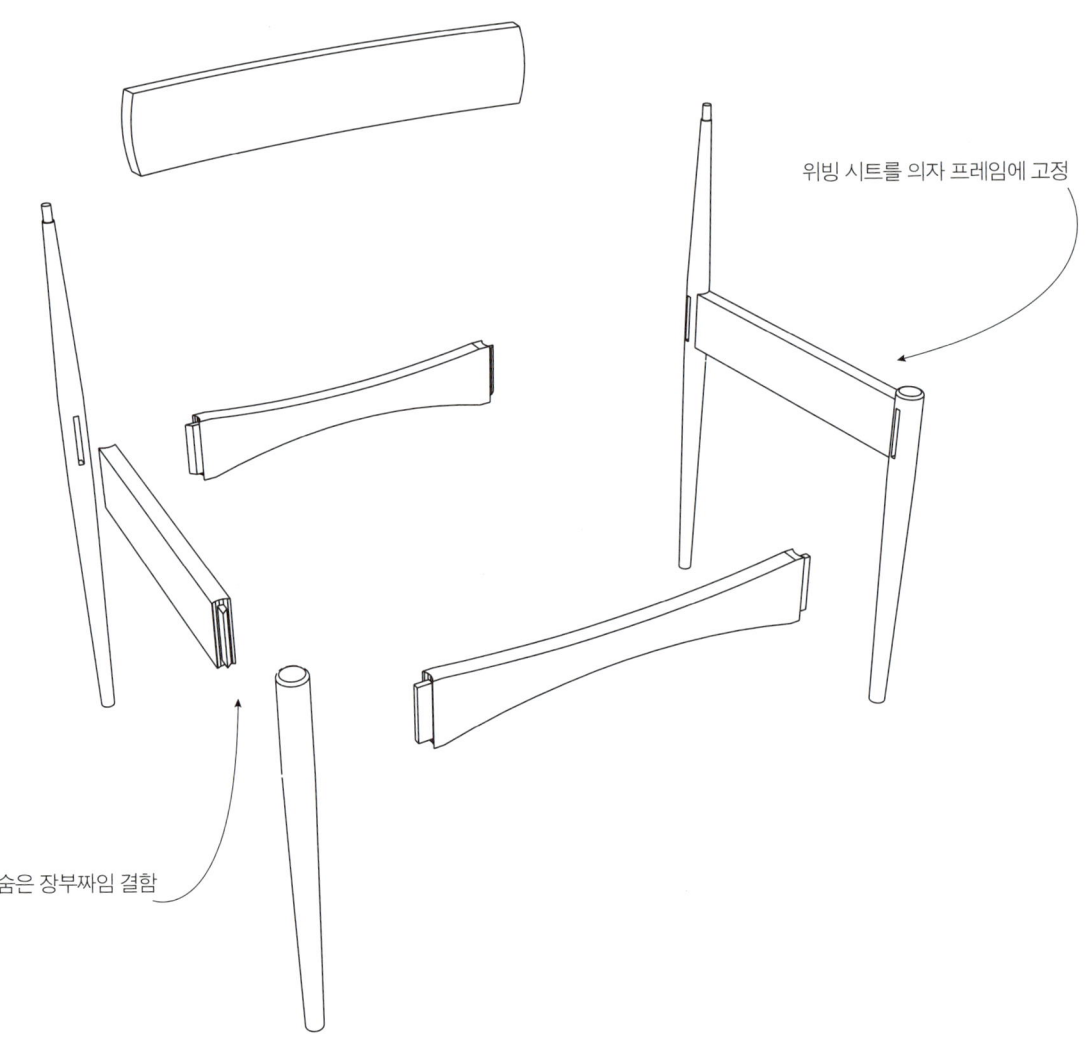

위빙 시트를 의자 프레임에 고정

숨은 장부짜임 결함

개수	부품 설명	두께	폭	길이
1	등받이	19($3/4$")	89($3\frac{1}{2}$")	483(19")
2	뒷다리	29($1\frac{1}{8}$")(직경)	–	667($26\frac{1}{4}$")
2	앞다리	32($1\frac{1}{4}$")(직경)	–	432(17")
1	앞 연결대	19($3/4$")	76(3")	451($17\frac{3}{4}$")
1	뒷 연결대	19($3/4$")	76(3")	410($16\frac{1}{4}$")
2	측 연결대	19($3/4$")	76(3")	383($15\frac{1}{16}$")

정면도

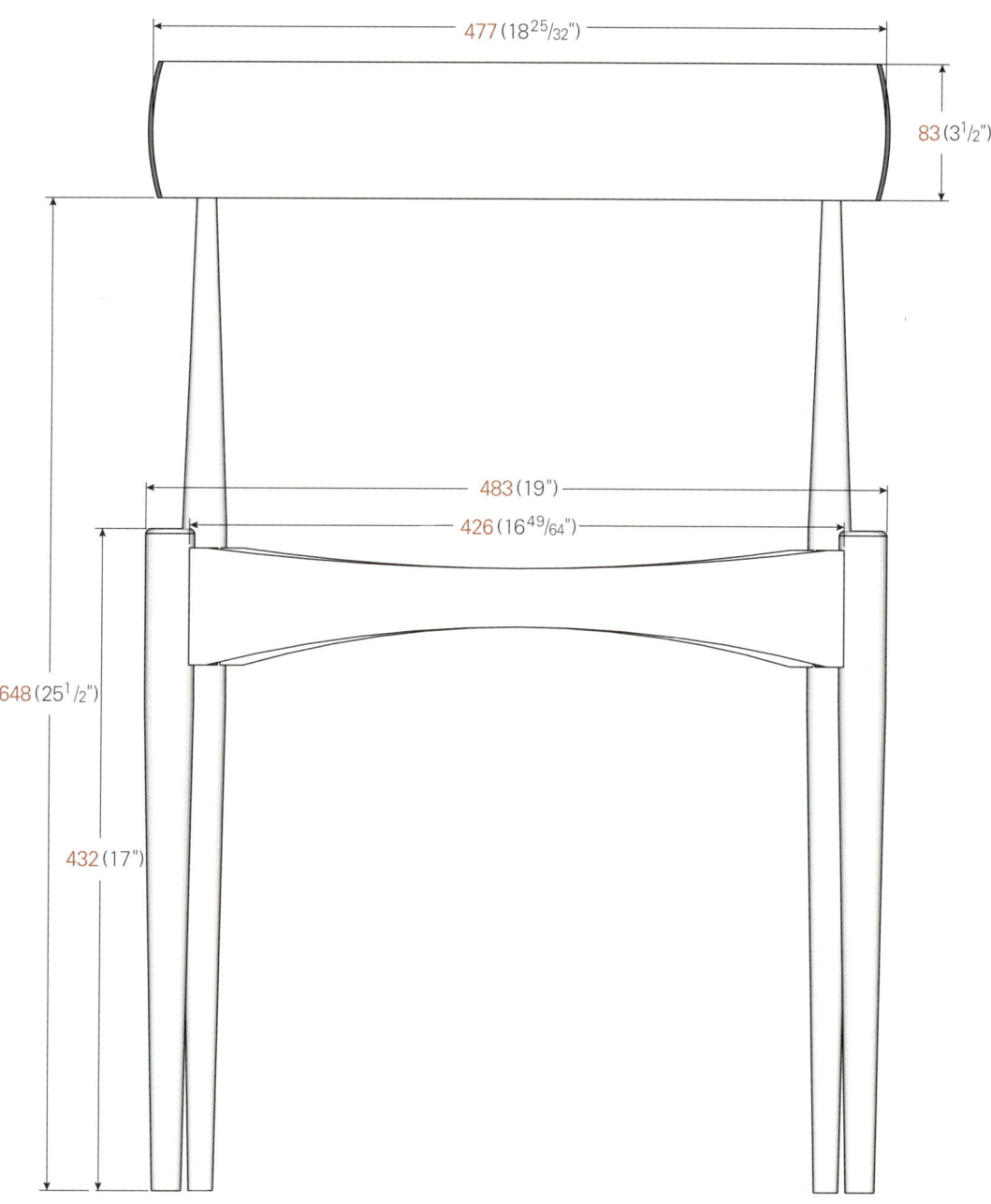

477 (18²⁵/₃₂")

83 (3¹/₂")

483 (19")

426 (16⁴⁹/₆₄")

648 (25¹/₂")

432 (17")

받침대 세부

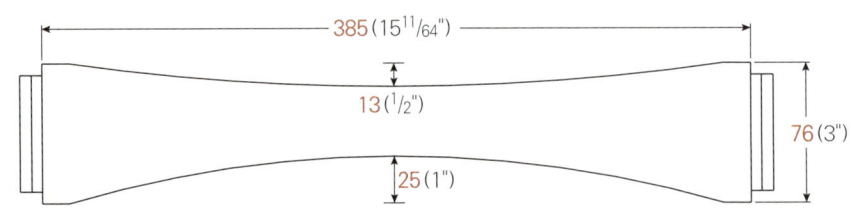

385 (15^{11}/$_{64}$")
13 (^{1}/$_{2}$")
25 (1")
76 (3")

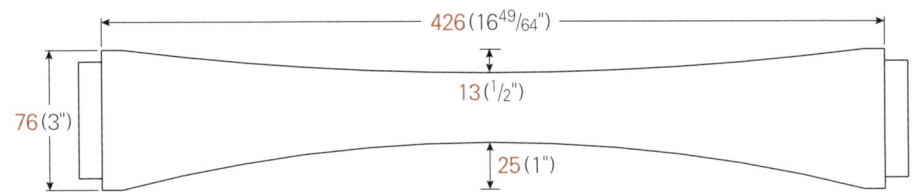

426 (16^{49}/$_{64}$")
13 (^{1}/$_{2}$")
25 (1")
76 (3")

상면도

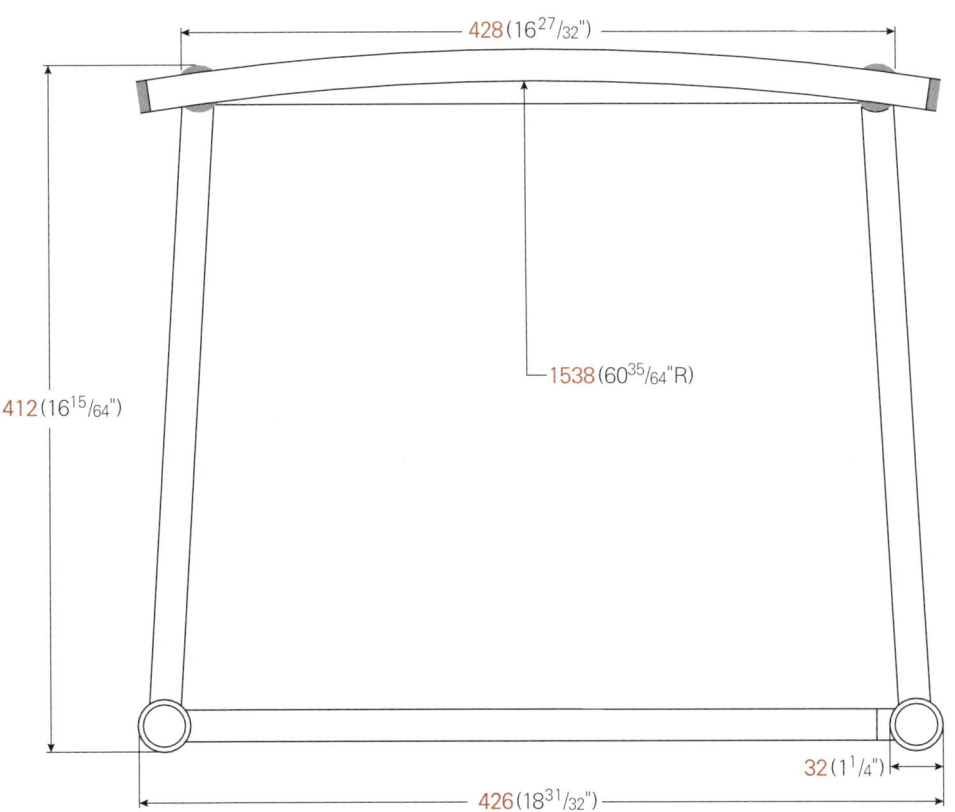

428 (16^{27}/$_{32}$")
1538 (60^{35}/$_{64}$"R)
412 (16^{15}/$_{64}$")
32 (1^{1}/$_{4}$")
426 (18^{31}/$_{32}$")

측면도

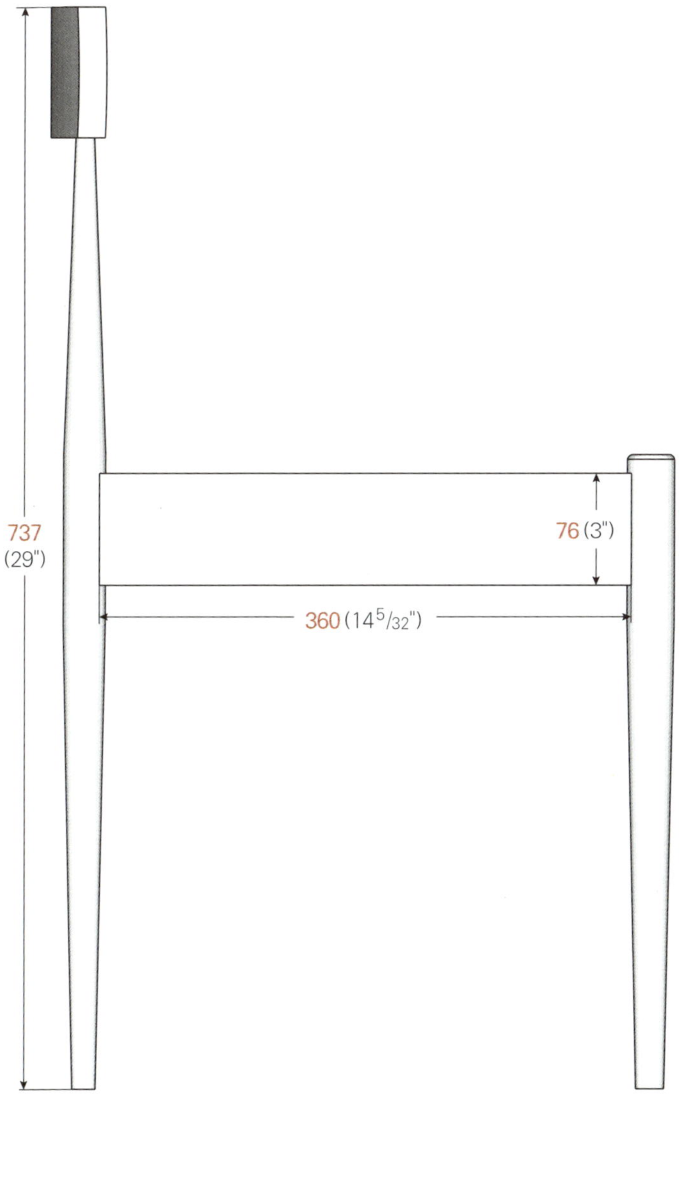

다리 세부

737
(29")

76 (3")

360 (14⁵/₃₂")

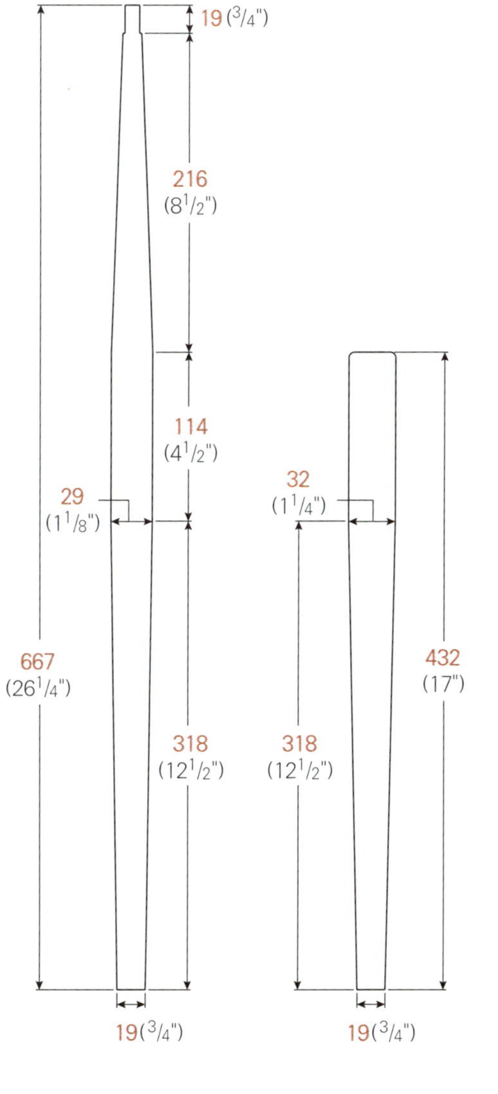

19 (³/₄")

216
(8¹/₂")

114
(4¹/₂")

29
(1¹/₈")

32
(1¹/₄")

667
(26¹/₄")

432
(17")

318
(12¹/₂")

318
(12¹/₂")

19(³/₄")

19(³/₄")

거실장
Sidebord

빅터 윌킨스 Victor Wilkins | 1964   W 2057(81") x D 489(19$\frac{1}{4}$") x H 775(30$\frac{1}{2}$") | 티크

빅터 윌킨스가 지플랜사의 스칸디나비아 라인을 위해 디자인한 거실장이다. 다리 바깥 쪽으로 넓게 빠진 형태의 상부 수납장은 세 개의 파트로 구성되어 있다. 왼쪽부터 첫 번째 칸은 한 쌍의 내부 문짝, 두 번째 칸은 서랍장, 세 번째 칸은 앞으로 열리는 문짝으로 구성되어 있다. 사선으로 깍은 목봉 작업과 우아하게 기공한 아치형 프레임 등은 이 거실장의 조각적 특징을 잘 나타낸다.

분해도

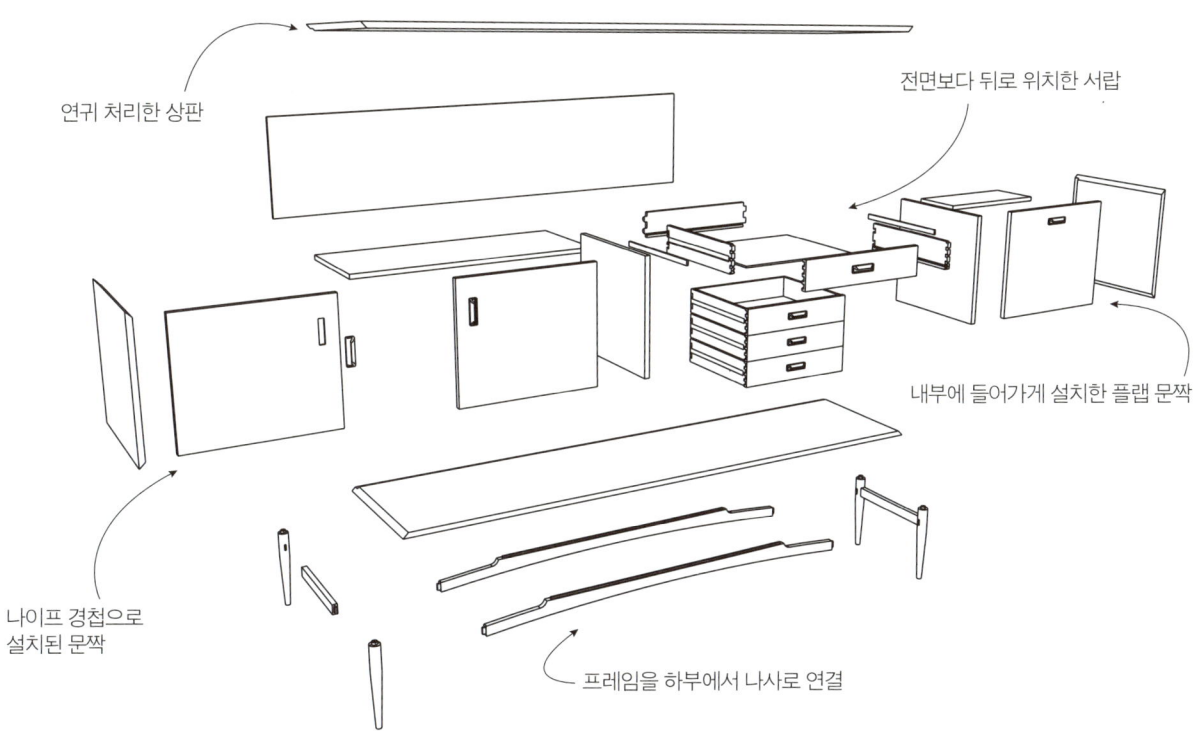

연귀 처리한 상판

전면보다 뒤로 위치한 서랍

내부에 들어가게 설치한 플랩 문짝

나이프 경첩으로 설치된 문짝

프레임을 하부에서 나사로 연결

개수	부품 설명	두께	폭	길이
1	높이 조절 선반	19(^{3}/$_4$")	229(9")	495(19^1/$_2$")
1	뒤판	13(^{1}/$_2$")	445(17^1/$_2$")	2032(80")
2	세로판	19(^{3}/$_4$")	432(17")	460(18^1/$_8$")
2	측판	19(^{3}/$_4$")	470(18^1/$_2$")	489(19^1/$_4$")
2	상·하판	19(^{3}/$_4$")	489(19^1/$_4$")	2057(81")
2	문짝	19(^{3}/$_4$")	432(17")	502(19^3/$_4$")
4	서랍 뒤판	13(^{1}/$_2$")	102(4")	483(19")
4	서랍 밑판	6(^{1}/$_4$")	406(16")	470(18^1/$_2$")
4	서랍 앞판	19(^{3}/$_4$")	108(4^1/$_4$")	483(19")
8	서랍 런너	6(^{1}/$_4$")	19(^{3}/$_4$")	400(15^3/$_4$")
8	서랍 측판	13(^{1}/$_2$")	102(4")	416(16^3/$_8$")
1	우측 문짝	19(^{3}/$_4$")	432(17")	495(19^1/$_2$")
4	다리	38(1^1/$_2$")(직경)	–	314(12^3/$_8$")
2	긴 가로대	19(^{3}/$_4$")	83(3^1/$_4$")	1486(58^1/$_2$")
7	손잡이	19(^{3}/$_4$")	25(1")	89(3^1/$_2$")
2	짧은 측면 가로대	19(^{3}/$_4$")	38(1^1/$_2$")	387(15^1/$_4$")
1	긴 높이 조절 선반	19(^{3}/$_4$")	410(16^1/$_8$")	1003(39^1/$_2$")

측면도

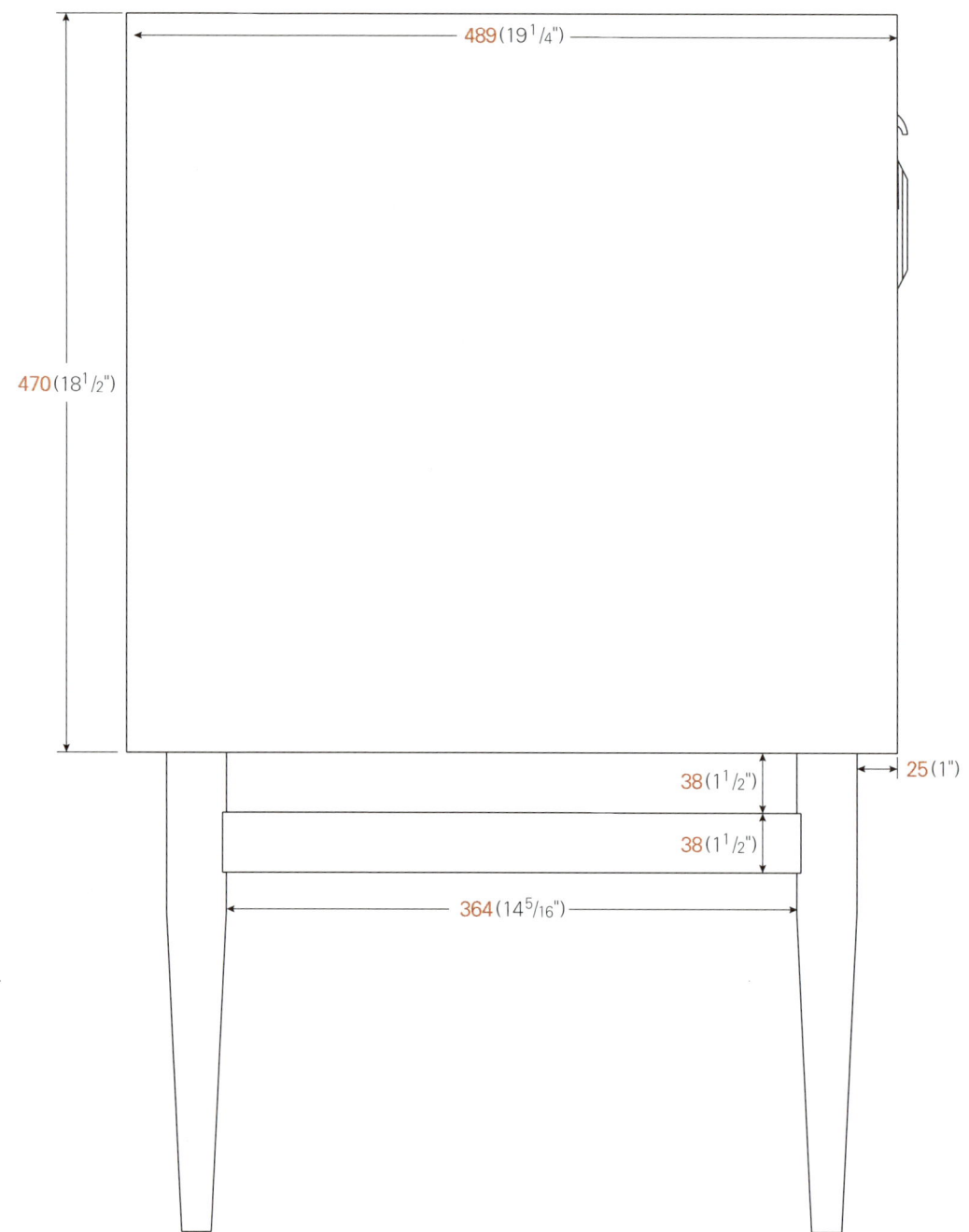

489(19^1/$_4$")

470(18^1/$_2$")

38(1^1/$_2$")

38(1^1/$_2$")

25(1")

364(14^5/$_{16}$")

다리 세부

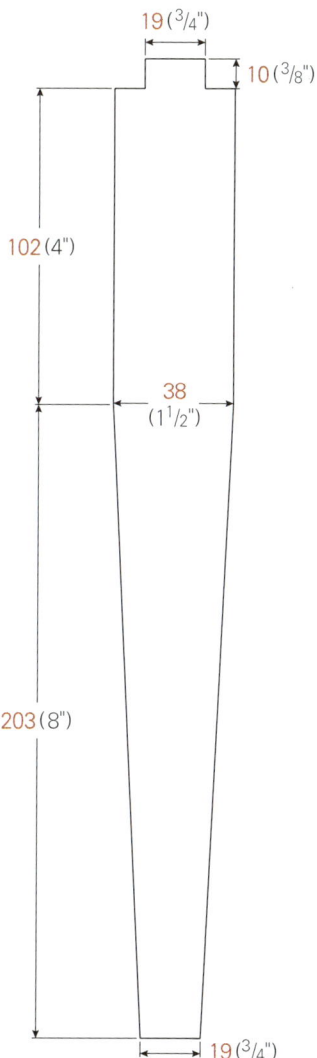

19 (³/₄")

10 (³/₈")

102 (4")

38
(1¹/₂")

203 (8")

19 (³/₄")

긴 가로대 세부

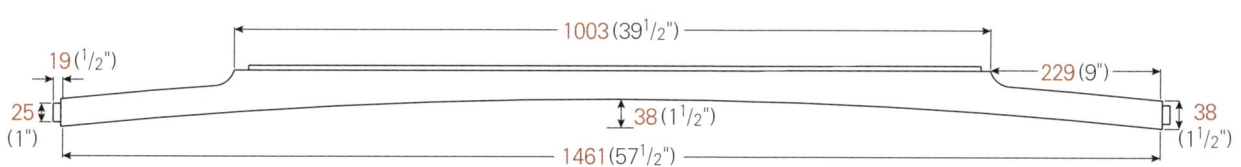

1003 (39¹/₂")

19 (¹/₂")

229 (9")

25
(1")

38 (1¹/₂")

38
(1¹/₂")

1461 (57¹/₂")

상면도

2057 (81")

489
(19¹/₄")

정면도

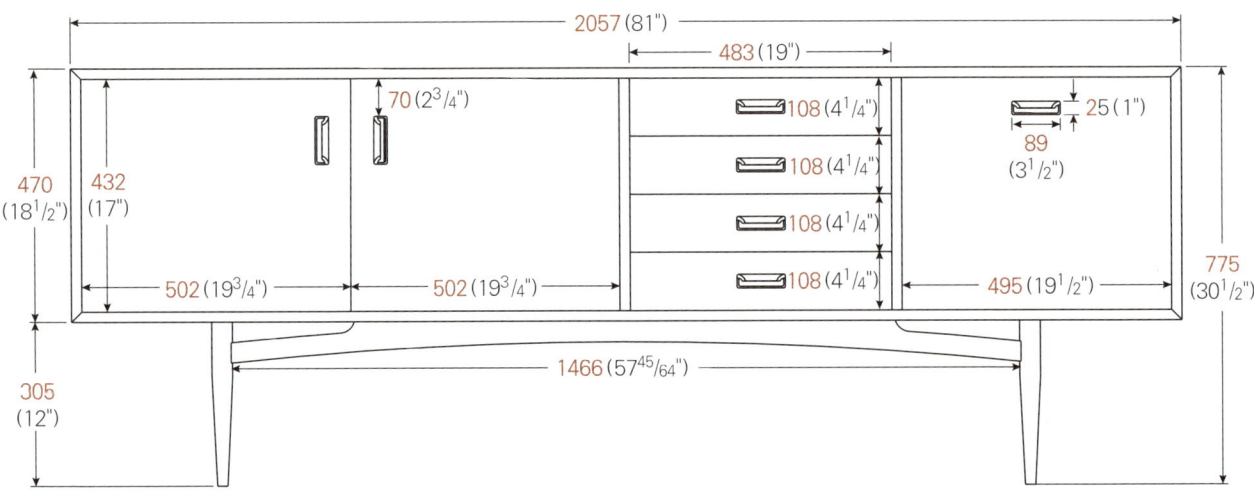

2057 (81")

483 (19")

70 (2³/₄")

108 (4¹/₄")

25 (1")

89
(3¹/₂")

470
(18¹/₂")

432
(17")

108 (4¹/₄")

108 (4¹/₄")

775
(30¹/₂")

108 (4¹/₄")

502 (19³/₄")

502 (19³/₄")

495 (19¹/₂")

305
(12")

1466 (57⁴⁵/₆₄")

주류 수납장
Liquor Cabinet

토브 Tove, **에드바르트 킨트 라르센** Edvard Kindt-Larsen   W 794(31^1/$_4$") x D 381(15")x H 1251(49^1/$_4$") | 호두, 단풍, 너도밤나무

원작은 문짝에 무작위로 붙여 넣은 둥근 무늬목들의 배열은 주류 수납장의 매력을 돋보이게 한다. 안쪽을 살펴보면 한 쌍의 서랍, 앞으로 이동하는 트레이, 술병 수납 선반과 유리 선반 세 개가 있다. 수납장 뒷부분에 위치한 유리 패널은 조명을 반사시키는 미적 효과를 낸다. 이 책에서는 제작의 편의를 위해 이러한 세부 사항들을 생략했다.

분해도

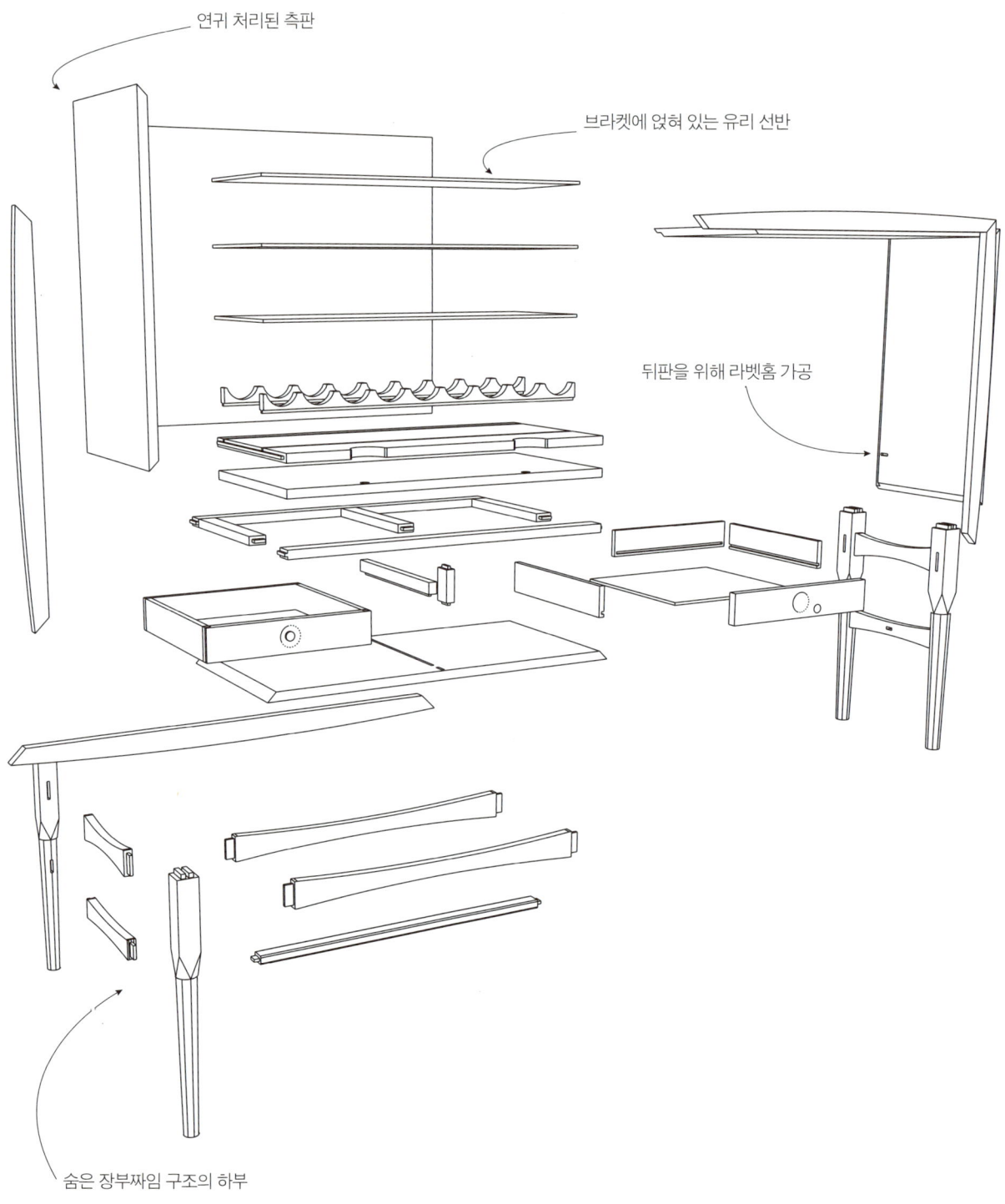

연귀 처리된 측판

브라켓에 얹혀 있는 유리 선반

뒤판을 위해 라벳홈 가공

숨은 장부짜임 구조의 하부

상면도

781 (30³/₄")

375 (14³/₄")

19 (³/₄")

819 (32¹/₄")

개수	부품 설명	두께	폭	길이
1	뒤판	13 (¹/₂")	676 (26⁵/₈")	762 (30")
2	와인병 랙	19 (³/₄")	38 (1¹/₂")	743 (29¹/₄")
1	밑판	19 (³/₄")	375 (14³/₄")	781 (30³/₄")
2	측판	19 (³/₄")	375 (14³/₄")	695 (27³/₈")
1	밑판	19 (³/₄")	375 (14³/₄")	781 (30³/₄")
2	문짝	19 (³/₄")	372 (14⁵/₈")	657 (25⁷/₈")
2	서랍 뒤판	13 (¹/₂")	70 (2³/₄")	362 (14¹/₄")
2	서랍 밑판	6 (¹/₄")	337 (13¹/₄")	349 (13³/₄")
1	서랍 분할대	19 (³/₄")	38 (1¹/₂")	83 (3¹/₄")
2	서랍 앞판	19 (³/₄")	70 (2³/₄")	362 (14¹/₄")
1	서랍 레일	19 (³/₄")	32 (1¹/₄")	321 (12⁵/₈")
2	서랍 손잡이	13 (¹/₂")	19 (³/₄")	19 (³/₄")
4	서랍 측판	13 (¹/₂")	70 (2³/₄")	349 (13³/₄")
2	앞 프레임 세로틀	19 (³/₄")	38 (1¹/₂")	708 (27⁷/₈")
2	앞 프레임 가로틀	19 (³/₄")	38 (1¹/₂")	795 (31⁹/₃₂")
3	유리선반	6 (¹/₄")	254 (10")	741 (29⁵/₃₂")
4	다리	45 (1³/₄")(직경)	–	546 (21¹/₂")
2	하부 긴 가로대	19 (³/₄")	57 (2¹/₄")	692 (27¹/₄")
2	하부 측면 연결대	19 (³/₄")	45 (1³/₄")	309 (12⁵/₃₂")
1	선반	19 (³/₄")	359 (14¹/₈")	756 (29³/₄")
2	짧은 가로대	19 (³/₄")	57 (2¹/₄")	305 (12")
1	슬라이딩 선반	19 (³/₄")	356 (14")	743 (29¹/₄")
3	내부 프레임 긴 가로대	19 (³/₄")	38 (1¹/₂")	308 (12¹/₈")
2	내부 프레임 짧은 가로대	19 (³/₄")	38 (1¹/₂")	756 (29³/₄")
1	넓은 가로대	19 (³/₄")	32 (1¹/₄")	705 (27³/₄")

측면도 　　　　　　　　　　　　　　　　　　　　정면도

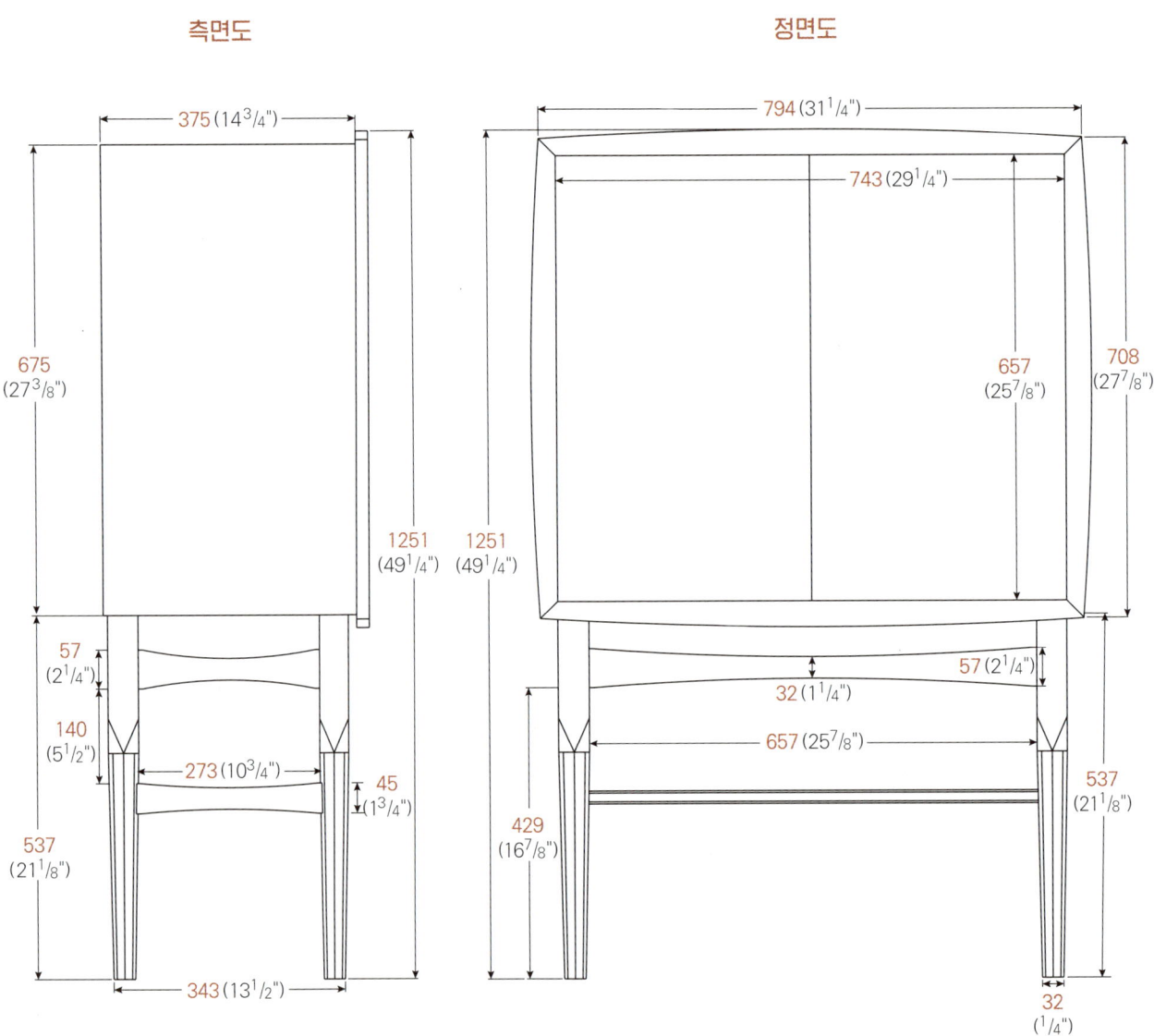

375 (14³/₄")

794 (31¹/₄")

743 (29¹/₄")

675
(27³/₈")

1251
(49¹/₄")

1251
(49¹/₄")

657
(25⁷/₈")

708
(27⁷/₈")

57
(2¹/₄")

57 (2¹/₄")

32 (1¹/₄")

140
(5¹/₂")

657 (25⁷/₈")

273 (10³/₄")

45
(1³/₄")

537
(21¹/₈")

429
(16⁷/₈")

537
(21¹/₈")

343 (13¹/₂")

32
(¹/₄")

7장_서재

바느질 테이블
Sewing Table

한스 베그너 Hans Wegner | 1950

W 1181(46^1/$_2$") x D 559(22") x H 610(24") | 티크·오크·버들가지

한스 베그너의 바느질 테이블을 살펴보면 사선 가공한 다리나 선반 작업으로 깎은 손잡이 또는 옆으로 길게 빼낸 상판 등에서 확실히 셰이커 스타일에 영향을 받은 것을 알 수 있다. 이는 덴마크 현대 디자인 역시 셰이커 스타일에 강한 영향을 받았음을 시사한다. 접이식인 메인 상판과 양쪽의 보조날개 상판은 플랩 경첩을 나사로 고정하고, 서랍 아래 하단의 바구니를 부착한 판은 앞쪽으로 끌어낼 수 있는 구조다. 제작사인 안드레아스 턱Andreas Tuck에서 원목 티크와 오크로 제작했다.

분해도

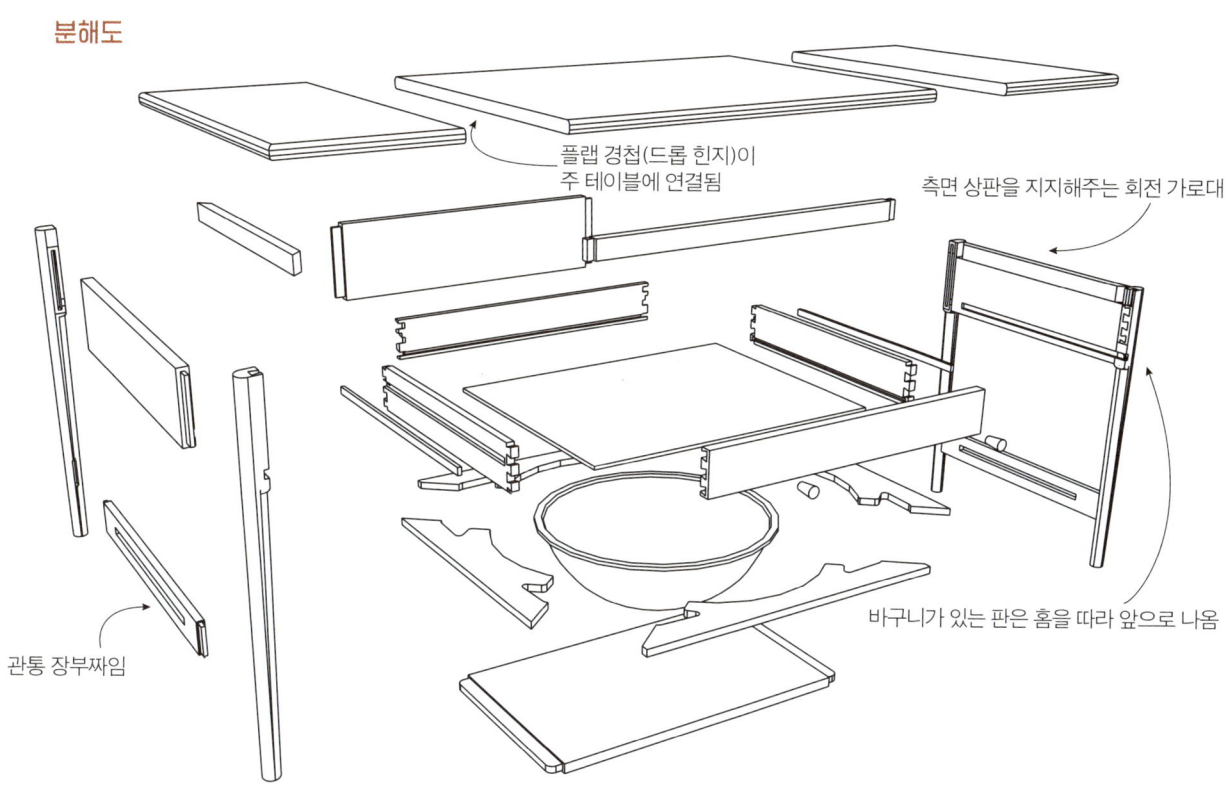

플랩 경첩(드롭 힌지)이
주 테이블에 연결됨

측면 상판을 지지해주는 회전 가로대

관통 장부짜임

바구니가 있는 판은 홈을 따라 앞으로 나옴

개수	부품 설명	두께	폭	길이
1	뒤쪽 가로대	19($^3/_4$")	152(6")	584(23")
2	바구니 전후면	13($^1/_2$")	98(3$^7/_8$")	559(22")
2	바구니 측면	13($^1/_2$")	108(4$^1/_4$")	470(18$^1/_2$")
1	바구니	159(6$^1/_4$")	432(17")	432(17")
1	하부 선반	19($^3/_4$")	356(14")	619(24$^3/_8$")
1	전면 상부가 로대	19($^3/_4$")	32(1$^1/_4$")	572(22$^1/_2$")
2	손잡이	19($^3/_4$")	19($^3/_4$")	29(1$^1/_8$")
2	날개 상판	19($^3/_4$")	260(10$^1/_4$")	559(22")
2	날개 상판 버팀대	19($^3/_4$")	32(1$^1/_4$")	457(18")
4	다리	25(1")	32(1$^1/_4$")	591(23$^1/_4$")
2	측면 연결대	19($^3/_4$")	121(4$^3/_4$")	486(19$^1/_8$")
2	가로대	13($^1/_2$")	57(2$^1/_4$")	483(19")
1	상판	19($^3/_4$")	559(22")	660(26")
1	서랍 뒤판	13($^1/_2$")	76(3")	546(21$^1/_2$")
1	서랍 밑판	6($^1/_4$")	438(17$^1/_4$")	533(21")
1	서랍 앞판	19($^3/_4$")	76(3")	546(21$^1/_2$")
2	서랍 레일	6($^1/_4$")	13($^1/_2$")	432(17")
2	서랍 측판	13($^1/_2$")	76(3")	451(17$^3/_4$")

측면도

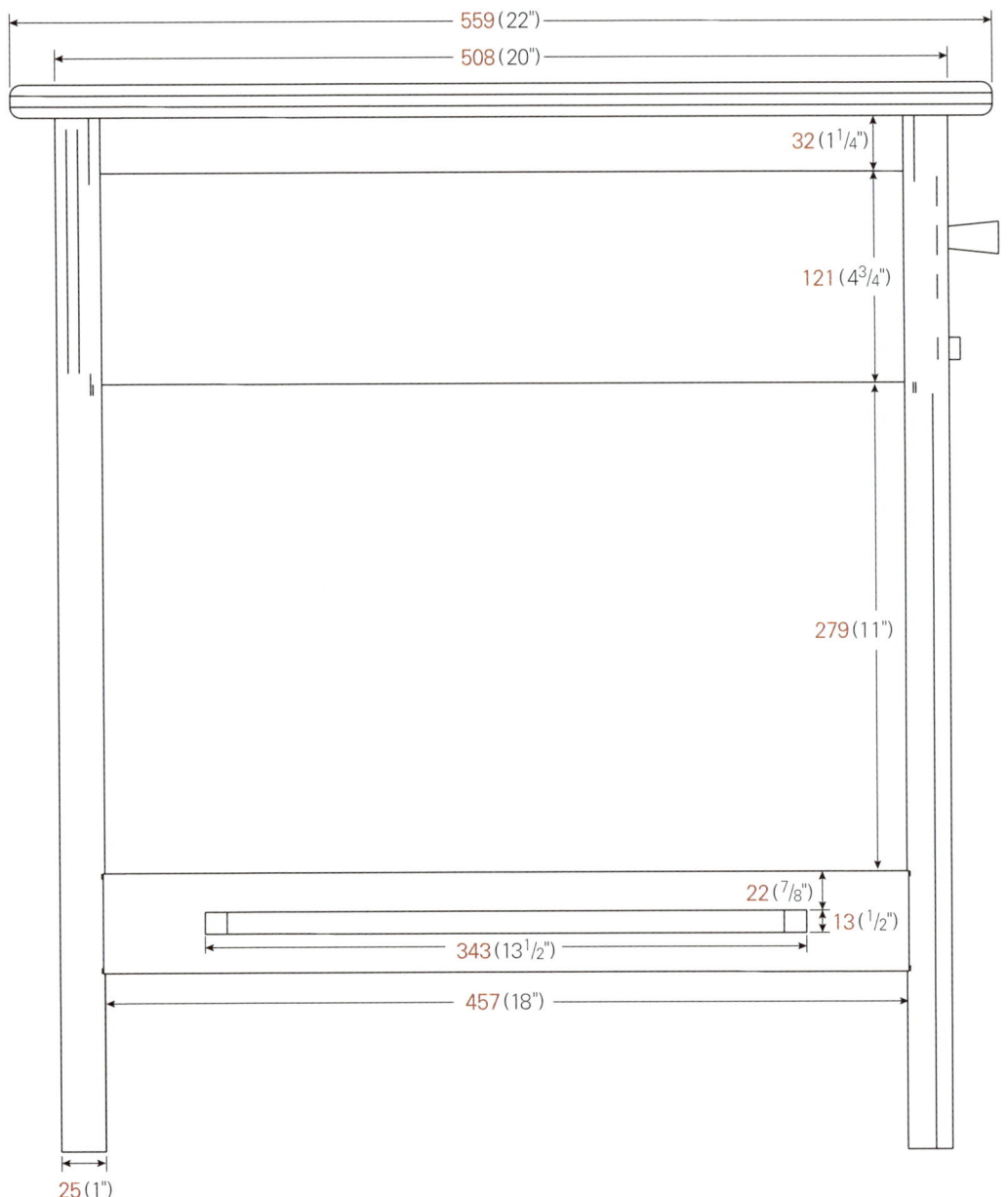

559 (22")

508 (20")

32 (1¹/₄")

121 (4³/₄")

279 (11")

22 (⁷/₈")

13 (¹/₂")

343 (13¹/₂")

457 (18")

25 (1")

정면도

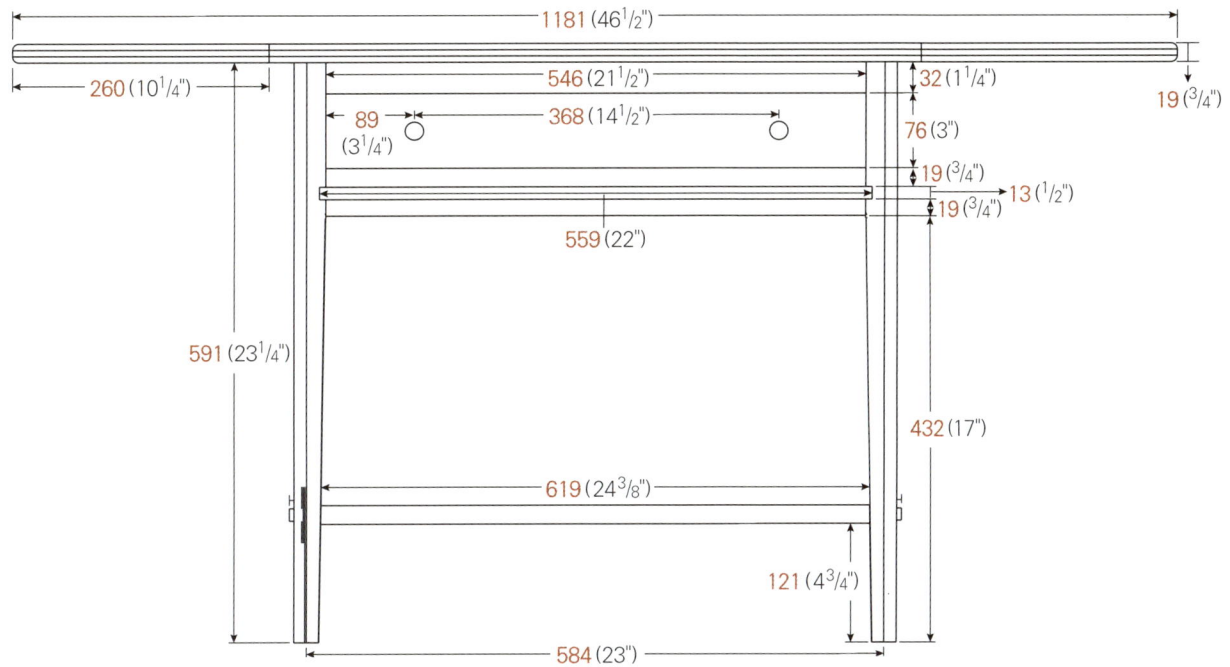

1181 (46¹/₂")

260 (10¹/₄")

546 (21¹/₂")

32 (1¹/₄")

19 (³/₄")

89 (3¹/₄")

368 (14¹/₂")

76 (3")

19 (³/₄")

13 (¹/₂")

19 (³/₄")

559 (22")

591 (23¹/₄")

432 (17")

619 (24³/₈")

121 (4³/₄")

584 (23")

상면도

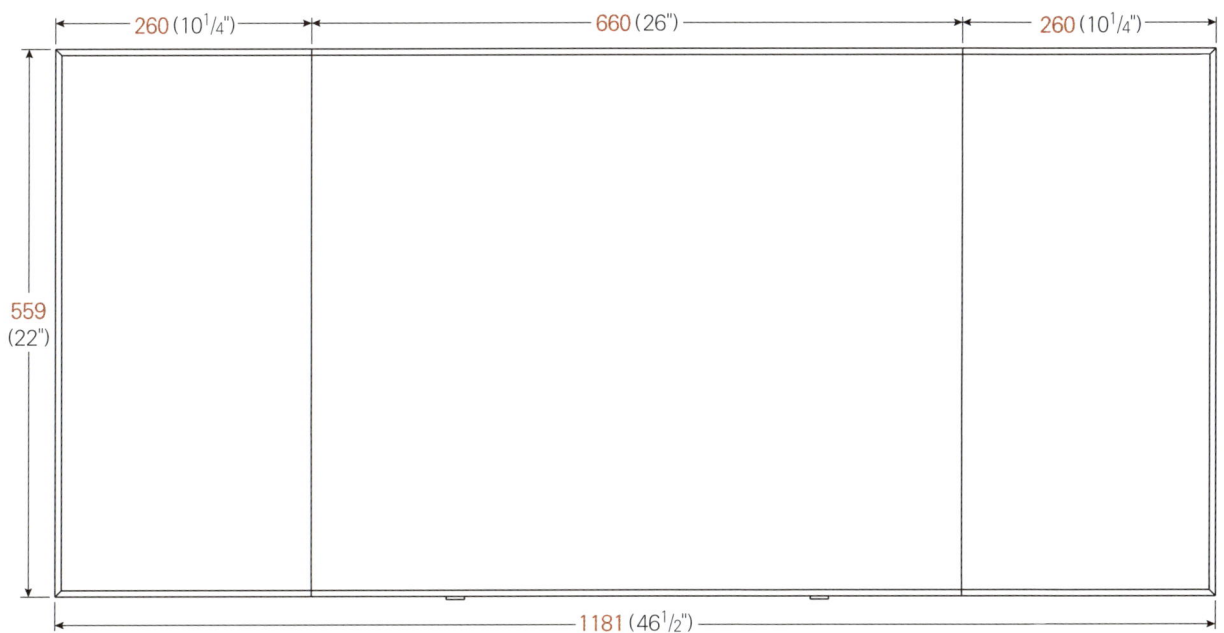

260 (10¹/₄")

660 (26")

260 (10¹/₄")

559 (22")

1181 (46¹/₂")

크레덴자/문갑
Credenza

옌스 리솜 Jens Risom

W 1473(58") x D 508(20") x H 692(27 1/4")

이 크레덴자는 수납장, 바 또는 사무가구 등으로 활용하는 MCM 가구의 대표적인 작품들 중 하나로, 그 시대의 디자이너들이 선호한 수평적 라인과 상자와 다리 사이에서 미묘한 상호작용을 표현해낸다. 그림처럼 상자 하단에서 안쪽으로 들어간 다리는 크레덴자가 마치 허공에 있는 것처럼 느껴지게 하고, 비대칭의 전면 배치는 일본의 전통장을 떠올리게 한다. 단순한 제작 기법은 인제니 단출한 디자인에서 출발하는 법이다. 비스킷, 목심 또는 꽂임촉 장부 등으로 합판 상자를 결합하고, 덮방 형식의 서랍 앞판은 간단한 서랍구조 및 서랍철물을 감춰준다. 옌스 리솜은 네 개의 사각형 다리가 각 가로대에 연결되어 수납장을 떠받치는 형태도 제작했다.

분해도

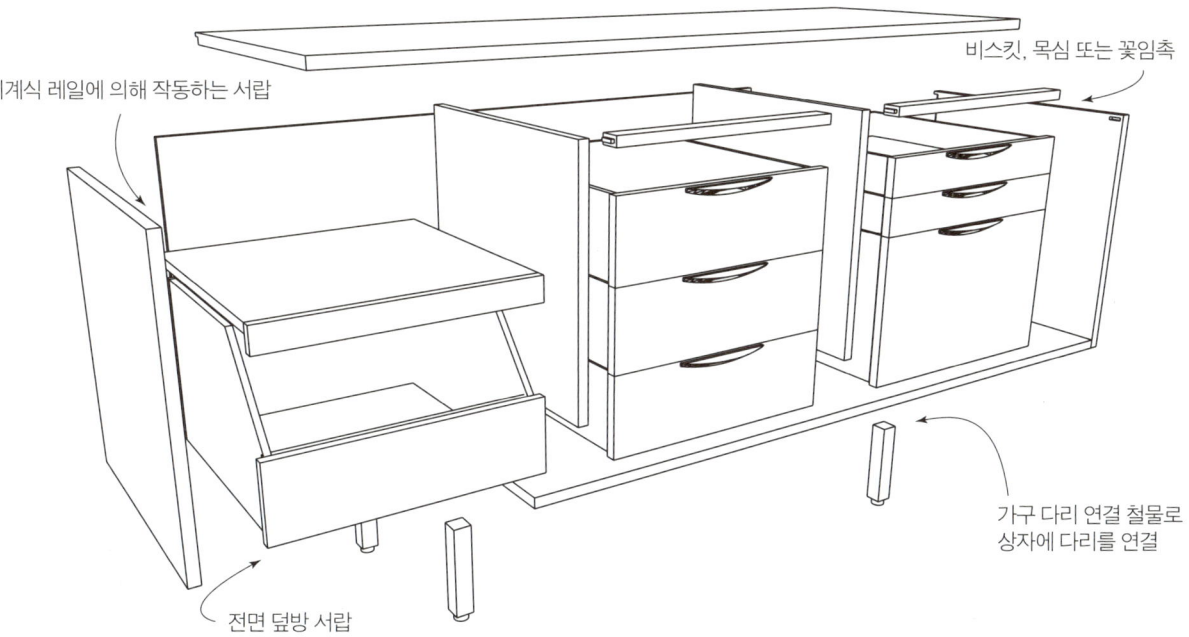

기계식 레일에 의해 작동하는 서랍

비스킷, 목심 또는 꽂임촉

전면 덮방 서랍

가구 다리 연결 철물로
상자에 다리를 연결

측면도

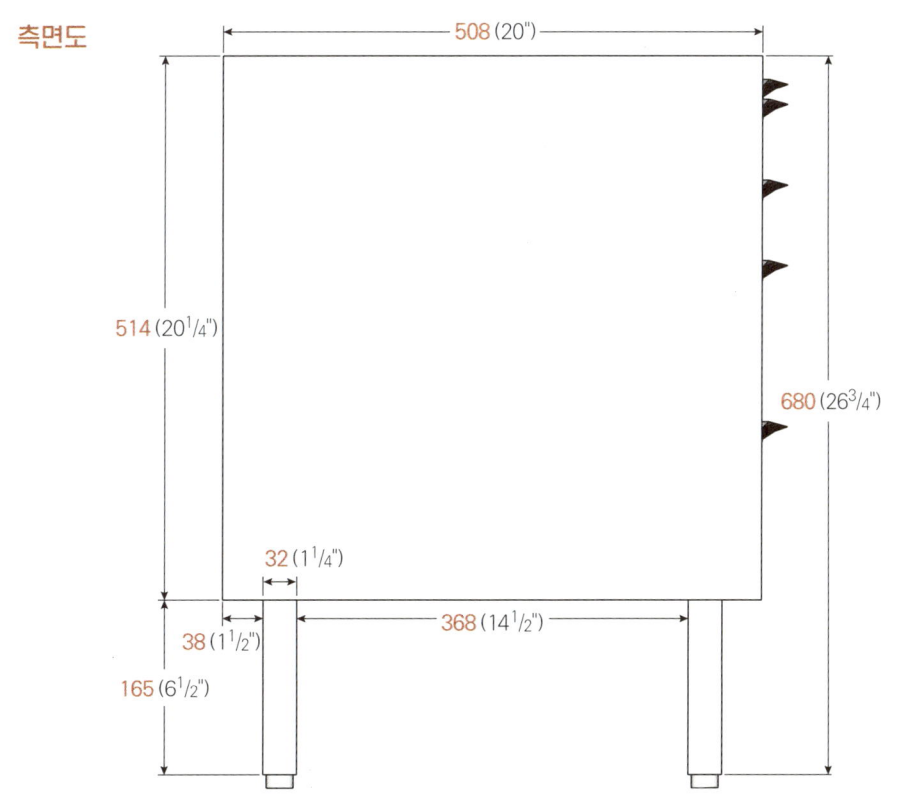

508 (20")

514 (20^1/$_4$")

680 (26^3/$_4$")

32 (1^1/$_4$")

38 (1^1/$_2$")

368 (14^1/$_2$")

165 (6^1/$_2$")

개수	부품 설명	두께	폭	길이
1	뒤판	13($^1/_2$")	502(19$^3/_4$")	1461(57$^1/_2$")
1	문짝	19($^3/_4$")	470(18$^1/_2$")	476(18$^3/_4$")
1	서랍 가로대	19($^3/_4$")	38(1$^1/_2$")	470(18$^1/_2$")
3	서류 서랍 밑판	6($^1/_4$")	435(17$^1/_8$")	465(18$^5/_{16}$")
2	서류 서랍 앞/뒤판	13($^1/_2$")	302(11$^7/_8$")	446(17$^9/_{16}$")
2	서류 서랍 측판	13($^1/_2$")	302(11$^7/_8$")	476(18$^3/_4$")
4	조절발	25(1")	25(1")	25(1")
1	내부 서랍 밑판	6($^1/_4$")	437(17$^3/_{16}$")	448(17$^5/_8$")
1	내부 서랍상자 뒤판	13($^1/_2$")	295(11$^5/_8$")	448(17$^5/_8$")
1	내부 서랍상자 앞판	13($^1/_2$")	135(5$^5/_{16}$")	448(17$^5/_8$")
1	내부 서랍 앞판	19($^3/_4$")	135(5$^5/_{16}$")	470(18$^1/_2$")
2	내부 서랍 측판	13($^1/_2$")	295(11$^5/_8$")	459(18$^1/_6$")
1	큰 서랍 앞판	19($^3/_4$")	305(12")	470(18$^1/_2$")
4	다리	32(1$^1/_4$")	32(1$^1/_4$")	165(6$^1/_2$")
1	서랍 긴 가로대	19($^3/_4$")	38(1$^1/_2$")	482(19")
3	중간 서랍 밑판	6($^1/_4$")	422(16$^5/_8$")	465(18$^5/_{16}$")
3	중간 서랍 앞판	19($^3/_4$")	152(6")	457(18")
6	중앙 서랍 앞/뒤판	13($^1/_2$")	149(5$^7/_8$")	435(17$^1/_8$")
6	중앙 서랍 측판	13($^1/_2$")	149(5$^7/_8$")	476(18$^3/_4$")
8	손잡이	19($^3/_4$")	25(1")	184(7$^1/_4$")
1	아동식 선반 베이스	10($^3/_8$")	459(18$^1/_{16}$")	470(18$^1/_2$")
1	이동식 선반 앞판	10($^3/_8$")	45(1$^3/_4$")	470(18$^1/_2$")
4	짧은 서랍 앞뒤판	13($^1/_2$")	73(2$^7/_8$")	446(17$^9/_{16}$")
4	짧은 서랍 측판	13($^1/_2$")	73(2$^7/_8$")	476(18$^3/_4$")
2	상자 측판	19($^3/_4$")	508(20")	514(20$^1/_4$")
2	작은 서랍 앞판	19($^3/_4$")	76(3")	470(18$^1/_2$")
2	상판	19($^3/_4$")	508(20")	1435(56$^1/_2$")
2	세로판	19($^3/_4$")	470(18$^3/_4$")	495(19$^1/_2$")

정면도

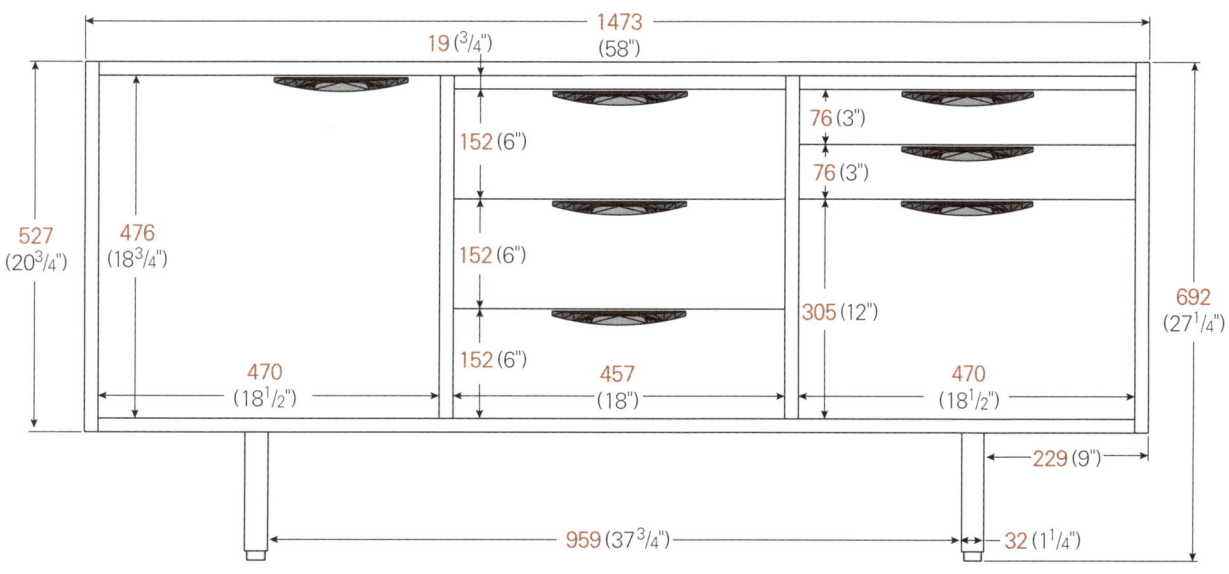

1473
(58")

19 (³/₄")

152 (6")

76 (3")

76 (3")

527
(20³/₄")

476
(18³/₄")

152 (6")

305 (12")

692
(27¹/₄")

470
(18¹/₂")

152 (6")

457
(18")

470
(18¹/₂")

229 (9")

959 (37³/₄")

32 (1¹/₄")

하면도

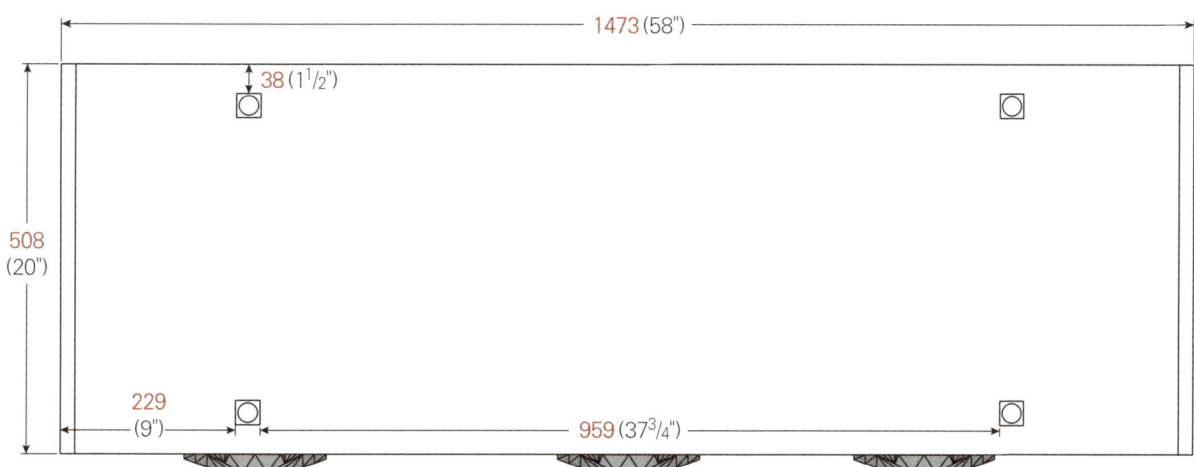

1473 (58")

38 (1¹/₂")

508
(20")

229
(9")

959 (37³/₄")

서류 정리함
Desk Organizer

한스 베그너 Hans Wegner | 1950

W 610(24") x D 267(10$^1/_2$") x H 235(9$^1/_4$") | 티크

이 서류 정리함은 수납 기능을 더하고, 평범한 탁자나 식탁을 책상으로 세련되게 꾸밀 수 있다. 이런 작은 규모의 가구에도 여러 두께의 판재를 쓰는 등 제법 복잡하지만 짜맞춤 부분은 간단하다. 다도홈으로 상자를 조립하고, 사개짜임으로 서랍을 만든다.

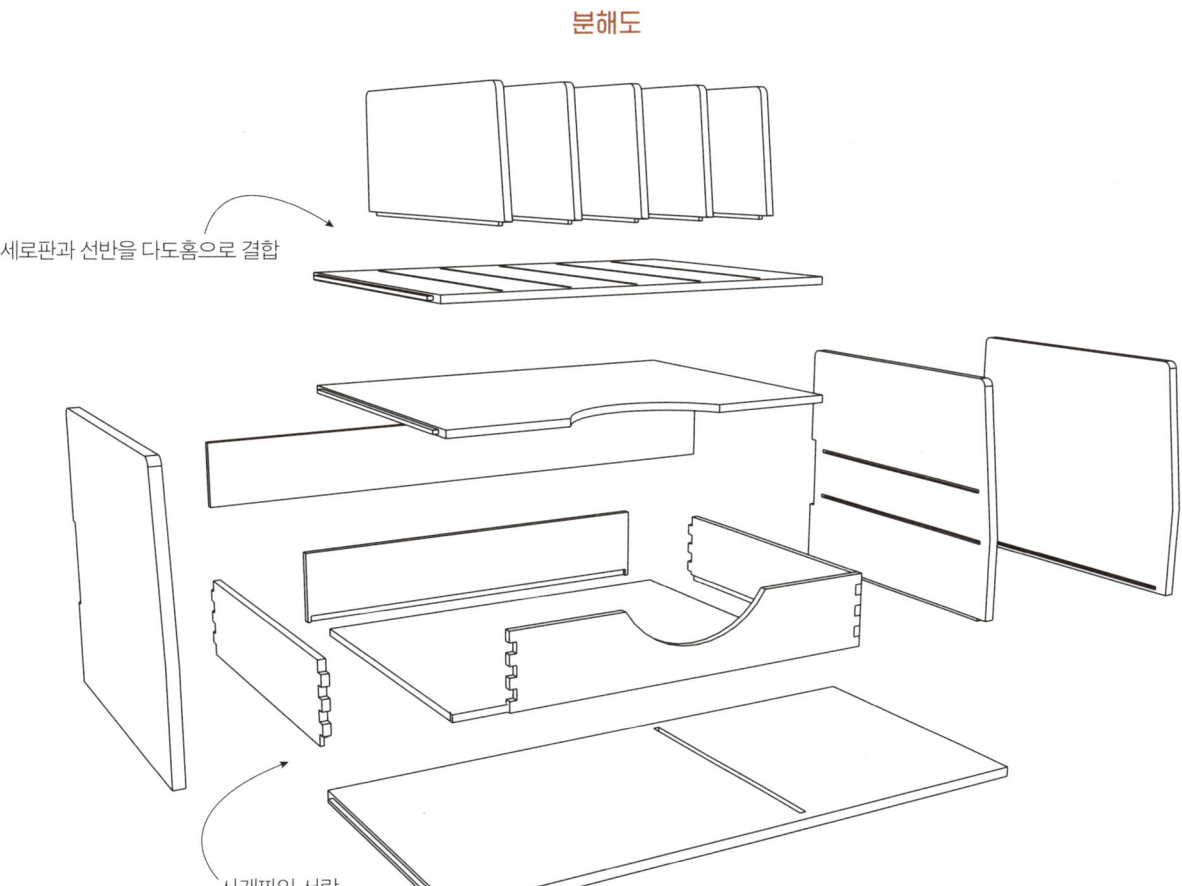

분해도

세로판과 선반을 다도홈으로 결합

사개짜임 서랍

상자

개수	부품 설명	두께	폭	길이
1	뒤판	6 ($^1/_4$")	70 (2$^3/_4$")	610 (24")
1	아랫판	10 ($^3/_8$")	270 (10$^5/_8$")	600 (23$^5/_8$")
2	측판	10 ($^3/_8$")	235 (9$^1/_4$")	270 (10$^5/_8$")
1	큰 세로판	10 ($^3/_8$")	229 (9")	270 (10$^5/_8$")
2	선반	6 ($^1/_4$")	264 (10$^3/_8$")	356 (14")
5	짧은 세로판	6 ($^1/_4$")	105 (4$^1/_8$")	258 (10$^5/_{32}$")

서랍

개수	부품 설명	두께	폭	길이
1	서랍 뒤판	6 ($^1/_4$")	67 (2$^5/_8$")	346 (13$^5/_8$")
1	서랍 밑판	6 ($^1/_4$")	257 (10$^1/_8$")	346 (13$^5/_8$")
1	서랍 앞판	6 ($^1/_4$")	67 (2$^5/_8$")	346 (13$^5/_8$")
2	서랍 측판	6 ($^1/_4$")	67 (2$^5/_8$")	264 (10$^5/_8$")

측면도

252 (9$^{15}/_{16}$")

95 (3$^{3}/_{4}$")

70 (2$^{3}/_{4}$")

70 (2$^{3}/_{4}$")

235 (9$^{1}/_{4}$")

89
(3$^{1}/_{2}$")

270 (10$^{5}/_{8}$")

정면도

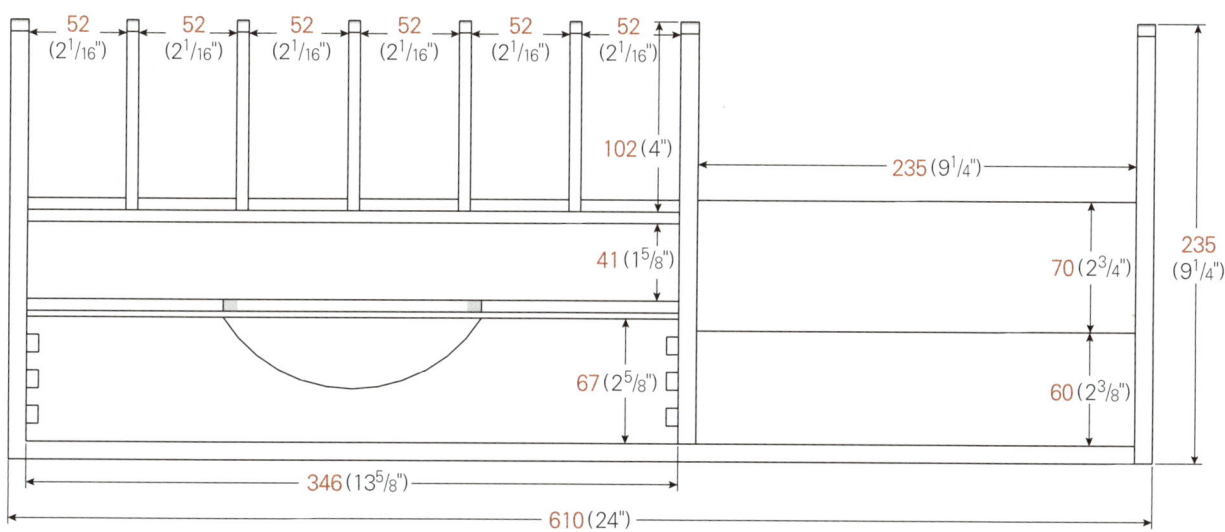

상면도

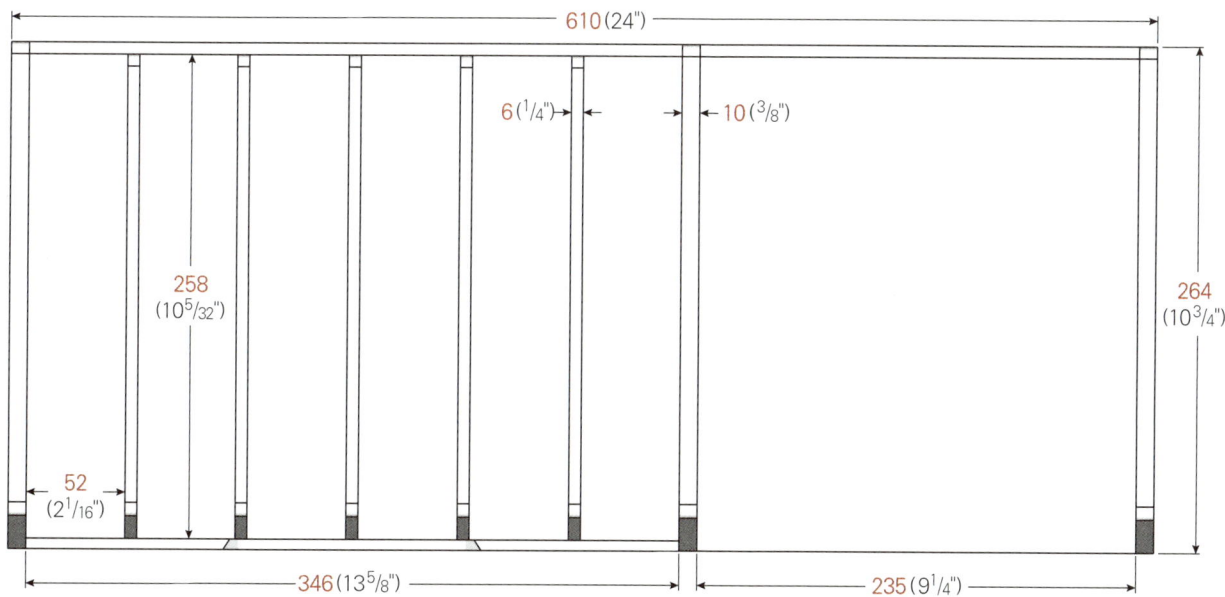

서재 보조 책상
Partners Writing Table

옌스 크비스트가르 Jens Quistgaard　　　　　W 1626(64") x D 703(28³/₄") x H 864(34") | 티크

덴마크 디자인에 찾아볼 수 있는 캠페인 가구Campaign furniture의 영향은 각진 모서리나 하단으로 끌어내린 가로대에서 뚜렷이 드러난다. 상단의 서류함은 경첩으로 결합해 필요할 때 뒤로 젖혀 넓은 보조 책상으로 변신한다.

상단 서류함은 상판과 하판 패널 사이에, 측판과 세로판들을 끼어 넣는 간단한 구조의 합판 상자다. 상단 서류함 하단을 가공해 구멍을 내어 긴 가로대로 연결된 두 개의 뒷다리가 뚫고 올라와 상단 수납함의 무게를 버틸 수 있게 제작한다. 볼트로 연결된 뒷다리와 가로대는 분해조립이 가능하다.

책상 분해도

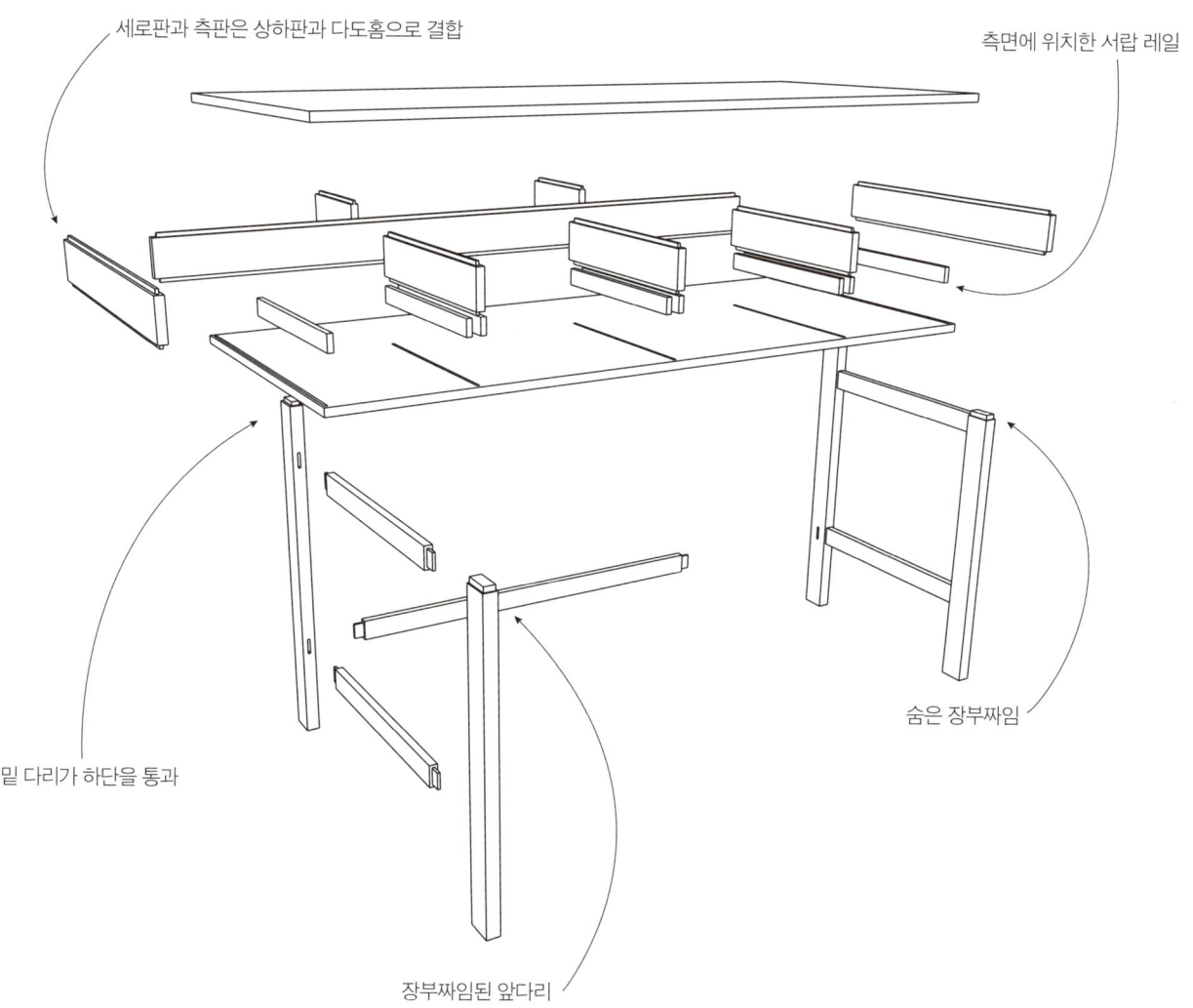

세로판과 측판은 상하판과 다도홈으로 결합

측면에 위치한 서랍 레일

숨은 장부짜임

밑 다리가 하단을 통과

장부짜임된 앞다리

상단 서류함 분해도

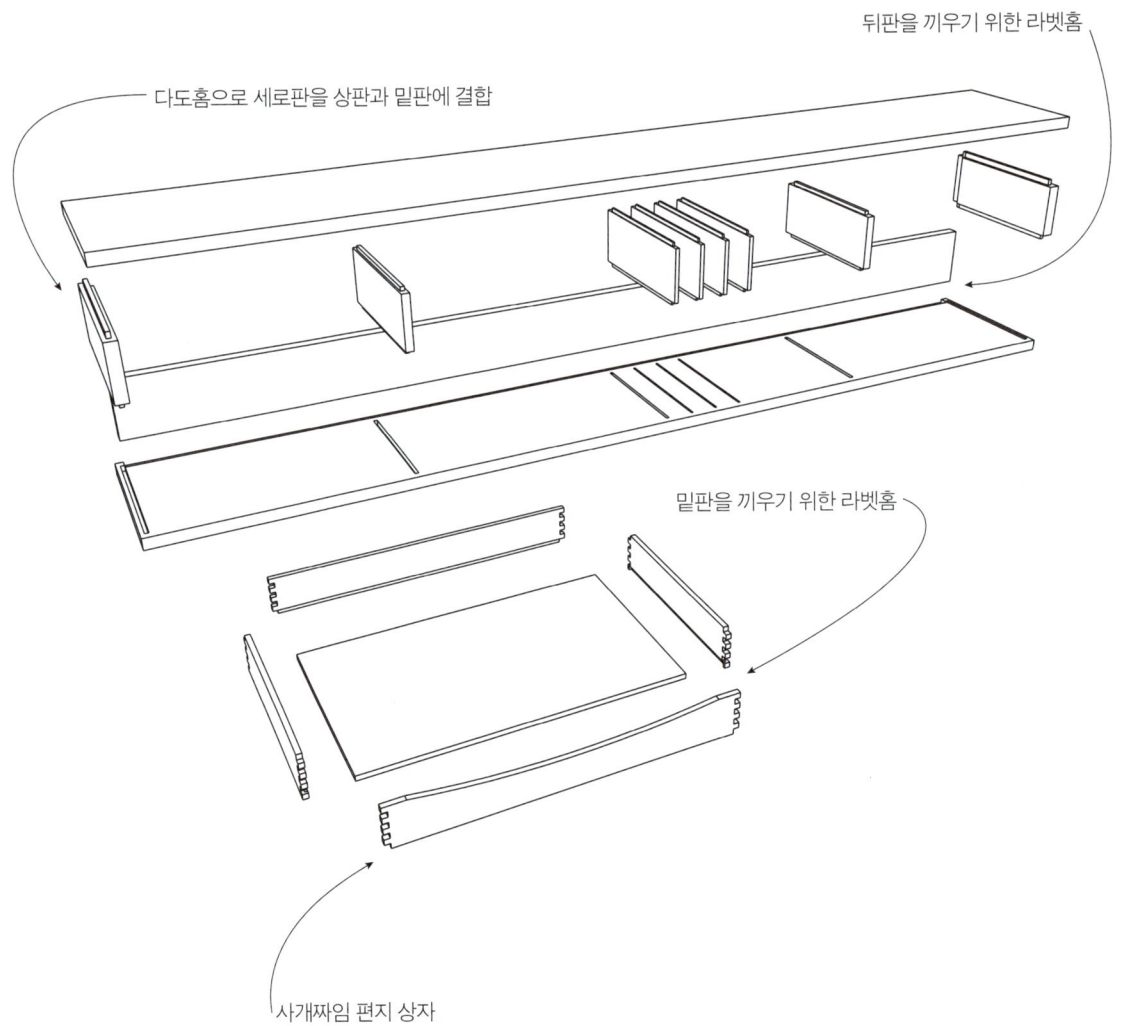

뒤판을 끼우기 위한 라벳홈

다도홈으로 세로판을 상판과 밑판에 결합

밑판을 끼우기 위한 라벳홈

사개짜임 편지 상자

책상

개수	부품 설명	두께	폭	길이
8	서랍 가이드판	13($^1/_2$")	38(1$^1/_2$")	406(16")
8	서랍 측판	13($^1/_2$")	76(3")	406(16")
4	서랍 손잡이	10($^3/_8$")	19($^3/_4$")	64(2$^1/_2$")
4	서랍 긴 판재	13($^1/_2$")	76(3")	432(17")
4	짧은 가로대	19($^3/_4$")	51(2")	578(22$^3/_4$")
4	서랍 짧은 판재	13($^1/_2$")	76(3")	283(11$^1/_8$")
3	세로판	19($^3/_4$")	108(4$^1/_4$")	457(17")
2	앞다리	32(1$^1/_4$")	64(2$^1/_2$")	746(29$^3/_8$")
2	긴 서 랍밑판	32(1$^1/_4$")	394(15$^1/_2$")	419(16$^1/_2$")
2	긴 서랍 앞판	19($^3/_4$")	89(3$^1/_2$")	457(18")
2	뒷다리	32(1$^1/_4$")	64(2$^1/_2$")	854(33$^5/_8$")
2	짧은 버팀대	19($^3/_4$")	108(4$^1/_4$")	254(10")
2	작은 서랍 밑판	6($^1/_4$")	270(10$^5/_8$")	394(15$^1/_2$")
2	작은 서랍 앞판	19($^3/_4$")	89(3$^1/_2$")	308(12$^1/_8$")
2	윗판	19($^3/_4$")	108(4$^1/_4$")	730(28$^3/_4$")
1	긴 가로대	19($^3/_4$")	51(2")	1029(40$^1/_2$")
1	긴 버팀대 걸쇠	19($^3/_4$")	108(4$^1/_4$")	1588(62$^1/_2$")
1	상판	19($^3/_4$")	730(28$^3/_4$")	1626(64")
1	밑판	19($^3/_4$")	730(28$^3/_4$")	1626(64")

편지 상자

개수	부품 설명	두께	폭	길이
2	뒤판	6($^1/_4$")	51(2")	384(15$^1/_8$")
2	밑판	6($^1/_4$")	229(9")	378(14$^7/_8$")
2	앞판	6($^1/_4$")	51(2")	384(15$^1/_8$")
4	측판	6($^1/_4$")	51(2")	235(9$^1/_4$")

상단 서류함

개수	부품 설명	두께	폭	길이
1	뒤판	19($^3/_4$")	102(4")	1600(63")
2	세로판	13($^1/_2$")	102(4")	235(9$^1/_4$")
4	편지 상자 세로판	6($^1/_4$")	102(4")	235(9$^1/_4$")
2	측판	19($^3/_4$")	108(4$^1/_4$")	254(10")
2	상하판	19($^3/_4$")	254(10")	1626(64")

측면도

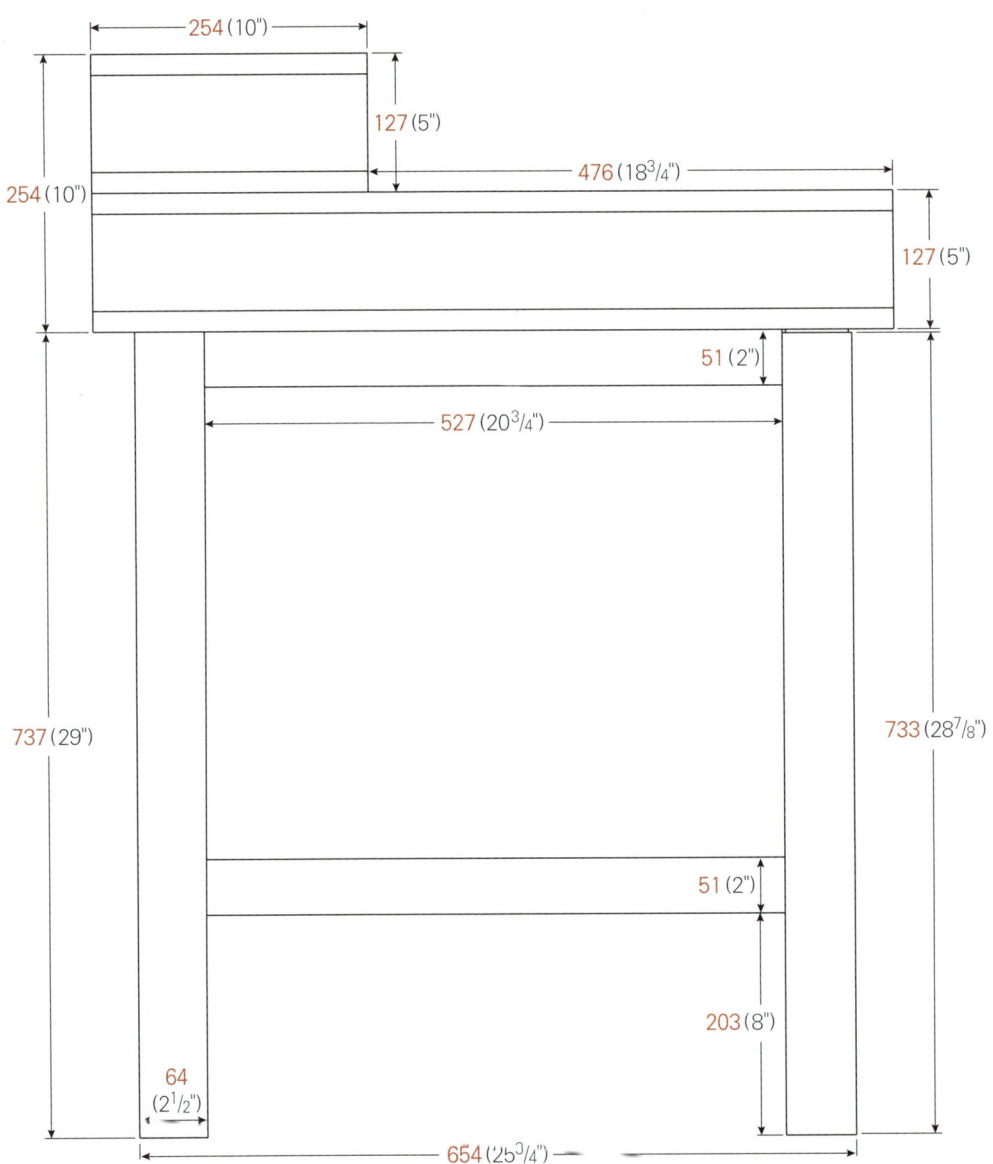

254 (10")

127 (5")

254 (10")

476 (18³/₄")

127 (5")

51 (2")

527 (20³/₄")

737 (29")

733 (28⁷/₈")

51 (2")

203 (8")

64 (2¹/₂")

654 (25³/₄")

정면도

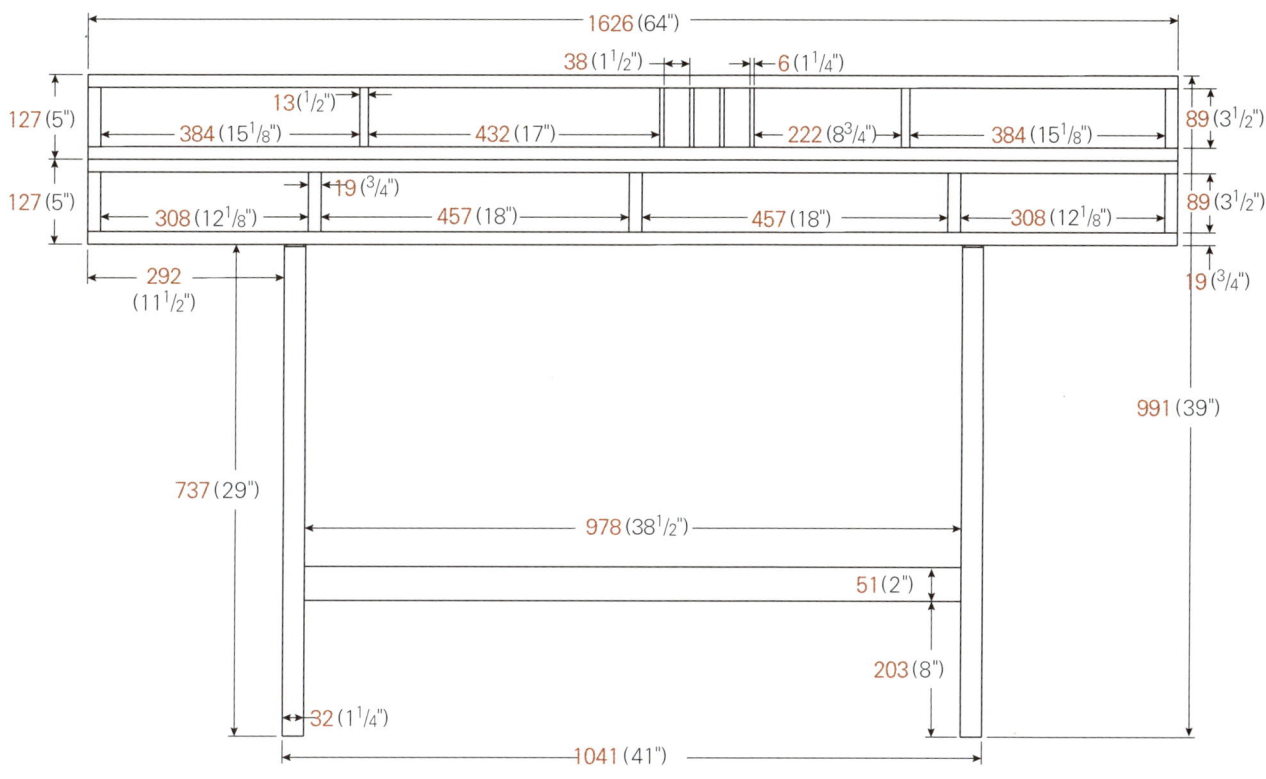

1626 (64")

38 (1¹/₂") 6 (1¹/₄")

127 (5") 13 (¹/₂") 89 (3¹/₂")

384 (15¹/₈") 432 (17") 222 (8³/₄") 384 (15¹/₈")

127 (5") 19 (³/₄") 89 (3¹/₂")

308 (12¹/₈") 457 (18") 457 (18") 308 (12¹/₈")

292 (11¹/₂") 19 (³/₄")

991 (39")

737 (29")

978 (38¹/₂")

51 (2")

203 (8")

32 (1¹/₄")

1041 (41")

상면도

1626 (64")

254 (10")

730 (28³/₄")

476 (18³/₄")

서랍 분해도

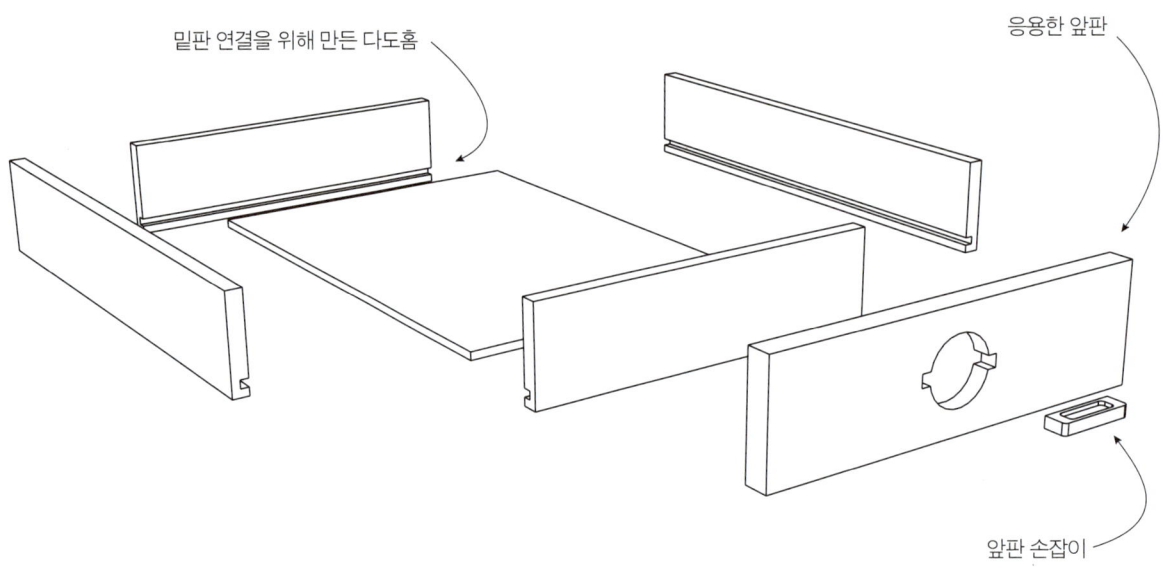

밑판 연결을 위해 만든 다도홈

응용한 앞판

앞판 손잡이

서랍 세부

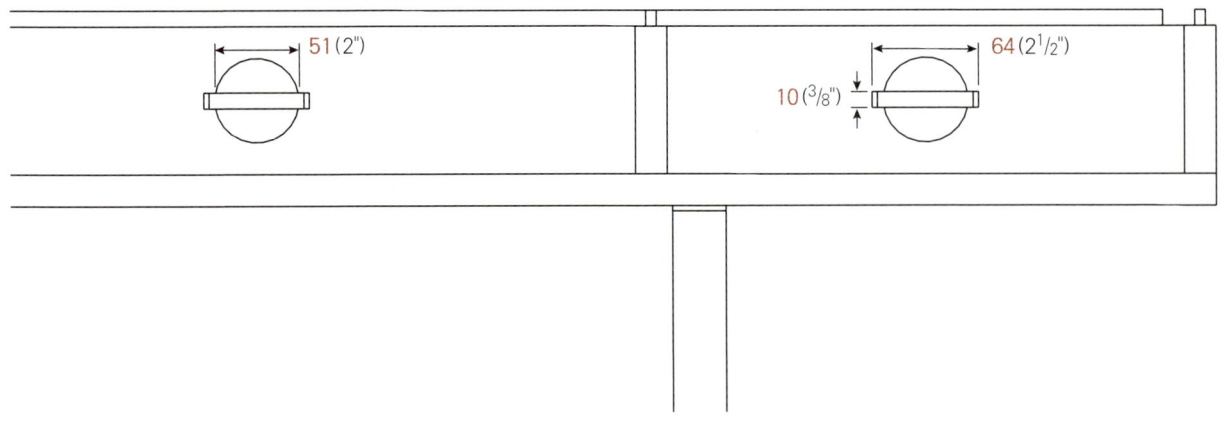

51 (2")

64 (2$\frac{1}{2}$")

10 ($\frac{3}{8}$")

책장
Book Case

뵈르게 모겐센 Børge Mogensen | 1958   W 1219(48") x D 260(10$\frac{1}{4}$") x H 1600(63") | 티크

뵈르게 모겐센은 그림에 소개된 책장 외에도 유리로 된 슬라이딩 문짝이 있는 또 다른 여러 버전을 디자인했다. 연귀짜임한 무늬목 합판 책장은 숨은 장부로 조립된 하부 다리 위에 얹히고, 하부와 상부의 모서리면은 딱 맞는 크기로 제작한다. 상부와 하부 사이에는 작은 홈을 가공해 미묘한 선을 만들어낸다.(45쪽 참조)

서랍 분해도

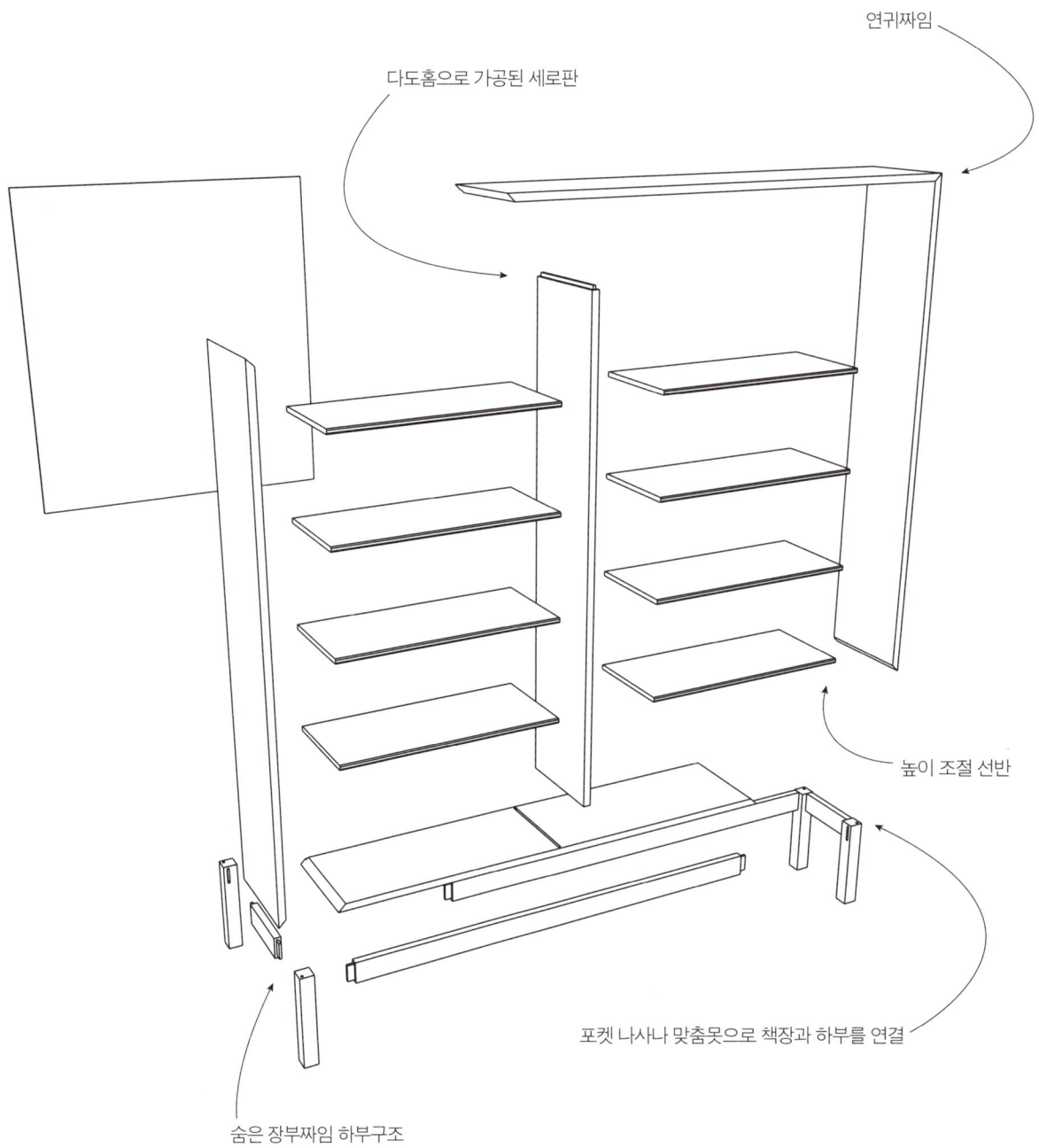

연귀짜임

다도홈으로 가공된 세로판

높이 조절 선반

포켓 나사나 맞춤못으로 책장과 하부를 연결

숨은 장부짜임 하부구조

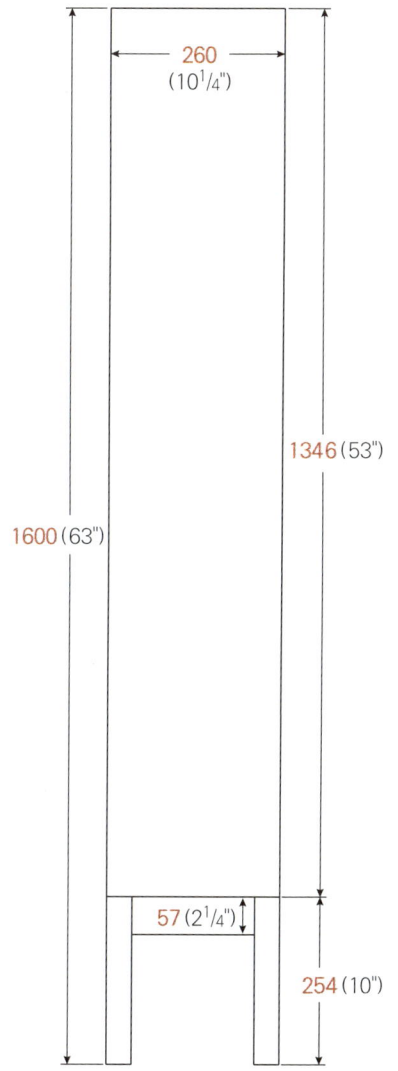

측면도

260
(10$\frac{1}{4}$")

1346(53")

1600(63")

57(2$\frac{1}{4}$")

254(10")

개수	부품 설명	두께	폭	길이
8	높이 조절 선반	13($\frac{1}{2}$")	254(10")	581(22$\frac{7}{8}$")
1	뒤판	6($\frac{1}{4}$")	1194(47")	1321(52")
1	세로 칸막이판	19($\frac{3}{4}$")	254(10")	1318(51$\frac{7}{8}$")
2	상판과 하판	19($\frac{3}{4}$")	260(10$\frac{1}{4}$")	1219(48")
2	측판	19($\frac{3}{4}$")	260(10$\frac{1}{4}$")	1346(53")
4	다리	38(1$\frac{1}{2}$")	38(1$\frac{1}{2}$")	254(10")
2	긴 가로대	19($\frac{3}{4}$")	57(2$\frac{1}{4}$")	1181(46$\frac{1}{2}$")
4	목심 또는 금속봉	6($\frac{1}{4}$")	6($\frac{1}{4}$")	25(1")
2	짧은 가로대	19($\frac{3}{4}$")	57(2$\frac{1}{4}$")	222(8$\frac{3}{4}$")

정면도

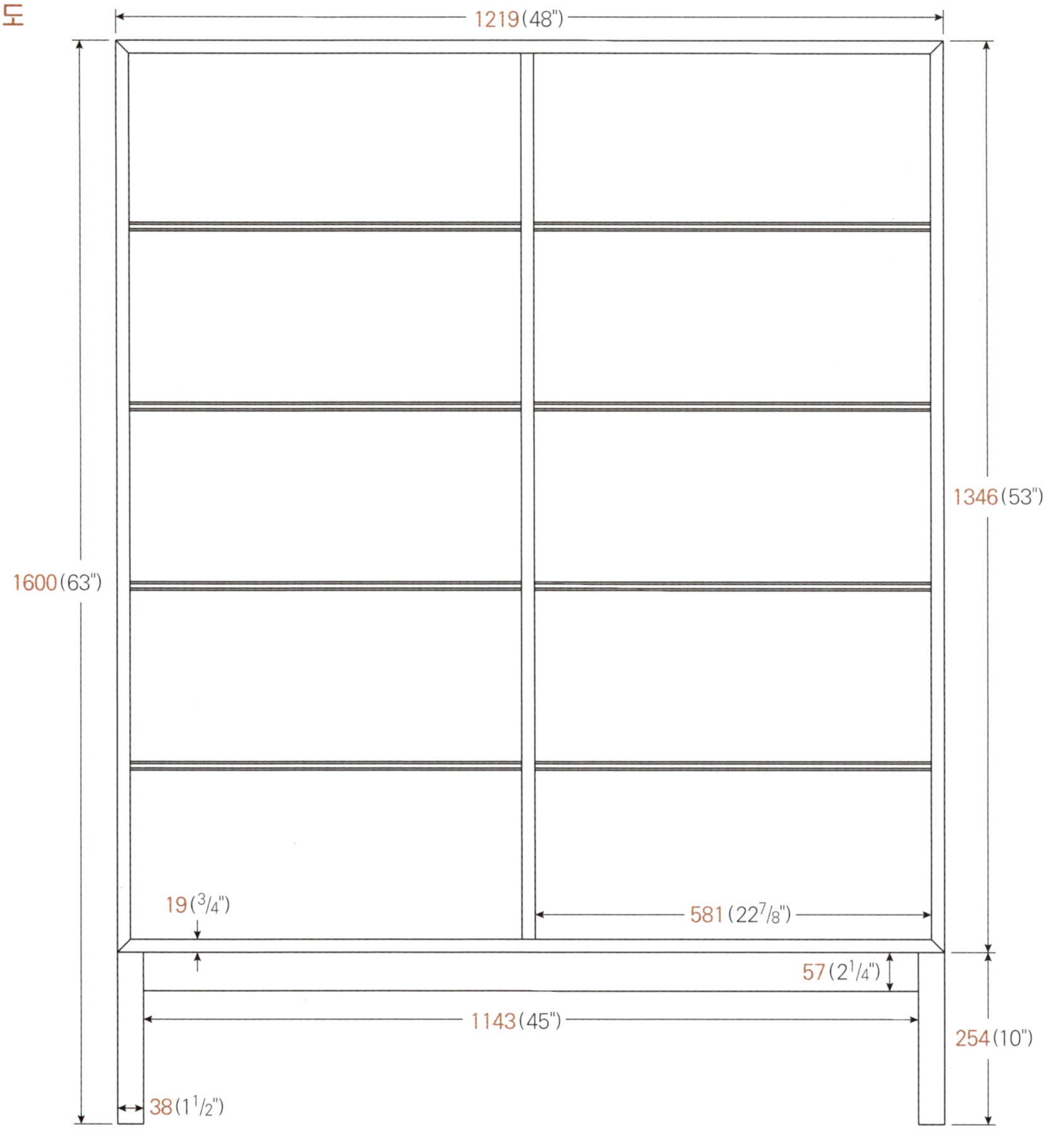

1219(48")
1346(53")
1600(63")
19(3/4")
581(22 7/8")
57(2 1/4")
1143(45")
254(10")
38(1 1/2")

상면도

1219(48")
184(7 1/4")
260(10 1/4")
38(1 1/2")
1143(45")
38(1 1/2")

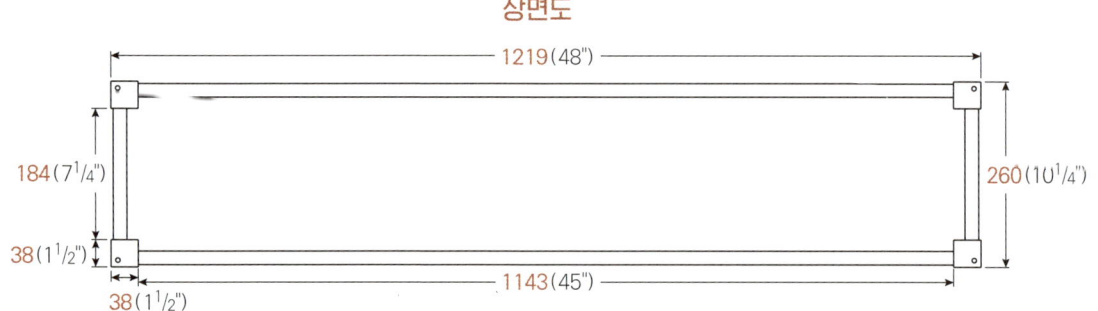

위시본 책상
Wishbone Desk

한스 베그너 Hans Wegner   W 1715(67$\frac{1}{2}$") x D 826(32$\frac{1}{2}$") x H 749(29$\frac{1}{2}$") | 티크, 오크

한스 베그너가 디자인한 이 책상은 긴 가로대와 상판을 연결하는 독특한 V자형 지지대에서
이름을 따왔다. 상판에 달려있는 서랍, 둥글게 표현한 선들, 둥근 다리 등으로 인해 제법 큰
책상임에도 경쾌한 느낌을 선사한다.

분해도

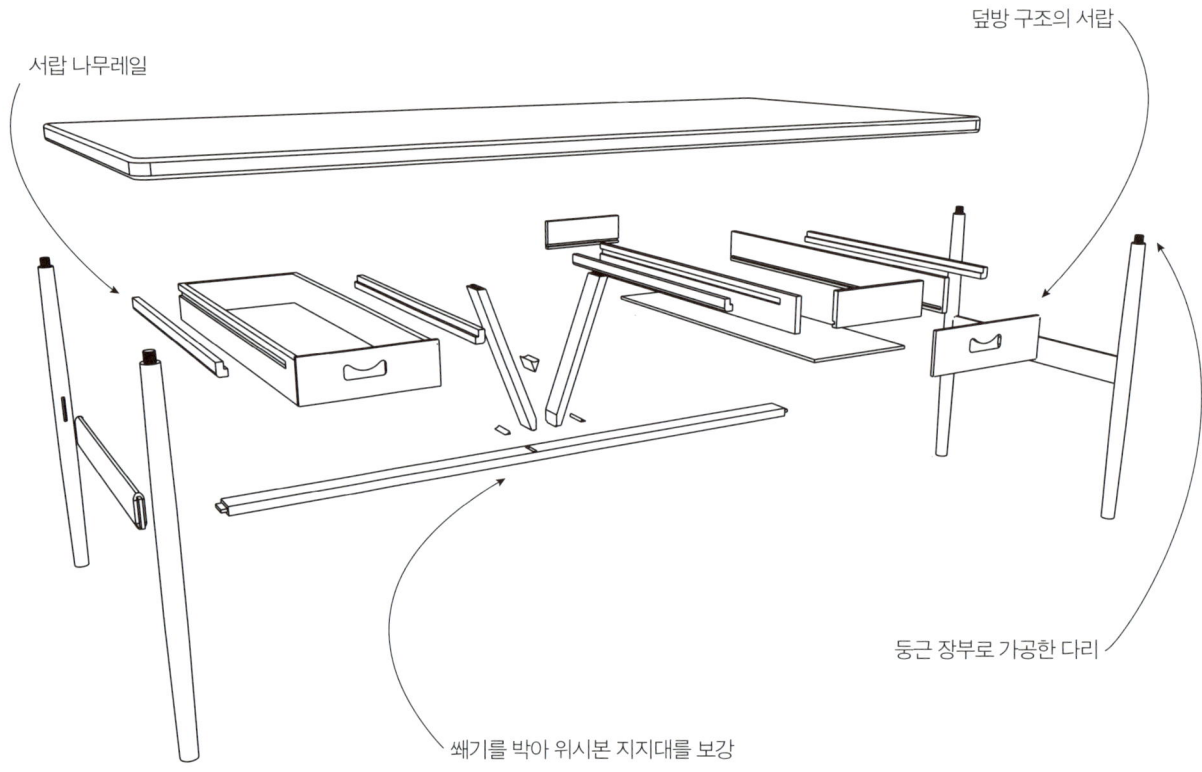

서랍 나무레일

덮방 구조의 서랍

둥근 장부로 가공한 다리

쐐기를 박아 위시본 지지대를 보강

개수	부품 설명	두께	폭	길이
2	서랍 밑판	6($^1/_4$")	241(9$^1/_2$")	750(29$^{17}/_{32}$")
4	서랍 앞뒤판	13($^1/_2$")	76(3")	229(9")
2	서랍 덮방 앞판	13($^1/_2$")	83(3$^1/_4$")	254(10")
4	서랍 레일	19($^3/_4$")	25(1")	610(24")
4	서랍 측판	13($^1/_2$")	76(3")	762(30")
4	다리	38(1$^1/_2$")	38(1$^1/_2$")	737(29")
1	긴 가로대	19($^3/_4$")	51(2")	1372(54")
2	짧은 가로대	19($^3/_4$")	70(2$^3/_4$")	603(23$^3/_4$")
1	상판	32(1$^1/_4$")	813(32")	1727(68")
2	위시본 측판	51(2")	132(5$^3/_{16}$")	324(12$^3/_4$")
2	위시본 가로대 메움조각	6($^1/_4$")	13($^1/_2$")	51(2")
1	위시본 쐐기	19($^3/_4$")	25(1")	51(2")

정면도

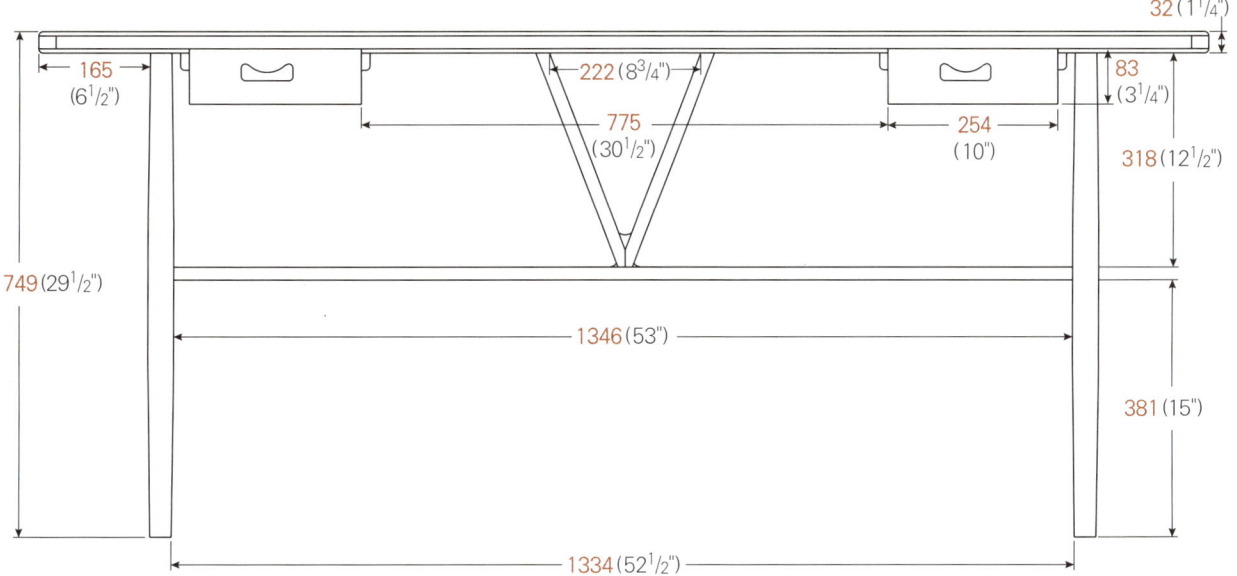

상단 단면도

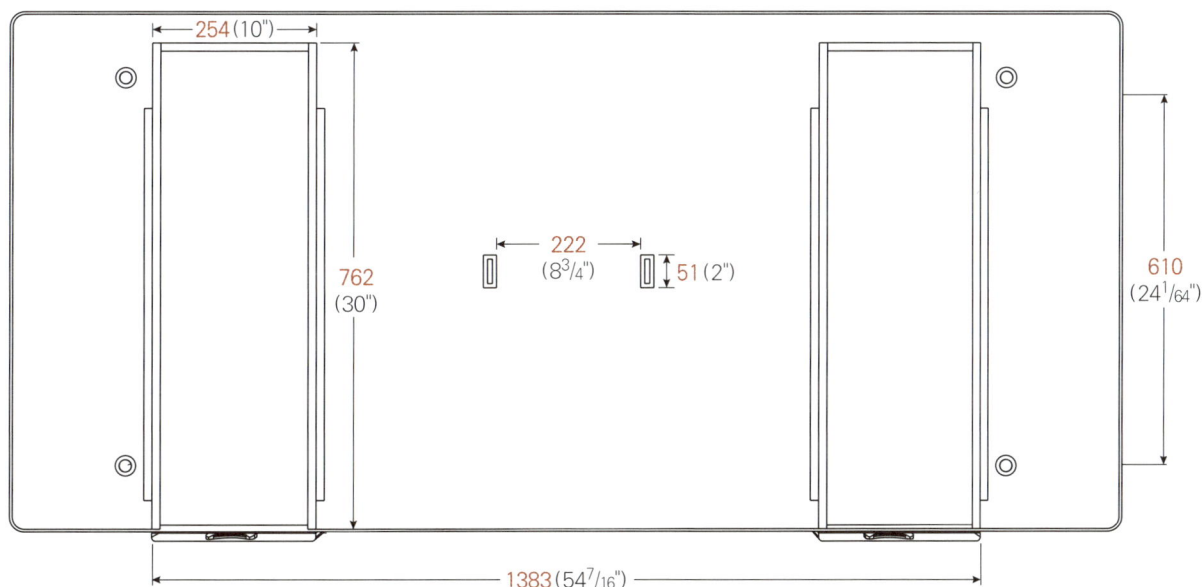

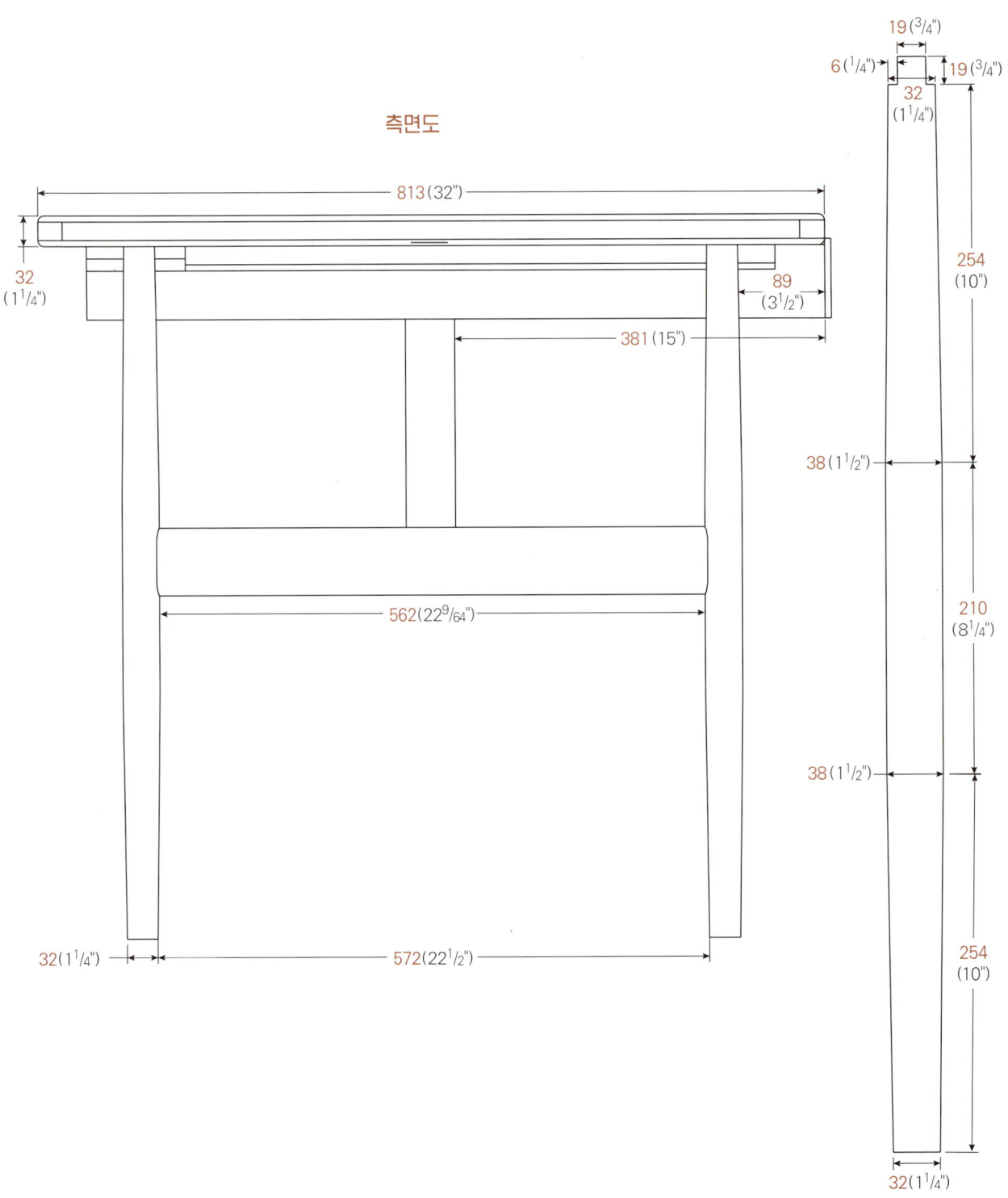

측면도

813 (32")

32
(1¹/₄")

89
(3¹/₂")

381 (15")

562 (22⁹/₆₄")

32 (1¹/₄")

572 (22¹/₂")

다리 세부

19 (³/₄")

6 (¹/₄")

19 (³/₄")

32
(1¹/₄")

254
(10")

38 (1¹/₂")

210
(8¹/₄")

38 (1¹/₂")

254
(10")

32 (1¹/₄")

8장_침실

서랍장
Dresser

조지 나카시마 George Nakashima　　　　　　　　W 1219(48") x D 559(22") x H 807(31³/4") ∣ 벚나무

조지 나카시마의 낮은 책장(107쪽 참조)과 같이 이 서랍장 역시 상판과 측판은 주먹장으로 결합되며, 양 측판은 밑판 밑으로 조금 더 길게 떨어져 내려오는 특징을 지니고 있다. 그리고 이 서랍장에서는 기존의 네 개의 둥근 다리 대신에 서로 십자 반턱짜임으로 판재를연결하는 발전된 형태를 선보였다. 상판에 노출되어 있는 관통 주먹장은 치밀한 주의가 필요하기 때문에 이 서랍장을 제작하는 데에 있어 가장 까다로운 부분이다. 다도홈을 가공해 서랍장 측판 아래쪽을 아래 판재에 연결하고, 나사로 보강한 후 목심으로 구멍을 숨기도록 한다. 가운데 세로판 역시 다도홈 가공을 해서 조립하고, 서랍은 간단한 나무레일로 구성한다. 도면에 표시된 대로 하부구조를 라벳 작업된 장부로 상부에 고정해도 되지만, 목심이나 상판 연결철물 또는 나사로 고정해도 결과는 크게 다르지 않다.

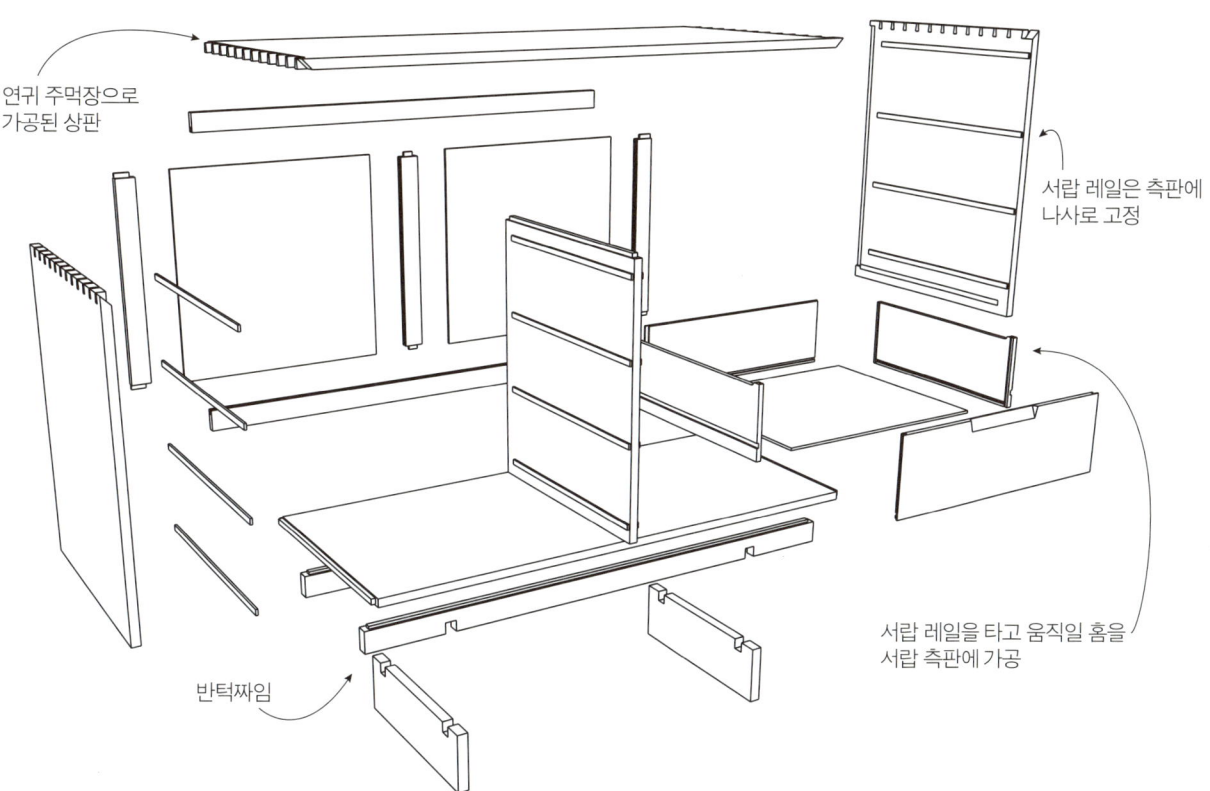

분해도

연귀 주먹장으로
가공된 상판

서랍 레일은 측판에
나사로 고정

서랍 레일을 타고 움직일 홈을
서랍 측판에 가공

반턱짜임

개수	부품 설명	두께	폭	길이
1	후면 하부 가로틀	19($^3/_4$")	57(1$^1/_4$")	1194(47")
2	후면 알판	6($^1/_4$")	546(21$^1/_2$")	562(22$^1/_8$")
3	후편 세로틀	19($^3/_4$")	51(2")	562(22$^1/_8$")
1	후면 상부틀	19($^3/_4$")	51(2")	1194(47")
2	다리	25(1")	140(5$^1/_2$")	438(17$^1/_4$")
2	다리 버팀대	25(1")	57(2$^1/_4$")	1181(46$^1/_2$")
1	밑판	19($^3/_4$")	540(21$^1/_4$")	1203(47$^3/_8$")
1	세로판	19($^3/_4$")	540(21$^1/_4$")	648(25$^1/_2$")
2	측판	19($^3/_4$")	559(22")	686(27")
8	서랍 밑판	6($^1/_4$")	489(19$^1/_4$")	568(22$^3/_8$")
16	서랍 레일	5($^3/_{16}$")	13($^1/_2$")	502(19$^3/_4$")
4	짧은 서랍 측판	13($^1/_2$")	76(3")	502(19$^3/_4$")
2	짧은 서랍 뒤판	13($^1/_2$")	70(2$^3/_4$")	581(22$^7/_8$")
2	짧은 서랍 앞판	13($^1/_2$")	76(3")	581(22$^7/_8$")
6	높은 서랍 뒤판	13($^1/_2$")	175(6$^7/_8$")	581(22$^7/_8$")
6	높은 서랍 앞판	13($^1/_2$")	184(7$^1/_4$")	581(22$^7/_8$")
12	높은 서랍 측판	13($^1/_2$")	184(7$^1/_4$")	502(19$^3/_4$")
1	상판	19($^3/_4$")	559(22")	1219(48")

측면도

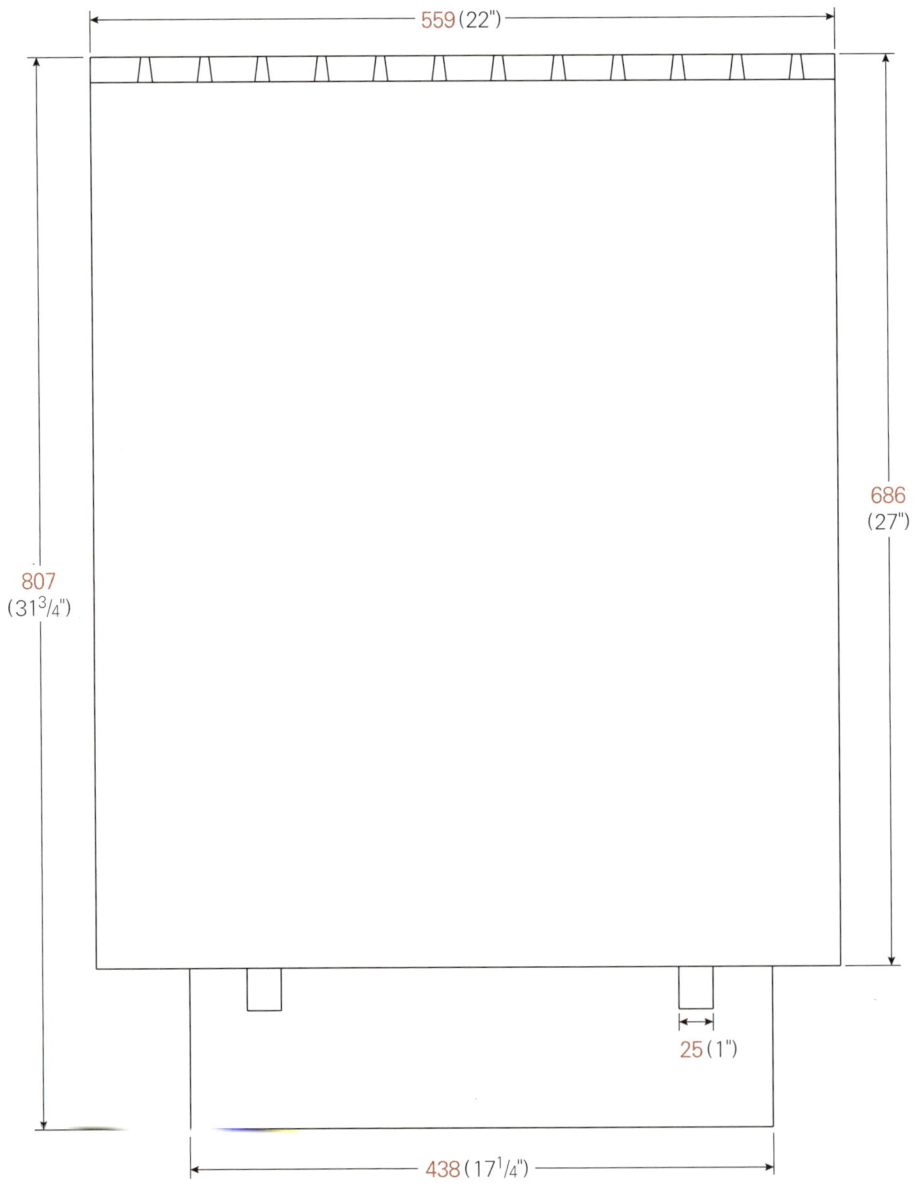

559 (22")

686
(27")

807
(31³/₄")

25 (1")

438 (17¹/₄")

정면도

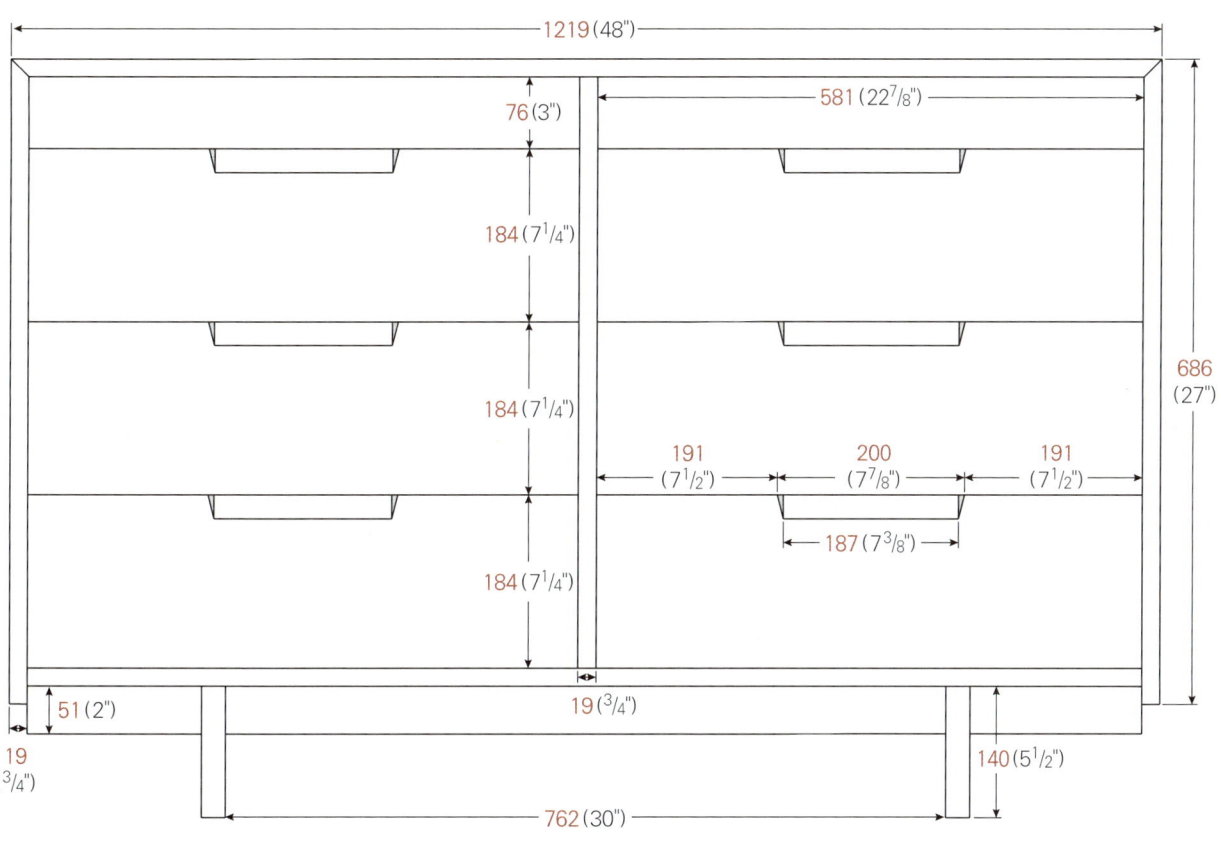

상면도

다리 프레임 단면도

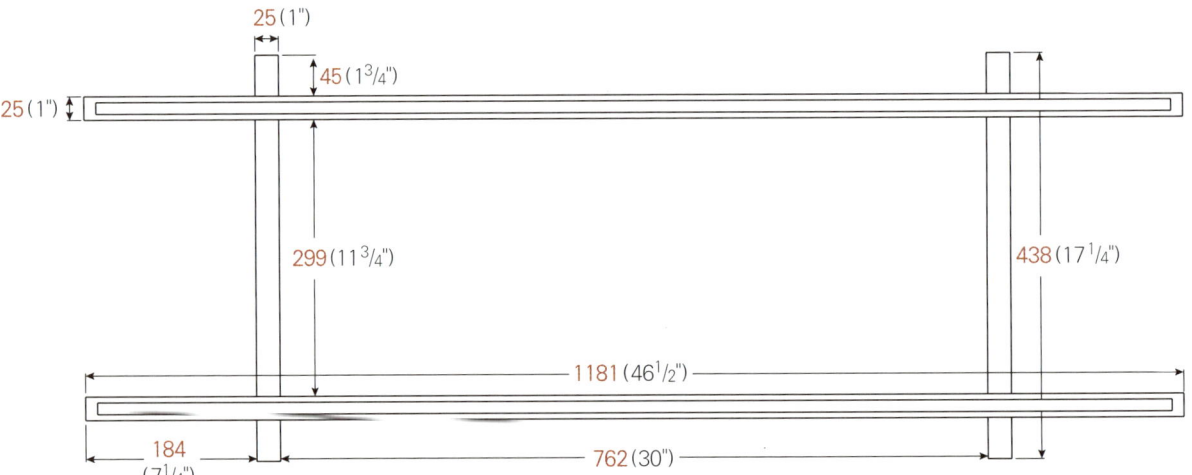

침대 보조 협탁
Night Stand

옌스 리솜 Jens Risom　　　　　　　　　W 610(24") x D 457(18") x H 533(21") | 호두나무

옆으로 넓게 퍼진 상판과 사선으로 자른 다리는 셰이커 가구를 떠올릴
법도 하지만, 각진 프레임들과 떠 있는 느낌이 들게 제작한 상판은 확
실히 MCM 시대의 디자인이다.

테이블의 크기로 보아 침대 협탁이나 소파 보조 테이블로 활용하는 것
이 적절해 보이고, 서랍이 하나 정도 더 있다면 훨씬 실용적일 것이다.

분해도

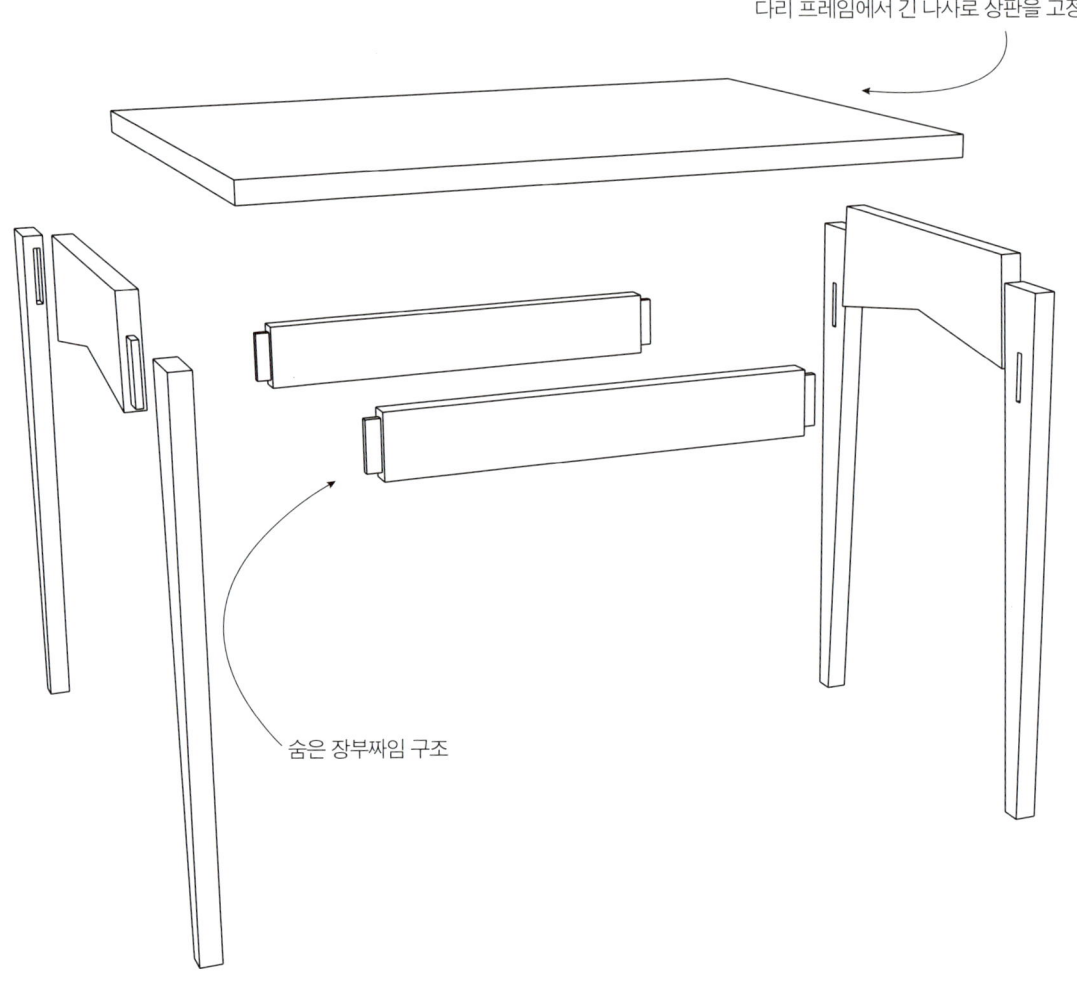

다리 프레임에서 긴 나사로 상판을 고정

숨은 장부짜임 구조

개수	부품 설명	두께	폭	길이
2	긴 가로대	19($^3/_4$")	57(2$^1/_4$")	394(15$^1/_2$")
4	다리	19($^3/_4$")	51(2")	489(19$^1/_4$")
2	짧은 가로대	19($^3/_4$")	102(4")	342(13$^{15}/_{32}$")
1	상판	19($^3/_4$")	457(18")	610(24")

정면도

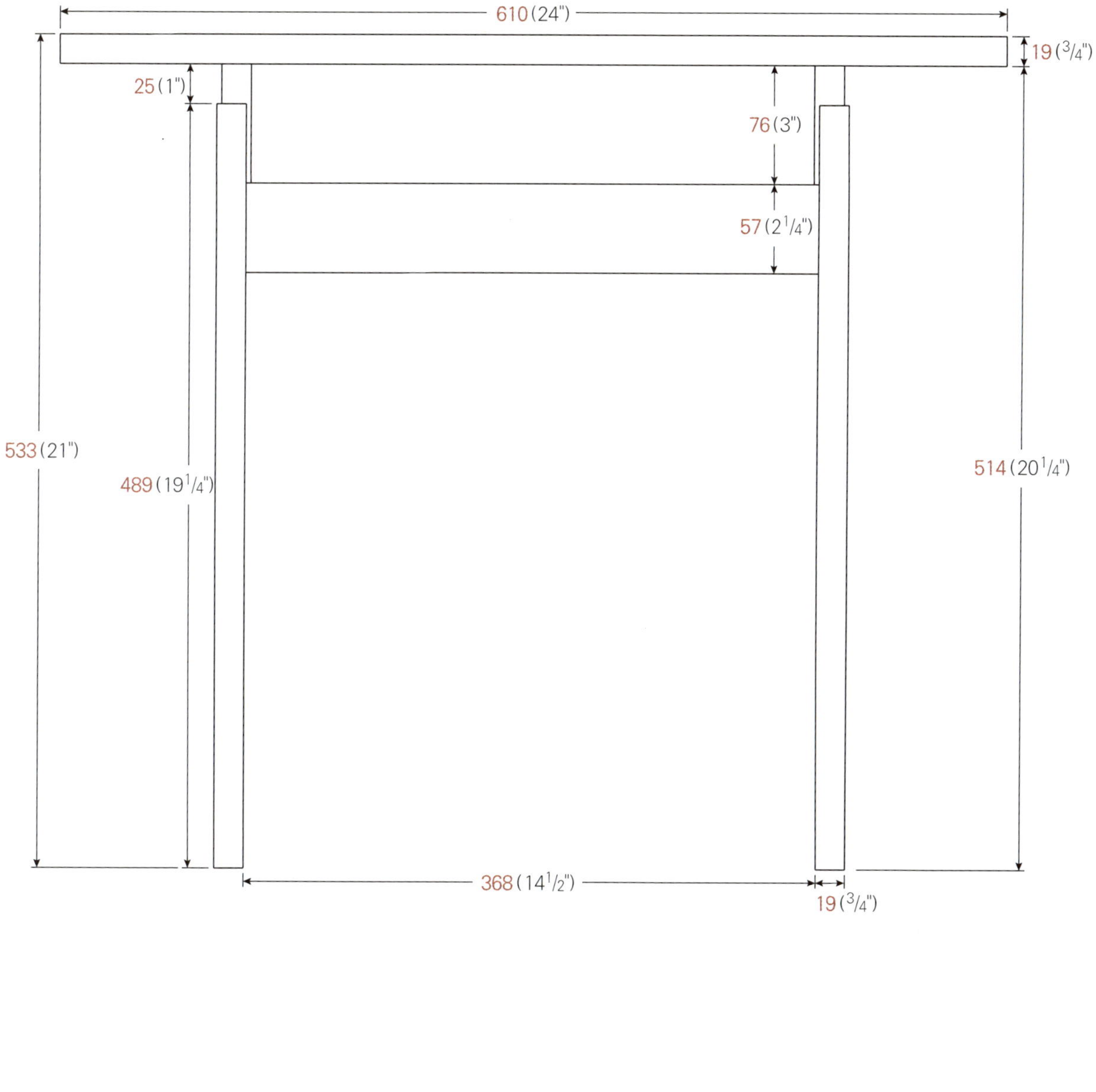

610 (24")

19 (³/₄")

25 (1")

76 (3")

57 (2¹/₄")

533 (21")

489 (19¹/₄")

514 (20¹/₄")

368 (14¹/₂")

19 (³/₄")

상면도

610(24")

457
(18")

측면도

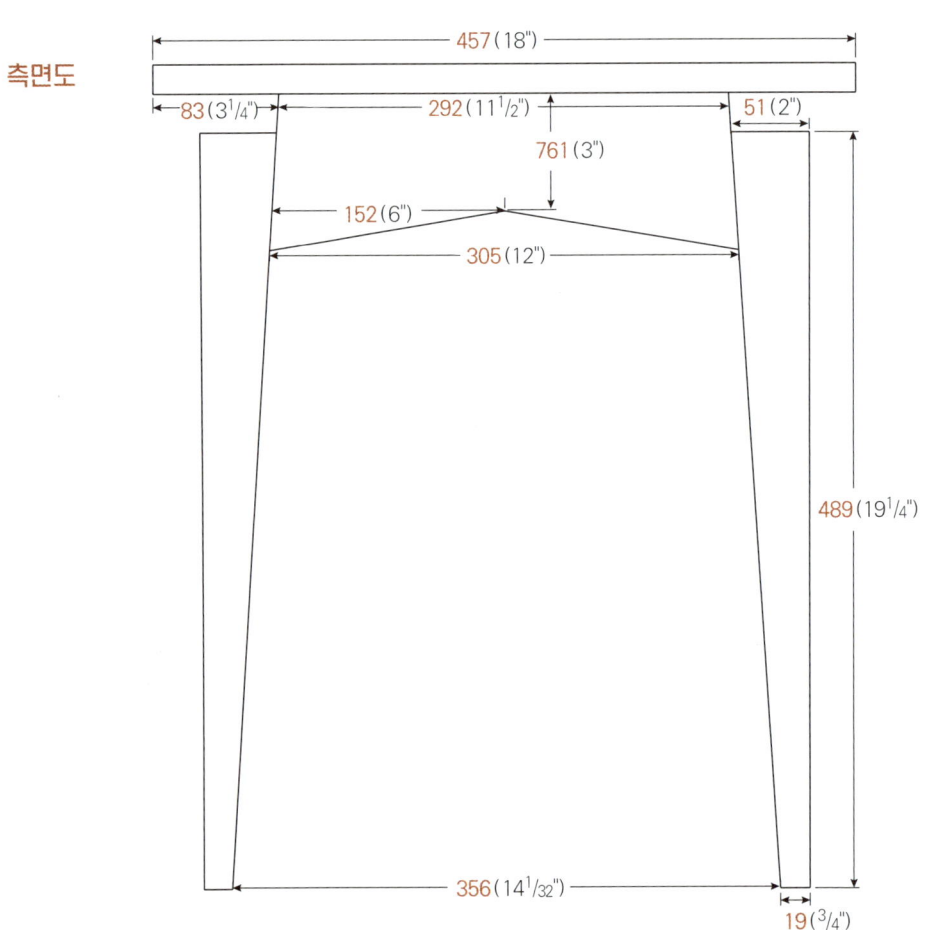

457(18")

83(3 1/4")　　　292(11 1/2")　　　51(2")

761(3")

152(6")

305(12")

489(19 1/4")

356(14 1/32")

19(3/4")

슬랫 벤치
Slatted Bench

한스 베그너 Hans Wegner   **W** 1194(47") x **D** 432(17") x **H** 305(12") **ㅣ** 티크

이 벤치는 침대 발치에 두고 옷을 갈아입을 때 편리하게 쓰인다. 디자인이 단순하다는 것은 곧 여러 상황에 따라 맞춤 제작하는 것이 용이하다는 뜻이다. 널판을 몇 개 제거하면 길이를 줄일 수 있고, 다리 높이를 변경할 수도 있으며, 널판의 길이를 변경해 폭을 변화시킬 수도 있다. 또한 이 디자인은 야외 테이블로도 이상적이다.

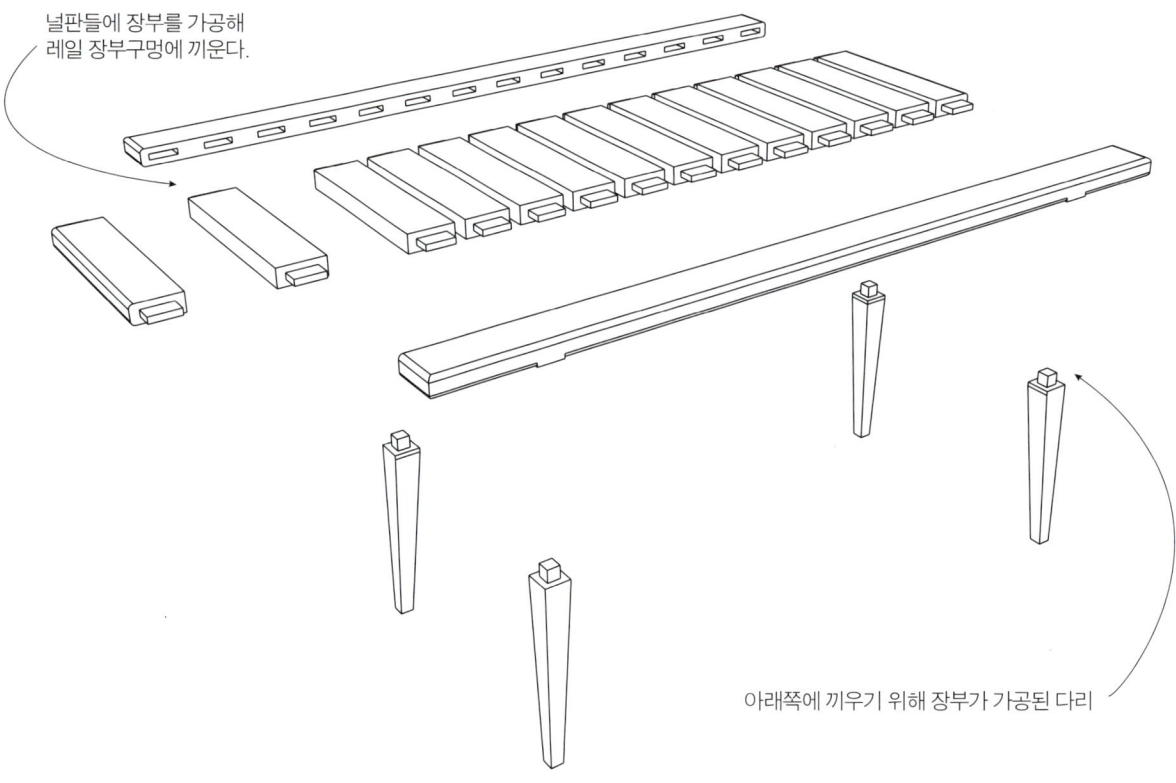

널판들에 장부를 가공해
레일 장부구멍에 끼운다.

아래쪽에 끼우기 위해 장부가 가공된 다리

개수	부품 설명	두께	폭	길이
2	레일	19($^3/_4$")	70(2$^3/_4$")	1194(47")
4	다리	19($^3/_4$")	51(2")	489(19$^1/_4$")
14	판재	19($^3/_4$")	70(2$^3/_4$")	342(13$^{15}/_{32}$")

측면도

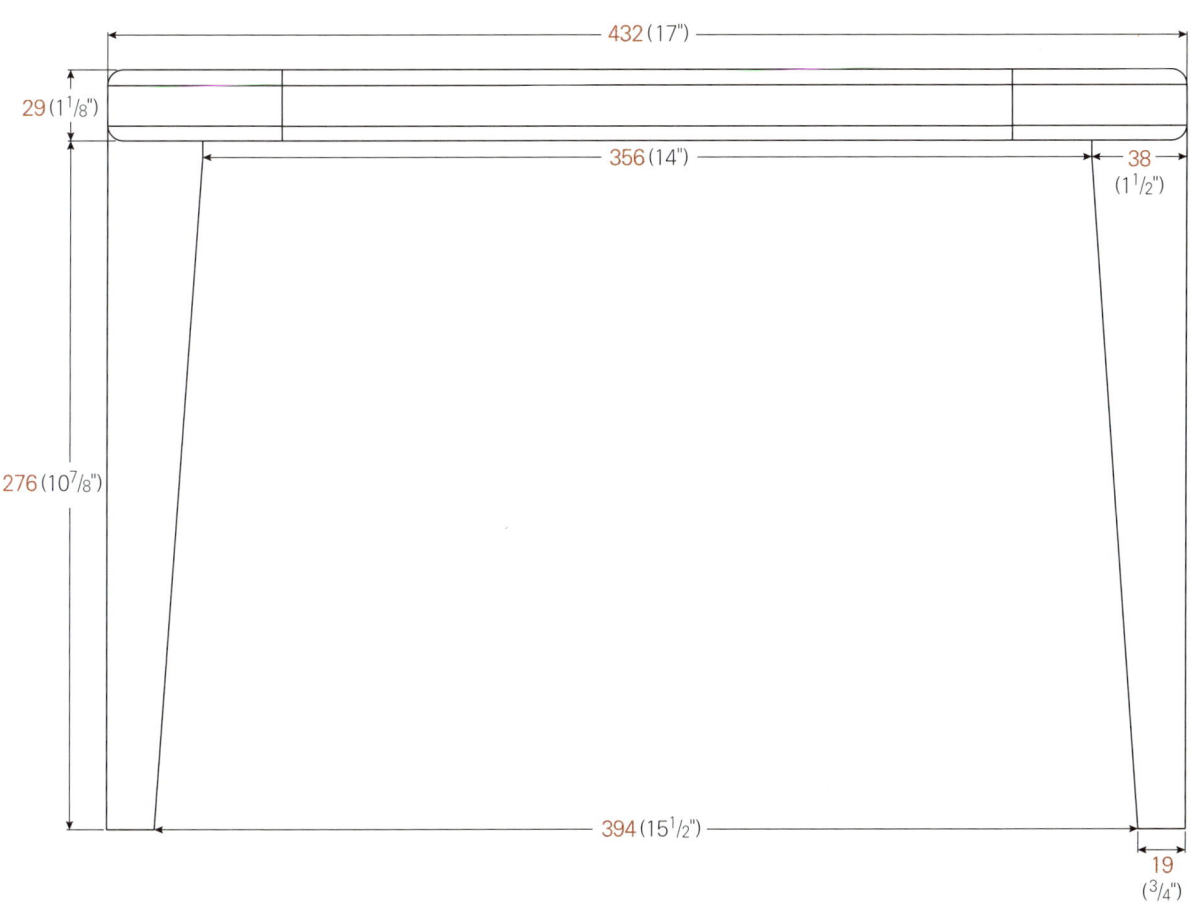

432 (17")

29 (1 1/8")

356 (14")

38
(1 1/2")

276 (10 7/8")

394 (15 1/2")

19
(3/4")

정면도

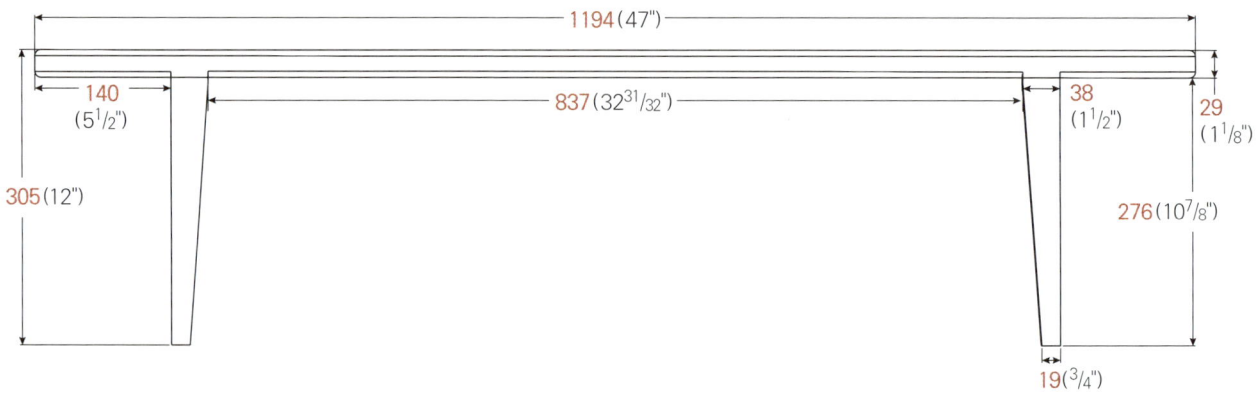

1194(47")

140
(5¹/₂")

837(32³¹/₃₂")

38
(1¹/₂")

29
(1¹/₈")

305(12")

276(10⁷/₈")

19(³/₄")

상면도

1194(47")

70(2³/₄")

70(2³/₄")

292
(11¹/₂")

432
(17")

17(²¹/₃₂")

침대
Bed

작자 미상

W 1626(64") x D 2071(81^1/$_2$") x H 362(14^1/$_4$") | 티크

이 침대 디자인은 헤드보드에 사이드 테이블이 결합된 복잡한 구조를 가진 침대와는 다르게 단출한 디자인이 특징이다. 흔히 볼 수 있는 박스 스프링이 매트리스를 받쳐 주는 구조가 아닌 나열된 널판으로 매트리스를 받치는 간단한 구조이다.

분해도

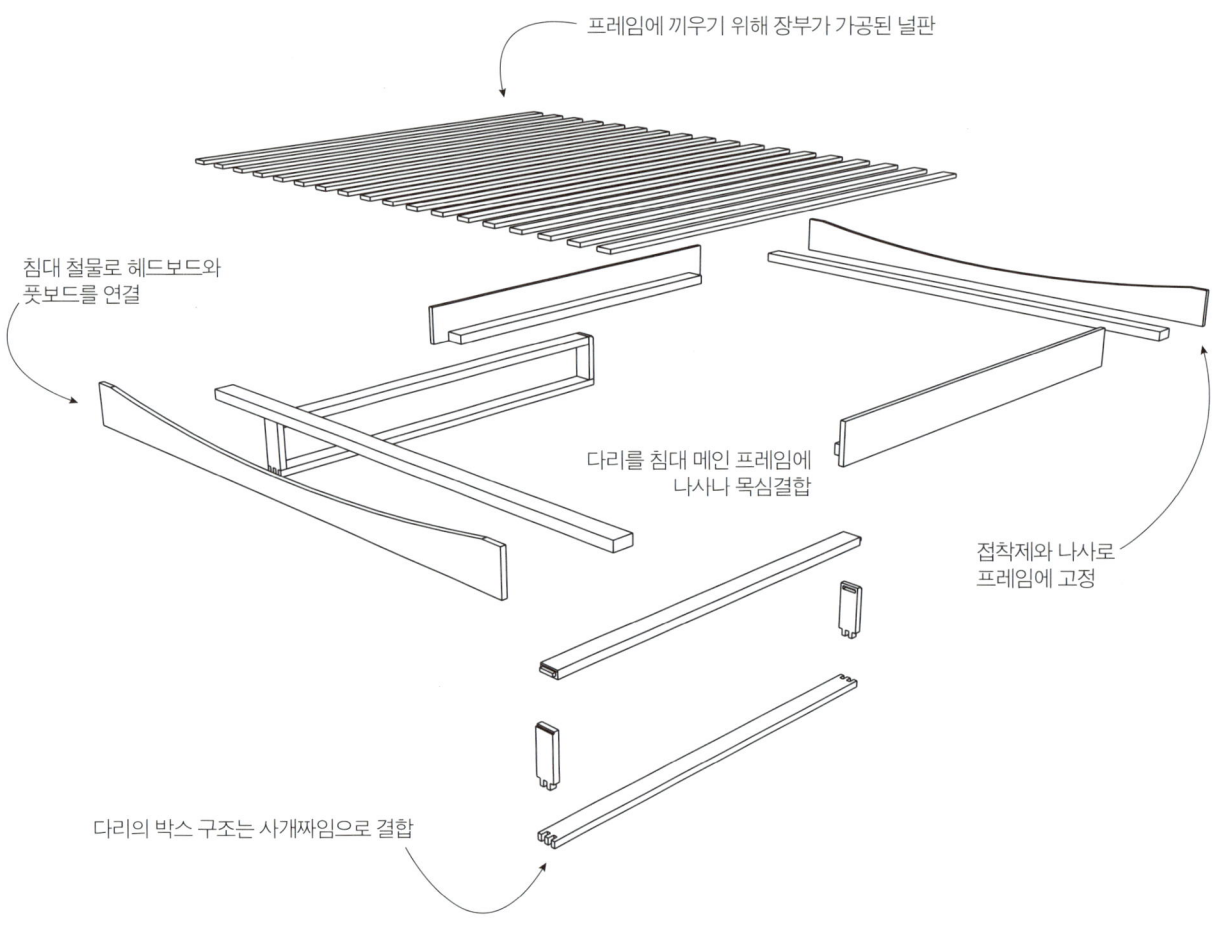

프레임에 끼우기 위해 장부가 가공된 널판

침대 철물로 헤드보드와
풋보드를 연결

다리를 침대 메인 프레임에
나사나 목심결합

접착제와 나사로
프레임에 고정

다리의 박스 구조는 사개짜임으로 결합

개수	부품 설명	두께	폭	길이
2	다리 하부	25(1")	76(3")	1549(61")
4	다리 측면	25(1")	76(3")	210($8\frac{1}{4}$")
2	다리 상부	32($1\frac{1}{4}$")	76(3")	1530($60\frac{1}{4}$")
2	풋 / 헤드	19($\frac{3}{4}$")	152(6")	1588($62\frac{1}{4}$")
2	긴 버팀목	38($1\frac{1}{2}$")	76(3")	2032(80")
2	짧은 버팀목	38($1\frac{1}{2}$")	76(3")	1435($56\frac{1}{2}$")
2	사이드	19($\frac{3}{4}$")	152(6")	2070($81\frac{1}{2}$")
18	널판	13($\frac{1}{2}$")	51(2")	1581($62\frac{1}{4}$")

상면도

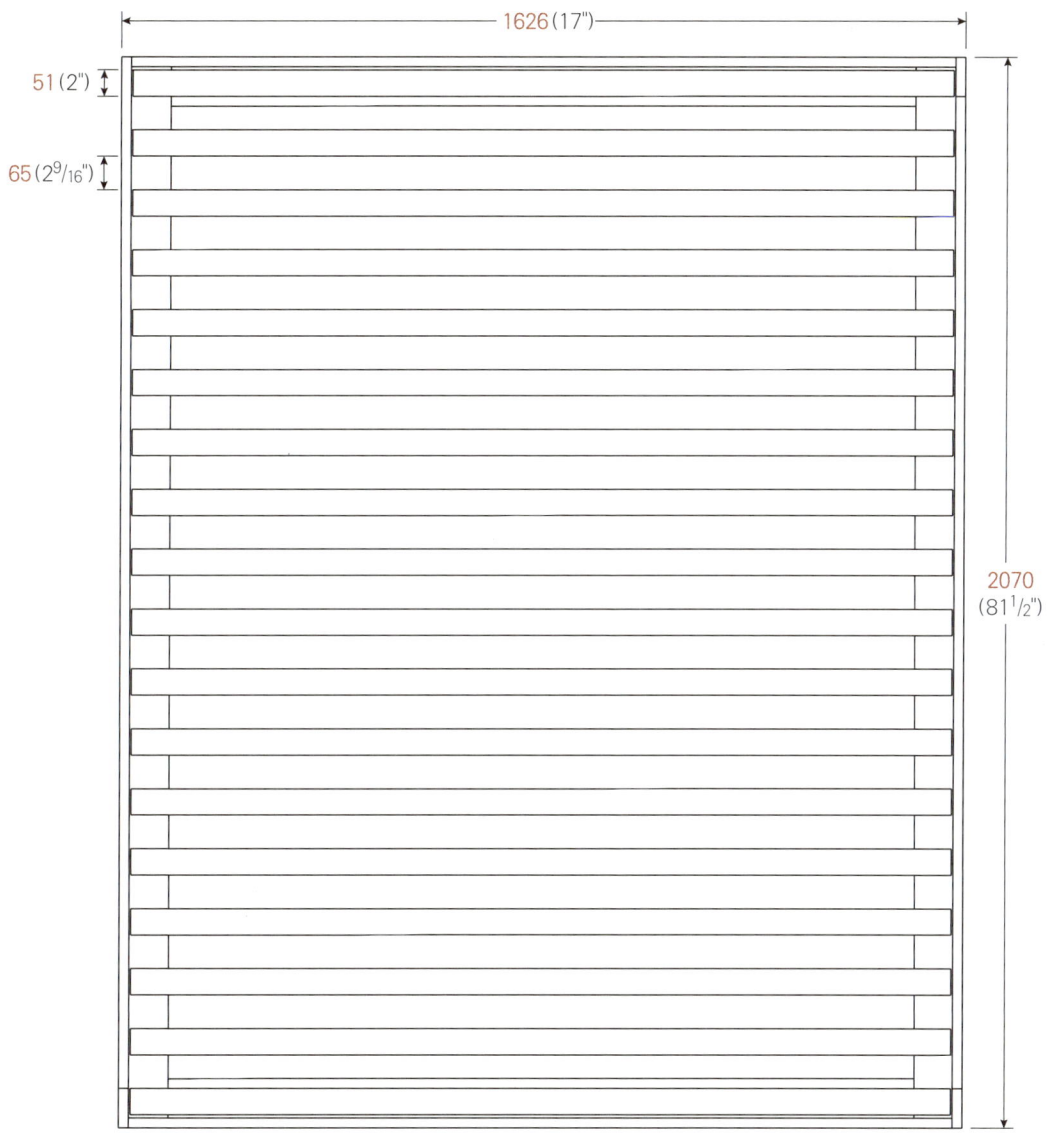

1626 (17")

51 (2")

65 (2⁹/₁₆")

2070
(81¹/₂")

정면도

1626 (64")

152 (6")

362
(14¹/₄")

203 (8")

1549 (61")

측면도

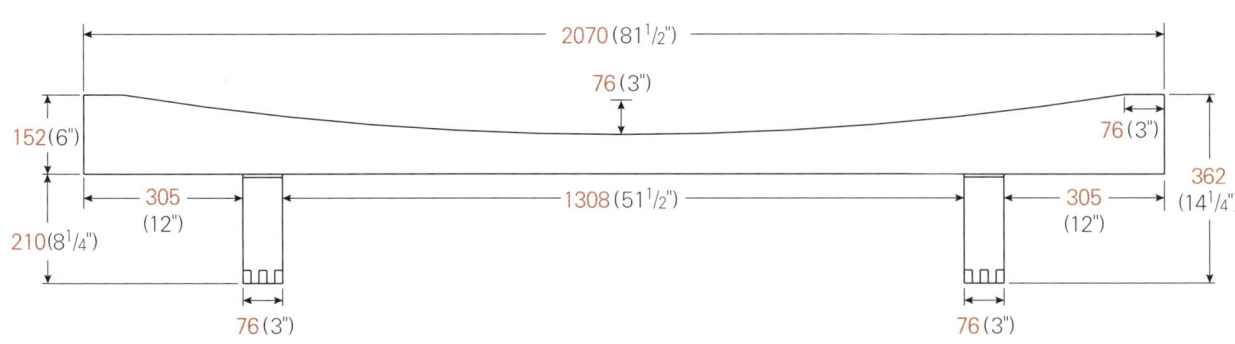

2070 (81¹/₂")

76 (3")

152 (6")

76 (3")

362
(14¹/₄")

305
(12")

1308 (51¹/₂")

305
(12")

210 (8¹/₄")

76 (3")

76 (3")

참고 자료

외부 자료

라이선스 제약 또는 제작 공간의 협소함으로 인해 책에 넣지 못한 여러 자료들이 있다.

이 내용은 www.1910craftsman.com에서 찾아볼 수 있다.

저작권이 없는 서적이나 이미지 등은 www.1910craftsman.com/books/mcmfurniture에서 접할 수 있다.

작업 참고 자료

아래 참고자료 및 서적들은 MCM 가구들과 디자인 그리고 제작자들을 연구하고 이해하는 데 큰 도움이 되었다.

Colman, David. "Hans Wegner Dies at 92;Danish Furniture Designer." New York Times 6 February 2007: N.p. Web. 27 July 2014.

Fox, Margalit. "Jens Quistgaard, 88, a Designer of Popular Tableware Is Dead." New York Times2 February 2008: N.p. Web. 25 July 2014.

Frey, Gilbert. "The Modern Chair: 1850 to Today." Trans. D. Q. Stephenson. New York: Architectural Book Publishing Company, 1970. Print.

Furniture Forum 1.1 (1949). Print.

Greenberg, Cara. "Mid-Century Modern: Furniture of the 1950s." New York: Harmony Books, 1984. Print

Herman Miller Furniture Co. "The Herman Miller Collection." Zeeland, MI: Herman Miller Co., 1948. Print.

Hiort, Esbjørn. "Modern Danish Furniture." Trans. Eve M. Wendt. New York: Architectural Book Publishing Co. Inc., 1956. Print.

Hockaday, Margaret, ed. "The Dunbar Book of Contemporary Furniture." Berne, Indiana: 1956. Print.

Hollingsworth, Andrew. "Danish Modern." Salt Lake, UT: Gibbs Smith, 2008. Print.

Hyman, Basil and Steven Braggs. "The G-Plan Revolution: A Celebration of British

Popular Furniture of the 1950s and 1960s." London: Booth-Clibborn Editions, 2007.Print.

Kelsey, John. "George Nakashima" Fine Woodworking 14 (1979): 40-46. Print.

Knoll Associates, Inc. "Knoll." New York: Knoll Associates, Inc, 1949. Print.

Laurence, Vincent. "The Nakashimas." Fine Woodworking 116 (1996): 92-95. Print.

Makovsky, Paul. "Vintage Modern." Metropolis, June 2001. Online. 25 July 2014.

Nelson, George. "Chairs." New York: Whitney Publications, 1953. Print.

Nelson, George. "Living Spaces." New York: Whitney Publications, 1952. Print.

Pina, Leslie. "Fifties Furniture." Atglen, PA: Schiffer Publishing, Ltd., 1996. Print.

Quinn, Bradley. "Mid-Century Modern." London: Conran Octopus Limited, 2004. Print.

Raoul, Rosine. "The Danish Tradition in Design." The Metropolitan Museum of Art Bulletin New Series 19.4 (1960): 119-123. Print.

"Storage Wall." Life 22 January 1945: 64-68. Print.

Sloane, Irving. "Hans Wegner A Master of Furniture Design." Fine Woodworking 21 (1980): 36-42. Print.

Sparke, Penny. "Hans Wegner: Br□illiant Danish Furniture Designer on a Lifelong Quest to Produce the Perfect Chair." The Guardian 8 February 2007: 42. Online. 30 July 2014.

가구 제작 및 마감 기법

아래의 목록은 초보 목수가 목공을 수련하는 데에 유용한 자료들이다

Hyatt, David. "The Miter Joint for Casework." Fine Woodworking 190 (2007): 63-67. Hyatt provides an introduction to using miters to join case pieces.

I Can Do That. Collects Popular Woodworking Magazine articles designed to introduce new woodworkers to the craft. They also publish a manual of a basic tool set. Available for free at www.popularwoodworking.com/projects/icandothat

Jewitt, Jeff. "The Complete Illustrated Guide to Finishing." Taunton, 2004. A useful introduction to applying a range of finishes.

Lang, Robert. "Composing With Wood Grain." Woodworking Magazine Spring (2009): 18-23. A thorough primer on wood selection.

Rae, Andy. "The Complete Illustrated Guide to Furniture & Cabinet Construction." Taunton, 2001. Introduces standard construction techniques.

Rogowski, Gary. "The Complete Illustrated Guide to Joinery." Taunton, 2002. A comprehensive survey of cutting joints using hand and power tools.

Rodel, Kevin. "Fuming With Ammonia." Fine Woodworking 126 (1997): 46-49. Provides a concise introduction to using ammonia to color wood.

온라인 자료

인터넷 검색으로 MCM 가구의 다양한 사진 자료들을 찾아볼 수 있지만, 아래 사이트에서도 유익한 자료를 만나 볼수 있다.

www.1stdibs.com

여러 회사의 상품을 모아놓은 사이트에서 다양한 필터(날짜 범위, 제조업체, 국가 등)를 사용하여 검색 조건을 변경할 수 있다. 모든 정보는 딜러가 제출하기 때문에 개별 판매자가 제공한 정보들마다 약간의 오차가 있다.

designmuseum.dk/furnitureindex

덴마크 디자인 박물관은 20세기와 21세기 덴마크의 가구 제작자와 가구에 대한 기록을 사진으로 수집해놓기 때문에 덴마크 현대 가구에 대해 더 많이 배울 수 있는 좋은 페이지다.

hwfurniturearchive.bucks.ac.uk

하이위컴(High Wycombe)은 영국의 주요 가구 생산 센터 중 하나였다. BNU대학(Buckinghamshire New University)의 하이위컴가구아카이브(High Wycombe Electronic Furniture Archive)는 이 지역 제작자의 사진, 디자인 스케치 및 마케팅 자료를 수집하며 특히 현대 영국 가구에 관심이 있는 사람들에게 유용하다.

사랑하는 아들 피터에게
공예의 즐거움을 알아가길….

비판적 시각과 인내심으로 모든 작업을 지켜봐준 아내 캐서린과
거친 글을 잘 다듬어준 편집진에게 진심으로 고마움을 전한다.